本书受"十三五"国家重点研发计划课题"绿色宜居村镇建设模式与发展战略研究"（2018YFD1100201）资助。

Evolution of Characteristic
Towns from the Perspective
of Complex Adaptive Systems

陈明曼 蔡伟光 张应青 著

复杂适应系统视角下的
特色小镇演化研究

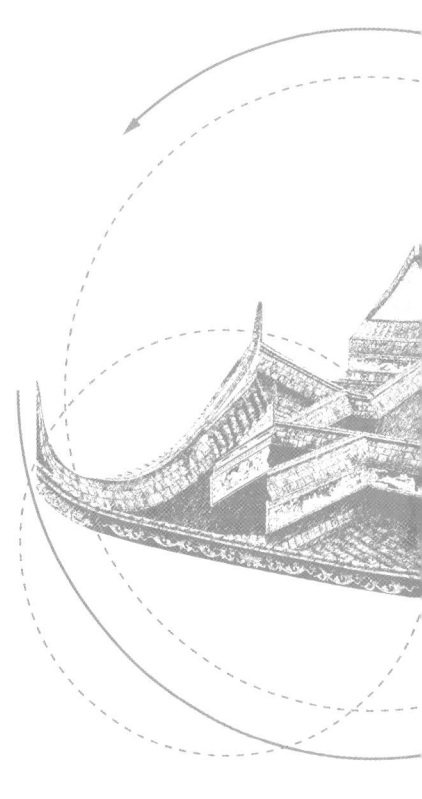

中国社会科学出版社

图书在版编目（CIP）数据

复杂适应系统视角下的特色小镇演化研究/陈明曼等著.—北京：中国社会科学出版社，2023.1

ISBN 978-7-5227-1464-6

Ⅰ.①复… Ⅱ.①陈… Ⅲ.①小城镇—城市建设—研究—中国 Ⅳ.①F299.21

中国国家版本馆 CIP 数据核字（2023）第 031493 号

出 版 人	赵剑英
责任编辑	刘晓红
责任校对	周晓东
责任印制	戴 宽

出　　版	中国社会科学出版社
社　　址	北京鼓楼西大街甲 158 号
邮　　编	100720
网　　址	http://www.csspw.cn
发 行 部	010-84083685
门 市 部	010-84029450
经　　销	新华书店及其他书店
印　　刷	北京君升印刷有限公司
装　　订	廊坊市广阳区广增装订厂
版　　次	2023 年 1 月第 1 版
印　　次	2023 年 1 月第 1 次印刷
开　　本	710×1000　1/16
印　　张	18.5
插　　页	2
字　　数	288 千字
定　　价	99.00 元

凡购买中国社会科学出版社图书，如有质量问题请与本社营销中心联系调换
电话：010-84083683
版权所有　侵权必究

导　言

习近平总书记在中国共产党第十九次全国代表大会中指出，中国的经济、政治、文化、社会及生态文明建设都已步入一个崭新的阶段，社会的主要矛盾已经转化为人民日益增长的美好生活需要和不平衡不充分的发展之间的矛盾，中国步入了新时代。特色小镇是适应新时代发展的新产物，是尊重城市发展规律的自然形成结果，是适应性造就出的新模式。它旨在满足人民对美好生活的需要、搭建地方充分协调发展的平台、推动传统小城镇转型升级和中国新型城镇化高质量发展，具有重大的战略意义。自2014年浙江省正式提出"特色小镇"概念以来，特色小镇如雨后春笋般从浙江省迅速向全国推广。2016—2017年，住建部公布两批共计403个特色小镇，其他相关部门如国家体育总局、林业局、农业部、工业和信息化部以及国家中医药管理局等也纷纷提出建设运动休闲小镇、森林小镇、农业互联网小镇、工业文化特色小镇和中医药文化小镇。阿里巴巴、腾讯、碧桂园、恒大等各大企业也以各种形式积极参与到建设特色小镇的大潮之中。

随着特色小镇实践的迅速扩大，出现了很多诸如认识不足、滥用概念、缺失投资主体、特色不鲜明、规模小、链条短、技术差、缺少主导领军企业、质量不高等不可持续问题。基于此，2019年4月国家发改委规划司在浙江省湖州市德清地理信息小镇召开全国特色小镇现场经验交流会。会上将住建部公布的两批共计403个"全国特色小镇"更名为全国特色小城镇，国家体育总局淘汰整改了34个运动休闲特色小镇；从各省的工作看，各省共淘汰整改了385个"问题小镇"。特色小镇作为新生事物仍在探索试验性阶段，面临着从"数量"到"质量"的转变。直至2020年9月，《国务院办公厅转发国家发展改革委关于促进特色小镇规范健康发展意见的通知》（国办发〔2020〕33号），该通知明确了特色小镇发展总体要求和政策取向。2021年9月，国家发改委等十部委《关于印发全国特色小镇规范健康发展导则的通知》（发改规划〔2021〕1383号），围绕着特色小镇的发展定位、空间布局、质量效益、管理方式和底线约束等方面，提出普适性可操作性的基本指引，为全国特色小镇建设提供了实践指导。至此，我国开始逐步规范并建立起特色小镇的文件体系，但对于特色小镇的本质和规律的深层次研究仍是现阶段急需解决的一道难题。

国外发达国家的特色小镇已成为国家经济、人口和产业的发展载体，其功能与意义已远超出传统行政意义上的"镇"或"区"概念，是一个新的地域生产力结构优化创新空间，是参与全球分工的一种新方式，是现代化和后现代化社会建构的生长基础和创新平台。由于各国国情不同和历史的局限性，中国特色小镇需要把它放到中国新时代的大背景下，要体现新时代的发展特征。它是深入推进新型城镇化、经济结构转型升级、供给侧结构性改革、乡村振兴、城乡融合以及创新创业的重要突破口，是一种高度聚合的独立发展有机载体，呈现出一种"用最小的空间实现地域资源要素的最优布局"的结果状态。因此，特色小镇作为适应新时代发展的新产物，其建设与发展不是传统意义上的小镇的简单拼凑和粗放发展，需要更加成熟系统的方法论来指导。

复杂适应系统理论强调了系统中的个体能通过刺激—反应模型主动调整自身的行为状态，适应外部变化，以争取自身最大的生存和可持续发展需求。它从自适应的新角度打开了系统可持续研究的新空间。与传统的在一定约束条件下寻找最优解的静态算法相比，该理论有机地把微观和宏观联系起来，能更好地认识事物的演化发展规律。因此，本书紧紧围绕中国发展实际情况，从复杂适应系统理论的新视角研究特色小镇系统的演化问题，初步构建复杂适应系统视角下的特色小镇系统认知框架，建立起在复杂适应系统视角下研究特色小镇系统演化的理论框架和学术语境。同时，分析复杂适应系统视角下的特色小镇演化过程，探究特色小镇系统自适应演化的主要层次，并引入适应度景观和NK模型，构建特色小镇自适应演化的NK景观模型，总结出特色小镇复杂适应系统自适应演化的主要特性和核心机制，从而进一步揭示特色小镇从微观到宏观自适应演化的内在规律，是一项有实践指导意义的研究。

本书主要认为，特色小镇可持续发展的核心要义在于科学、系统地把握特色小镇系统演化过程及其规律。基于复杂适应系统理论，提出特色小镇是一个由大量相互联系相互作用的适应性主体所构成的复杂适应系统，具有聚集、特色标识、非线性、流、多样性、内部模型及积木7个重要特征。特色小镇复杂适应系统演化是一个围绕特色标识和特色主体发展的自适应演化过程，是一个多层级的不断递进的动态演化过程，其多层次体现在微观基本主体层、中观动力层以及宏观演化层三个方面。其中，微观基本主体层包括政府、企业、金融机构、专业服务机构以及小镇居民五大主体；中观动力层由文化力、生态环境力、设施服务力和资源禀赋力组成的原始张力，由创新力、政策制度力、管理能力和社会力组成的智慧弹力，以及由经济力、资金力、产业力、市场力组成的聚合力量三种主要作用力构成；宏观演化层包括特色小镇的萌芽期、成长与成熟期以及衰退和跃升期三个主要阶段。同时，引入适应度景观理论和NK模型，进一步探究特色小镇复杂适应系统自适应演化的不同阶段所表现出的特征与规律。在此基础上，提出特色小镇复杂适应系统自适应演化的核心机制，即适应性学习机制、分岔与突变机制以及涌现机制，强调了特色小镇复杂适应系统的自适应演化过程往往表现出"断续平衡"的特征。

本书特点在于：一是案例资料丰富。分析了500余个国内外特色小镇的基础研究资料和信息，构建了特色小镇复杂适应系统初步认知框架。二是综合性强。多学科交叉融合，系统复杂，存在一定的研究难度。三是丰富了相关理论研究，对实践指导作用大。用新理论方法对特色小镇这一新事物进行本质与规律探讨，分析其核心机制，提出相关演化发展建议，逻辑清晰、结论科学合理，对政府、企业决策者及相关科研人员有较大的指导与参考价值。

陈明曼　蔡伟光　张应青
2022年4月

目 录

第一章 绪论 ·· 1

第一节 研究背景 ·· 1
第二节 研究问题的提出 ··································· 14
第三节 研究目的与意义 ··································· 16
第四节 研究范围与研究内容 ······························· 18
第五节 研究方法与技术路线 ······························· 19
第六节 本书的主要创新点 ································· 23

第二章 文献综述与理论基础 ·································· 25

第一节 相关概念辨析 ····································· 25
第二节 相关研究综述 ····································· 42
第三节 理论基础 ··· 61
第四节 本章小结 ··· 69

第三章 复杂适应系统视角下的特色小镇系统研究 ················ 71

第一节 研究基础 ··· 71
第二节 研究设计 ··· 83
第三节 特色小镇复杂适应系统的特色标识和特色主体 ······ 88
第四节 特色小镇复杂适应系统的目标、结构与功能 ········ 100
第五节 特色小镇复杂适应系统的可持续能力建设 ·········· 116
第六节 本章小结 ··· 126

第四章 复杂适应系统视角下的特色小镇演化过程研究 …… 127

第一节 特色小镇自适应演化的生成机理 …… 127

第二节 特色小镇自适应演化的层次 …… 137

第三节 特色小镇自适应演化的模型 …… 157

第四节 特色小镇自适应演化的主要过程 …… 168

第五节 特色小镇自适应演化的主要特性和核心机制 …… 173

第六节 本章小结 …… 175

第五章 特色小镇自适应演化的核心机制研究 …… 177

第一节 特色小镇自适应演化的适应性学习机制 …… 177

第二节 特色小镇自适应演化的分岔与突变机制 …… 184

第三节 特色小镇自适应演化的涌现机制 …… 195

第四节 本章小结 …… 204

第六章 案例研究 …… 205

第一节 法国依云小镇 …… 205

第二节 安徽合柴1972工业记忆小镇 …… 210

第三节 本章小结 …… 215

第七章 研究结论与展望 …… 216

第一节 研究结论 …… 216

第二节 研究启示 …… 222

第三节 研究不足与未来展望 …… 224

附 录 …… 226

参考文献 …… 269

后 记 …… 285

第一章 绪 论

第一节 研究背景

习近平在中国共产党第十九次全国代表大会中指出,中国已步入新时代,呈现出新的历史方位,社会的主要矛盾已经转化为人民日益增长的美好生活需要和不平衡不充分的发展之间的矛盾。《中共中央关于制定国民经济和社会发展第十四个五年规划和二〇三五年远景目标的建议》强调要坚定不移贯彻创新、协调、绿色、开放、共享的新发展理念,以推动高质量发展为主题,以深化供给侧结构性改革为主线,以改革创新为根本动力,以满足人民日益增长的美好生活需要为根本目的,加快建设现代化经济体系,加快构建以国内大循环为主体、国内国际双循环相互促进的新发展格局。"十四五"开启了我国经济社会发展的新征程,我们需要以新思维、新理论、新方法去创造新的未来,推动人的全面发展和社会全面进步。

一 从历史中发现规律:遵循国际城镇化发展的客观规律

根据诺瑟姆曲线和世界城镇化经验,一个国家的城镇化水平进入相对稳定的后期阶段,并不意味着静止,而是面临着更高级时期发展的问题。这一时期是经济、社会、文化、空间等发生变革的全新时期,即此时城镇的分散作用开始超过集聚作用,城镇化进入"集中与扩散趋势共存、以扩散为主"的发展时期。① 也就是在"逆城镇化"之后，会步入以"乡村振兴"为主的发展阶段。我国经历了世界上规模最大、速度最快的城镇化进程，大致经历了三个阶段：缓慢起步发展阶段、加速发展阶段和快速发展阶段（见图1.1）。根据世界城镇化发展规律，城镇化快速发展阶段的中后期将是经济社会结构发生系统性转变的时期，最容易出现公共服务供给不足、社会管理跟不上、农业资源外流、农村趋于凋敝等状况，应理性看待这个区间的发展特征。如果不能有效解决问题，势必陷入"中等收入陷阱"之中。2021年，我国城镇化率为64.72%，处于城镇化的快速发展阶段的中后期，正向成熟阶段过渡，城镇化进入以提升质量为主的转型发展新阶段。

2015年11月，习近平在中央财经领导小组第十一次会议上强调要加快提高户籍人口城镇化率。人是城镇化进程中的核心，户籍人口城镇化率直接反映城镇化的健康程度。从户籍人口城镇化率看，2021年我国户籍人口城镇化率仅为46.70%（见图1.2）。与常住人口城镇化率相比，低18.02%。这说明我国农业转移人口，特别是大多以农民工为主体的外来常住人口在城镇还不能平等享受教育、就业、医疗、社会保障等公共服务。从户籍人口城镇化率的增长速度来看，2018年增长了1.02个百分点，2019年增长了1.01个百分点，2020年增长了1.02个百分点，2021年增长了1.3个百分点，户籍人口城镇化进程缓慢。这些问题的深层次原因在于过去城镇化发展模式有内在缺陷，发展后劲不足。

综上所述，我国处于城镇化快速发展阶段的中后期，步入新时代，传统城镇化发展模式带来的"城市病"和"乡村病"问题进一步压缩居民生活空间，城乡差距仍很大，社会关系日益尖锐。因此，我们需要遵循新时代世界城镇化发展的客观规律，搭建新平台、新载体、新业态，充分发挥城市的"优化裂变"及带动作用，推动城镇化由"单向"向"双向"流动转变，实现产、城、乡相融的新型城镇化道路。

---

① 王凯等：《中国城镇化率60%后的趋势与规划选择》，《城市规划》2020年第12期。

第一章 绪论

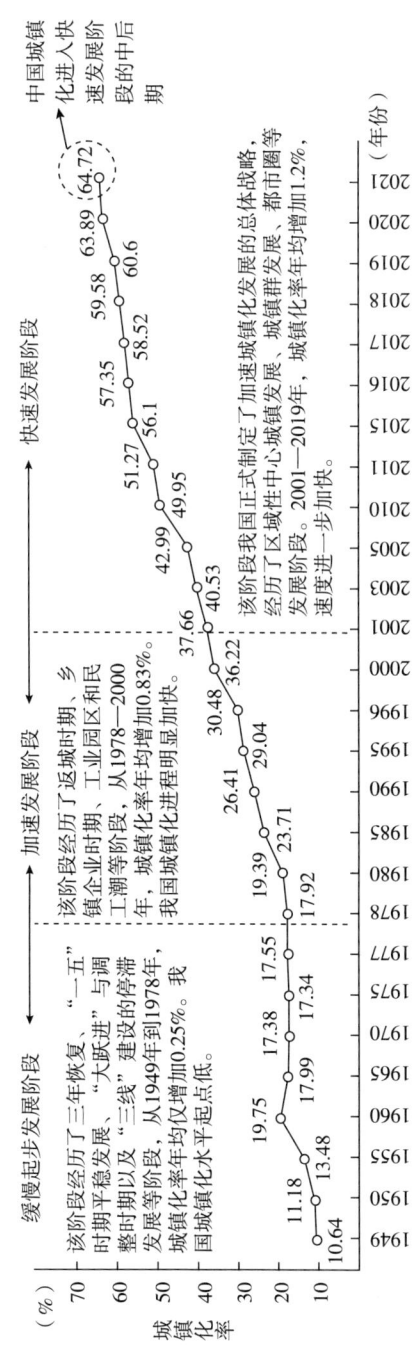

图 1.1 中国城镇化进程

资料来源：1949—2010 年城镇化率数据来源于《中国统计年鉴（2011）》，2011—2020 年城镇化率数据来源于《中国统计年鉴（2021）》，2021 年城镇化率数据来源于《中华人民共和国 2021 年国民经济和社会发展统计公报》。

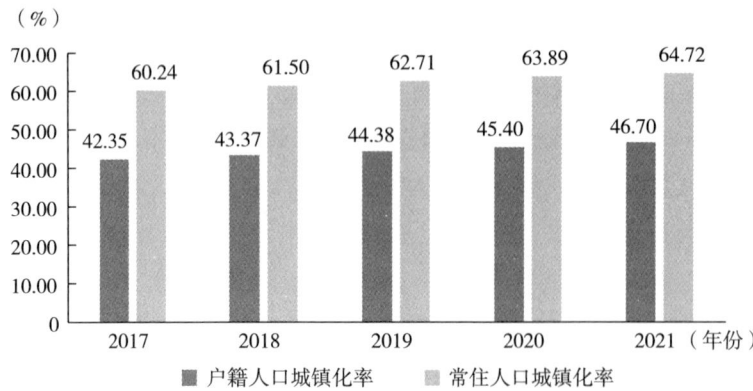

图 1.2　中国 2015—2021 年户籍人口城镇化率和常住人口城镇化率

资料来源：2017—2019 年户籍人口城镇化率数据来源于《中华人民共和国 2017—2019 年国民经济和社会发展统计公报》，2017—2021 年常住人口城镇化率数据来源于《中华人民共和国 2021 年国民经济和社会发展统计公报》，2020—2021 年户籍人口城镇化率数据来源于 2022 年 3 月 7 日国务院新闻发布会。①

二　从规律中抓住契机：把握经济发展新时代的根本特征

目前，我国经济正处于从高速到中高速的增长速度换挡期、结构调整阵痛期、前期刺激政策消化期的"三期叠加"的重要阶段。② 进入新时代，我国经济发展特征主要体现在：一是速度，即中国经济增长速度转为中高速增长；二是结构与方式，即中国经济结构不断优化升级，发展模式从以重数量为核心的传统体力型向以重质量为本的现代智力型增长；三是增长动力，即中国经济增长动力从传统要素驱动转向创新驱动。

（一）中国经济增长速度从高速向中高速转换

2010 年以来，我国国内生产总值增长率持续下降，2019 年下降至 6%，如图 1.3 所示。2020 年受新冠肺炎疫情的影响，国内生产总值增长率为 2.2%，2021 年国内生产总值增长率恢复至 8.1%。根据

---

①《坚持稳字当头、稳中求进，推动高质量发展取得新进展》，国务院新闻办，http://www.gov.cn/xinwen/2022-03/09/content_ 5678124.htm.

② 易纲：《经济发展规律决定我国经济增长速度换挡》，财经综合报道，https://business.sohu.com/20141103/n405715473.shtml.

经济发展规律,当一个国家或地区经历了一段时间的高速增长后,都会经历增速"换挡"时期。而在"换挡"过程中,极易出现发展停滞、失业增加、社会矛盾突出等问题。面对经济增长速度换挡,我们须深入研究和遵循经济发展规律,把握经济发展新时代的根本特征,找到新时代下经济增长的新载体、新模式、新动力,提高经济发展的质量和效益。

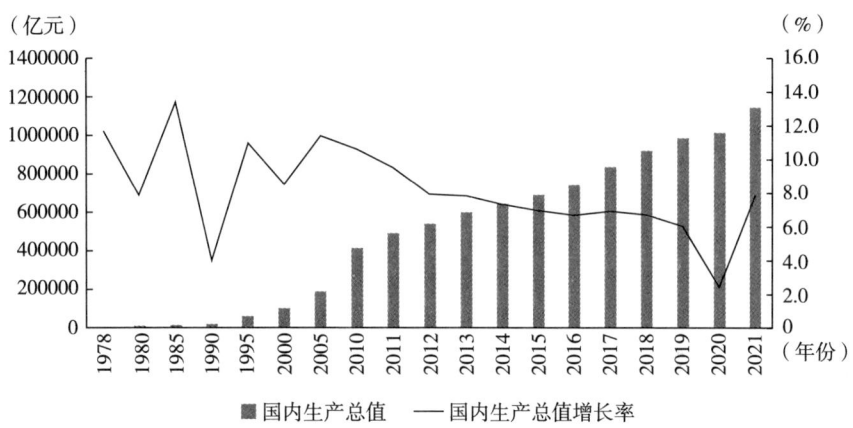

图 1.3 1978—2021 年中国国内生产总值和国内生产总值增长率

资料来源:1978—2016 年数据来源于中华人民共和国国家统计局,2017—2021 年数据来源于《中华人民共和国 2021 年国民经济和社会发展统计公报》。

(二)中国经济结构不断优化升级,经济发展模式转变为现代智力型

2013 年我国第三产业增加值占国内生产总值比重首次超过第二产业所占比重,经济正式迈入"第三产业化"时代。2021 年我国三产比重分别为 7.3%、39.4% 和 53.3%,产业结构不断升级。如图 1.4 所示。但由于第三产业的全要素生产率提升水平会慢于工业,因此经济结构从工业转向第三产业的过程中可能会出现全要素生产率增长放

缓现象，即"鲍莫尔病"。①"鲍默尔病"的存在说明在既有产业之间进行资源配置所能带来的经济增长的潜力会越来越小。这意味着经济增长的结构将从"三大产业结构"转向更为细分的产业上。目前，我国传统行业正在筑底，新产业、新业态、新模式加速成长。其中，2021年高技术制造业增加值比上年增长18.2%、装备制造业增加值增长12.9%、战略性新兴服务业企业营业收入比上年增长16.0%等。这表现出我国经济发展方式由以重数量为核心的传统体力型向以重质量为本的现代智力型增长转变。而经济发展方式的转变也需要我们依托新知识、新科技打造新引擎，加快实现新产业、新业态的新突破，推动经济结构不断优化升级。

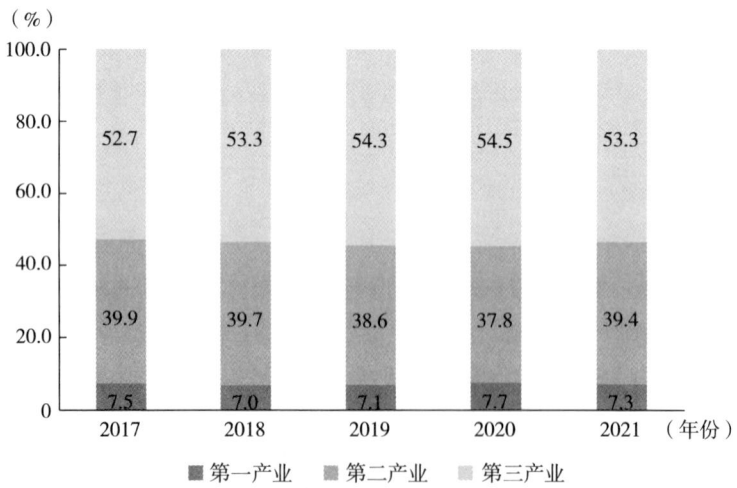

图1.4　2017—2021年三次产业增加值占国内生产总值比重

资料来源：《中华人民共和国2021年国民经济和社会发展统计公报》。

（三）中国经济增长动力由传统要素驱动向创新驱动转换

随着经济社会的快速发展，"互联网+"、大数据、电子商务、移动支付、共享经济等广泛融入各行各业。快速崛起的创新动力，深刻

---

① Elton J., A. Gómez-Lobo., "Baumol's Cost Disease and Urban Transport Services in Latin America", *Transportation Research Part A Policy and Practice*, 149（1），2021：206-225.

改变了人们的生产生活方式,正在重塑经济增长格局,成为中国跨入新时代发展的新标志。但目前,中国资源在产业间、企业间的配置还远没有达到最优效率的程度。2021年我国R&D增长速度为14.2%(见图1.5),说明现阶段我国的创新动力仍不足。因此,通过创新在产业之间、企业之间实现资源重新配置,将是推动我国整体经济发展动力逐步向"创新驱动型"转变的重要手段之一。

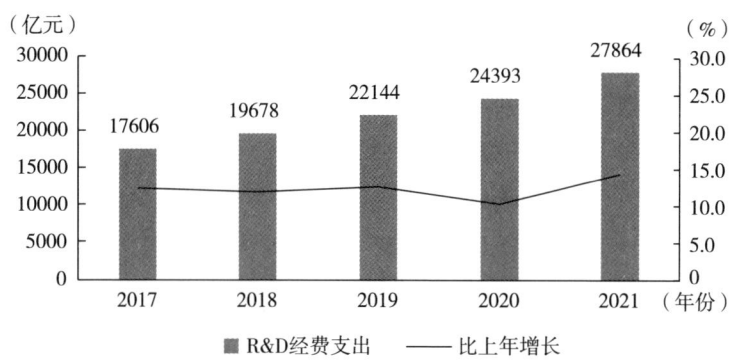

图1.5 2017—2021年我国研究与试验发展(R&D)经费支出水平

资料来源:《中华人民共和国2021年国民经济和社会发展统计公报》。

综上所述,我国经济社会发展已步入高质量发展的新阶段,速度开始换挡回落,产业结构需要不断升级,增长动力急需转变,我们需要主动把握经济发展新时代的根本特征,加快孕育新产业、新业态,酝酿突破新需求、新动力。通过新的发展动力才能使我国经济顺利转型步入持续健康的高质量发展新阶段。

三 从契机中寻求发展:适应国家乡村振兴发展的战略需要

乡村是中国社会发展的根基,是我们民族的生命之源、文化之源,是中华的灵魂根基。2018年《中共中央国务院关于实施乡村振兴战略的意见》发布,预示着我国经济社会发展将发生重大转变:一是城乡融合发展成为主攻方向,乡村迎来发展机遇;二是乡村产业转型升级,新功能、新业态进入乡村地域①,经济转变为脱虚向实;三是重点打造第一、第二、第三产业融合体。

(一)破解"三农"问题的关键所在

"三农"问题是关系党和人民事业发展的根本性问题。目前,我国城乡差距仍较显著(见图1.6),需要新的动力缩小城乡差距。乡村振兴为广大农民提供现代化服务,是破解"三农"问题的关键所在。

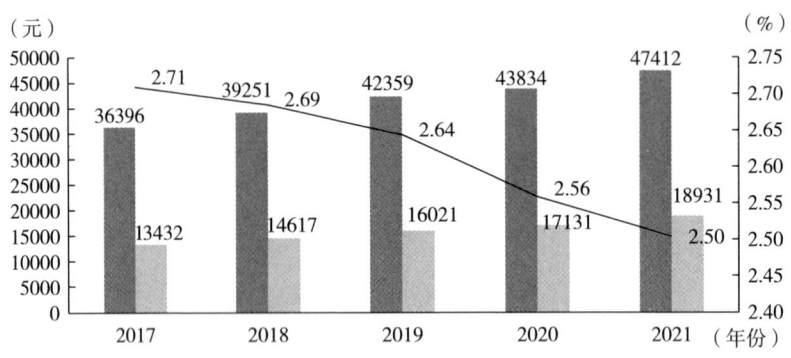

图 1.6　2017—2021 年中国城乡收入差距

资料来源:《中华人民共和国 2017—2021 年国民经济和社会发展统计公报》。

(二)打破城乡二元结构的恶性循环

城乡二元结构导致我国人才、资金等生产要素向城市单向流动,乡村由于缺乏发展的生产要素和动力,与城市差距加大,易陷入恶性循环。要打破这一恶性循环,需要在乡村地区建立一个农民能够参与和分享城市发展红利的新平台,吸引人才、资金等生产要素,使乡村地区不再是资源的净流出区,从而加快城乡一体化发展。

(三)实现就地就近城镇化和搭建城乡融合发展的重要平台

目前,我国乡村发展滞后,生产、生活设施条件差,每年有大量

---

① 曹璐等:《我国村镇未来发展的若干趋势判断》,《中国工程科学》2019 年第 2 期。

的较高素质青壮年劳动力从农村流出，导致大量"空心村"的出现。因此，振兴乡村，特别是小城镇作为乡村地区第二、第三产业发展的重要载体，有利于带动农村经济和社会发展，为城市发展提供紧缺的空间资源，是推进我国城镇化的基层支点。特别在"互联网+"、大数据推动下，城乡资源互动更加紧密，城市人口和农村转移人口在小镇聚集，进一步影响村镇空间格局的整合重构，从而改变我国城镇化走向。未来，以人口、产业、文化等要素高度集聚的特色小镇将成为我国中后期城镇化发展新模式。

综上所述，乡村振兴战略是亿万农民实现对美好生活向往的根本路径，需要新载体、新平台、新理念，优化升级特色经济与产业，整合优化城乡优势资源要素，激活人、技术、信息、市场等高质量发展要素，推进供给侧结构性改革，实现城乡一体化融合发展的新格局。

四 从发展中实现突破：切合新时代特色小（城）镇政策发展要求

小城镇一头连着"城"，一头连着"村"，是城乡融合发展的重要节点。2021年3月《中华人民共和国国民经济和社会发展第十四个五年规划和二〇三五年远景目标纲要》明确提出，深入推进以人为核心的新型城镇化战略，以城市群、都市圈为依托促进大中小城市和小城镇协调联动、特色化发展，使更多人民群众享有更高品质的城市生活。小城镇被提升到国家战略的又一新高度，成为新型城镇化、产业集群、城乡统筹等的发展重点。中国小城镇发展历史进程如图1.7所示。

可见，在新发展态势下，小城镇作为城镇化发展的基础空间正以前所未有的速度加快发展。小城镇要实现新的战略宗旨，需要在思想上有新的转变，既要对社会经济发展进行充分研究，又要对城镇的"潜在优势"进行系统分析，以新的发展载体、新平台实现自身的升级。同时，中国发展进入新阶段，产业集聚理论、空间结构理论、创新理论、新型城镇化等渗入经济社会发展研究中，为我国经济社会的可持续发展研究开辟了新的研究方向，特色小镇相伴而生。

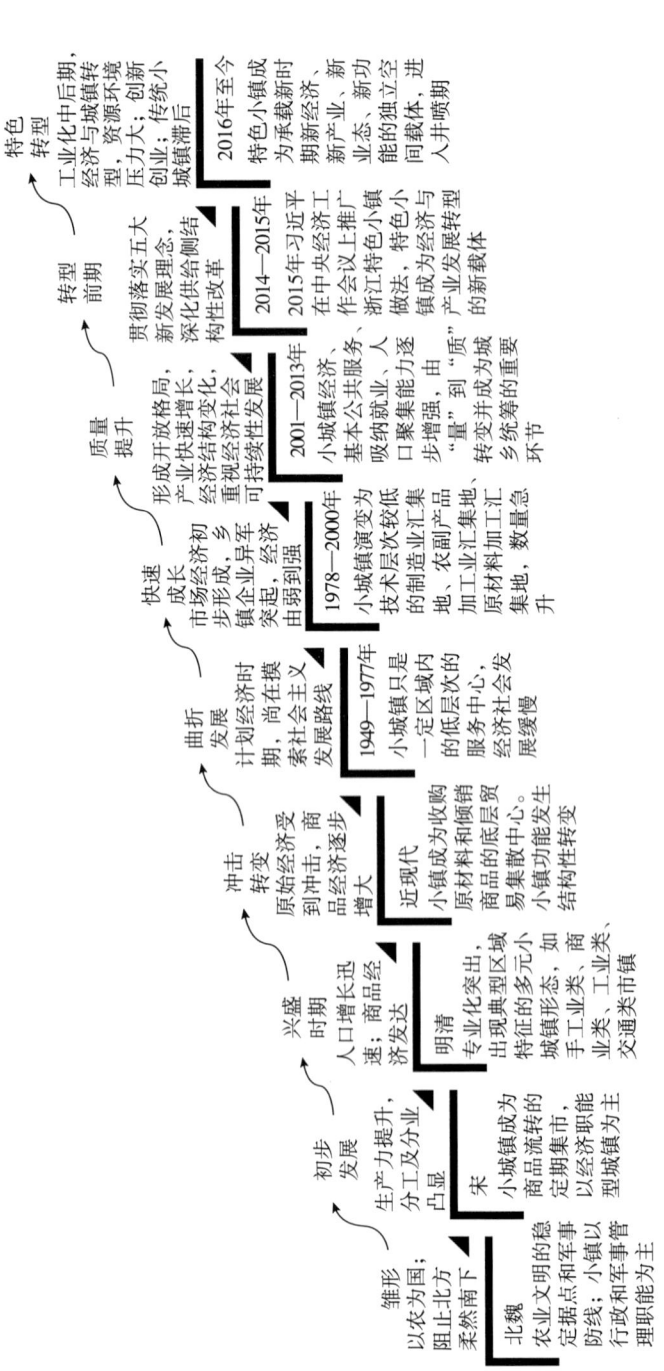

图1.7 中国小城镇发展历史进程

第一章 绪论

特色小镇源于浙江特色小镇的成功实践。2015年1月,浙江省"两会"正式提出"特色小镇"概念。2015年4月22日,浙江省人民政府出台《关于加快特色小镇规划建设的指导意见》(浙政发〔2015〕8号),浙江成为第一个全面启动特色小镇建设工作的省份。2015年底,习近平总书记在中央财办《浙江特色小镇调研报告》上作了重要批示。2016年3月,《国民经济和社会发展第十三个五年规划纲要》提出,加快发展中小城市和特色镇,因地制宜发展特色鲜明、产城融合、充满魅力的小城镇。特色小镇概念开始作为国家发展战略被提出。为贯彻党中央、国务院关于推进特色小镇、小城镇建设的精神,落实《国民经济和社会发展第十三个五年规划纲要》关于加快发展特色镇的要求,住建部、国家发改委、财政部(以下简称三部委)决定在全国范围开展特色小镇培育工作。2016年10月,住建部公布第一批127个中国特色小镇名单。国家发改委、国家开发银行、中国光大银行、中国企业联合会、中国企业家协会、中国城镇化促进会共同组织实施美丽特色小(城)镇建设"千企千镇工程"。2017年,国家体育总局、农业部等部委均相继发文提出要推出运动休闲、农业特色互联网等特色小镇建设。2017年8月,住建部公布了第二批276个中国特色小镇名单。随着特色小镇实践的迅速扩大,加之对其认识研究不足,出现了不少虚假虚拟"特色小镇"。

为区分特色小镇和特色小城镇,准确深刻理解特色小镇内涵,引导特色小镇规范、健康发展,2018年以来国家各部委出台系列政策文件。如2019年3月,国家发改委印发《2019年新型城镇化建设重点任务的通知》(发改规划〔2019〕617号)支持特色小镇有序发展。2019年4月,在浙江德清地理信息小镇召开了2019年全国特色小镇现场会,公布了各地区各有关部门淘汰整改的419个"问题小镇",也推广了"第一轮全国特色小镇典型经验"。2020年4月,国家发改委印发《2020年新型城镇化建设和城乡融合发展重点任务的通知》(发改规划〔2020〕532号),强调了规范发展特色小镇和特色小城镇。2020年6月,国家发改委办公厅《关于公布特色小镇典型经验和警示案例的通知》(发改办规划〔2020〕481号)指出要加强特色小镇典型示范工作，推广了来自20个精品特色小镇的"第二轮全国特色小镇典型经验"（覆盖聚力发展主导产业、促进产城人文融合、突出企业主体地位、促进创业带动就业、完善产业配套设施、承接改革探索试验等多种类型）。2020年9月，《国务院办公厅转发国家发展改革委关于促进特色小镇规范健康发展意见的通知》（国办发〔2020〕33号）提出要准确把握特色小镇发展定位，为全国特色小镇发展提供了基本遵循，明确了总体要求和政策取向。2021年4月，国家发改委印发《2021年新型城镇化和城乡融合发展重点任务的通知》（发改规划〔2021〕493号），明确要促进特色小镇规范健康发展。2021年9月，国家发改委等十部委《关于印发全国特色小镇规范健康发展导则的通知》（发改规划〔2021〕1383号），围绕着特色小镇发展定位、空间布局、质量效益、管理方式和底线约束等方面，提出普适性可操作性的基本指引，为全国特色小镇建设提供了实践指导。导则明确提出，在其发布之日起，此前国务院各有关部门和单位印发的特色小镇文件同时废止。国办发〔2020〕33号文件和本导则，是全国特色小镇发展的基本遵循，逐步规范并建立特色小镇文件体系。2022年4月，国家市场监督管理总局、国家标准化管理委员会面向全国公布了《特色小镇发展水平评价指标体系》国家标准（GB/T 41410—2022），这是我国特色小镇建设领域首个国家标准，为全国各地特色小镇建设提供方向参照。至此，特色小镇从总体上步入规范发展轨道，进入以质量为核心的高阶发展阶段，已然成为国家战略实施的重要抓手，如图1.8所示。

综上所述，我国现已步入新时代，破解经济新常态发展、供给侧改革、城镇化转型及小城镇长期发展滞后等问题急需一个新动力、新载体、新平台与新模式来转型。特色小镇是适应新时代发展的新事物，是尊重经济社会与城市发展规律的自然形成结果，是一个开放的复杂系统。作为新时代下满足人民对美好生活的需要和实现地方充分发展、协调发展的重要平台，特色小镇被提升到一个新高度上，具有重大的战略意义。基于此，本书选择对特色小镇这一新生事物展开研究，具有一定的理论研究和实践指导意义。

第一章 绪论

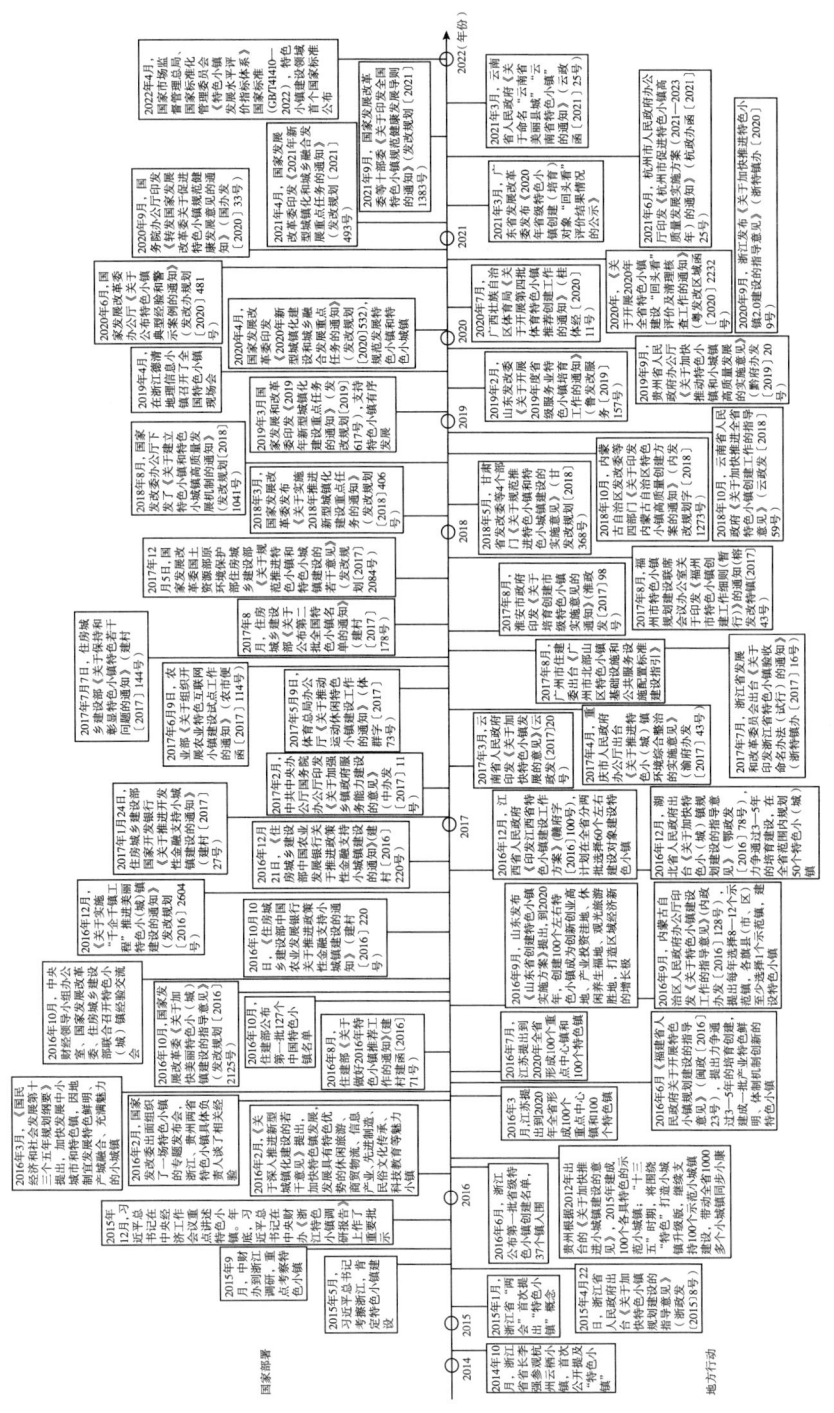

图 1.8 中国特色小镇的政策推进脉络

复杂适应系统视角下的特色小镇演化研究

第二节 研究问题的提出

自浙江省提出特色小镇以来，全国已出现了多种多样的特色小镇，名目繁多。作为新时代下的新生事物，现阶段特色小镇理论研究和实践探索仍不足。而如此大规模的"特色小镇运动"，不得不令人担忧。2019年4月，在浙江省德清地理信息小镇召开了2019年全国特色小镇现场会，公布了各地区各有关部门淘汰整改的419个"问题小镇"。2020年6月，国家发改委办公厅发布了《关于公布特色小镇典型经验和警示案例的通知》（发改办规划〔2020〕481号）。2021年9月，国家发改委等十部委《关于印发全国特色小镇规范健康发展导则的通知》（发改规划〔2021〕1383号），围绕着特色小镇发展定位、空间布局、质量效益、管理方式和底线约束等方面，提出普适性可操作性的基本指引。目前，全国各省份特色小镇清单内保留了1600个左右[1]，下一步将清理清单外"特色小镇"，对已建或已命名的特色小镇进行全面审核，特色小镇进入高质量发展阶段。为避免地方盲目模仿、定位偏差、规划失误以及同质化、空心化、质量不高等严峻问题，有必要从学理研究上加强对这一新生事物的深入认识。由于特色小镇集聚人口、经济、产业、自然、资源、文化等地域要素，是一个开放的复杂系统，受限因素众多，且类型多样。因此，我们需要利用新思维和新方法去探寻特色小镇的本质以及特色小镇的形成机理、演化机制与发展规律。

基于此，本书结合复杂适应系统理论、可持续发展理论、适应度景观与NK模型、分岔与突变以及涌现等主要理论，在国内外特色小镇的自然历史演进、实践情况以及相关研究进展的基础上，研究特色小镇复杂适应系统演化，加深对特色小镇本质和演化规律的认识，以

---

[1] 北京日报报业集团：《国家发改委：坚决清理虚假虚拟的"特色小镇"》，北京日报客户端，https://baijiahao.baidu.com/s? id=1714106578022713312&wfr=spider&for=pc.

期对特色小镇的理论研究和实践探索有所裨益。全书紧扣"复杂适应系统理论""特色小镇系统"和"演化"三大核心,在复杂适应系统理论视角下,对特色小镇复杂系统、特色小镇复杂适应系统的演化过程、特色小镇复杂适应系统的核心演化机制三个主要方面进行研究,为促进特色小镇演化与发展、新型城镇化发展、经济高质量发展以及城乡融合发展等方面奠定科学基础。本书拟解决的主要研究问题如下。

(一)特色小镇复杂适应系统及其演化

特色小镇从孕育到诞生,经历了一个复杂多变的发展演化过程。在演化过程中,特色小镇复杂适应系统适应性主体需要不断调整自身行为以更好地适应外部环境的变化,这必然使特色小镇系统的复杂性增加。那么,特色小镇复杂适应系统的复杂性具体来自哪里?又表现在哪些方面?从复杂适应系统理论视角应当如何界定特色小镇系统特征、结构与功能,以利于应用复杂性科学研究成果深入探索特色小镇复杂适应系统演化的本质规律?另一方面,从系统演化的角度,特色小镇系统的适应性主体众多,每个适应性主体的发展又受自身发展历史的影响,且适应性主体之间相互作用,那么系统适应性主体如何演化?系统适应性主体具备哪些条件才能更好地演化?影响特色小镇复杂适应系统可持续演化的主要作用力是什么?特色小镇复杂适应系统演化有什么特征?这些问题是本书研究的基础和切入点。

(二)特色小镇复杂适应系统的演化过程

特色小镇复杂适应系统的演化是在适应性主体与环境的不断互动中发生的。特色小镇复杂适应系统内外环境的复杂性直接导致系统演化过程和轨迹的多样性和复杂性。那么,特色小镇复杂适应系统如何适应外部环境变化的要求以实现可持续发展?特色小镇复杂适应系统的适应性主体是什么?适应性主体如何调控主要作用力影响特色小镇复杂适应系统的可持续发展?在特色小镇复杂适应系统调控主要作用力的互动过程中,系统适应性主体的行为规则是如何产生的?系统适应性主体及系统自适应演化过程和结构又是怎样的?本书将深入研究特色小镇复杂适应系统的演化过程,包括生成机理、演化层次、演化模型及主要演化阶段等，是本书研究特色小镇复杂适应系统自适应演化的主要框架和研究重点之一。

（三）特色小镇复杂适应系统自适应演化的核心机制

适应性是复杂系统演化的根源。特色小镇通过不断适应外部变化，增强生存与发展的竞争力，在日趋激烈的竞争环境中实现自适应演化。本书首先探索特色小镇复杂适应系统主体主动适应环境的适应性学习机制，探讨特色小镇系统主体如何通过学习应对外部环境的变化？如何不断产生新的有效规则？又是如何获得较高自适应能力？其次，主体的适应性学习必然导致特色小镇在功能、结构和特性上发生变化。由于内外环境的复杂性，这种变化很难被预知。那么，这种变化何时发生？是渐进发生还是突然发生？发生的条件是什么？最后，深入探讨这种变化对系统的自适应演化的影响？是否会涌现出新的结构和功能？基于此，本书在适应性学习机制研究的基础上，又进一步研究特色小镇复杂适应系统演化的分岔与突变机制、涌现机制，这也是本书的重点研究内容之一。

第三节 研究目的与意义

一 研究目的

本书的研究目的主要有以下几个方面：

（1）由于现阶段特色小镇的理论研究还远不能满足实践的需要，因此要从新的理论与方法上探讨特色小镇的本质内涵、特色小镇系统结构及系统属性，构建出新视角下的特色小镇系统认知框架。

（2）从新的理论视角深入研究特色小镇自适应演化，包括自适应演化的生成机理、演化层次，并构建系统自适应演化模型，探讨主要演化过程和特点，旨在深刻认识并揭示出特色小镇复杂适应系统的自适应演化规律。

（3）深入研究特色小镇复杂适应系统自适应演化的核心机制，即自适应学习机制、分岔与突变机制以及涌现机制，进一步揭示出特色小镇复杂适应系统自适应演化的内在规律。

（4）结合典型案例研究，验证本书所提研究结论的合理性，并指出特色小镇复杂适应系统存在的问题，提出科学合理的演化建议，为特色小镇的自适应演化提供决策参考。

二　研究意义

从国家层面来说，新时代背景下特色小镇是一种发展新经济、新业态和推动传统产业及小城镇转型升级的新平台，是构建人民美好生活和传承、挖掘中国特色资源的一个新载体。从镇域层面来说，特色小镇有利于人居环境的改善，能有效实现人口和产业的集聚，为当前我国新型城镇化的建设提供了新的发展空间。因此，从新的视角研究特色小镇系统及其演化具有重大理论意义和实践意义。

（一）理论意义

本书引入复杂适应系统理论，拓展特色小镇的理论内涵，进一步分析特色小镇的复杂适应性特征和复杂性根源；通过500余个国内外特色小镇案例分析，识别出特色小镇的特色标识和特色主体，并深入剖析了10个典型案例的自然历史演进过程，构建了特色小镇复杂适应系统的目标、结构与功能、可持续能力建设等认知框架。在此基础上，深入研究特色小镇复杂适应系统的自适应演化过程和核心机制，进一步揭示出特色小镇复杂适应系统演化一般规律，丰富特色小镇和新型城镇化理论与方法的研究体系。

（二）实践意义

首先，通过特色小镇复杂适应系统本质和演化规律的研究，有利于促进城市和乡村的人口、产业、资金等要素向小镇集聚，培育新的经济增长点，实现农民工的就地就近转移，缓解城市病和生态问题及资源环境的压力，加快城乡一体化发展步伐。其次，有利于加快小城镇升级发展，拉动制造业、基础设施建设等投资需求，提高农民收入，促进农村消费需求增长，改善经济增长的需求结构，夯实经济平稳健康增长的内需基础。最后，有利于进一步保障和改善民生，促进公共服务均等化，从而加深社会各界对这一新事物的认识，为政府与企业建设特色小镇提供决策参考，具有一定的实践价值。

第四节　研究范围与研究内容

一　研究范围

本书的研究对象是特色小镇。它是顺应新时代而生的新事物，是适应性造就的新发展模式，其本质是一种高度聚合的独立发展有机载体。对特色小镇系统与演化的研究是限定在复杂适应系统理论的视角下。特别地，复杂适应系统视角下的特色小镇系统研究包括了特色小镇复杂适应系统的判定、特色标识和特色主体的识别、系统目标、结构与功能以及系统的可持续能力建设方面。复杂适应系统视角下的特色小镇演化包括演化机理、演化层次剖析、演化模型构建、主要演化过程分析以及演化的核心机制等方面。

二　研究内容

围绕第二节中研究问题，本书对复杂适应系统理论视角下的特色小镇系统及其演化进行了较深入的研究。主要研究内容如下：

（1）复杂适应系统视角下的特色小镇系统研究。首先，根据复杂适应系统的核心概念和七个基本特征，对特色小镇复杂适应系统进行判定，并探讨了特色小镇复杂适应性特征及复杂性根源。其次，通过对500余个国内外典型特色小镇案例的"特色"进行采集与分析，初步识别出特色小镇的特色标识和特色主体范畴。最后，通过国内外典型特色小镇的自然演进过程分析，探究特色小镇复杂适应系统的目标、结构与功能，及其可持续能力建设维度和结构，旨在建立起复杂适应系统视角下的特色小镇系统演化研究的理论框架和学术语境，为下文研究复杂适应视角下的特色小镇系统自适应演化奠定理论基础。

（2）复杂适应系统视角下的特色小镇演化过程研究。运用复杂适应系统理论分析特色小镇自适应演化的生成机理。其次，从复杂适应系统理论的微观与宏观逻辑关系，探究特色小镇自适应演化的层次，即微观基本主体层—中观动力层—宏观演化层，并深入剖析各层次的属性、作用与结构。再次，引入适应度景观和NK模型，探讨特色小镇自适应演化的主要过程和特点。最后，总结出特色小镇自适应演化的主要特性，提出特色小镇自适应演化的核心机制。

（3）特色小镇自适应演化的核心机制研究，即适应性学习机制、分岔与突变机制以及涌现机制。在适应性学习机制上，探讨自适应学习的原因，分析特色小镇复杂适应系统主体的适应性学习过程与层次、自适应学习的动力及学习方式等。在分岔与突变机制上，探讨特色小镇复杂适应系统的逐级分岔与突变，分析特色小镇复杂适应系统分岔与突变的主要作用因子，构建特色小镇复杂适应系统分岔与突变的尖点模型，探讨了特色小镇复杂适应系统分岔与突变的流形与条件。在涌现机制上，主要探讨了特色小镇复杂适应系统涌现的现象、产生机制、结构与层次涌现以及涌现效应。

（4）案例研究。通过法国依云小镇、安徽合柴1972工业记忆小镇的系统分析，总结出特色小镇复杂适应系统自适应演化过程中会出现随机性游走、局部陷阱以及复杂性灾害等主要问题，提出科学合理的相关建议。

第五节　研究方法与技术路线

一　研究方法

本书从复杂适应系统理论视角研究特色小镇复杂适应系统的演化，在整个研究过程中，主要采用了文献研究法、案例研究法、实地调研法、复杂适应系统理论方法以及适应度景观、NK模型、熵理论、尖点理论、涌现理论、八爪鱼采集器及R软件等相关理论与工具方法。

（一）文献研究法

通过文献检索，本书首先对特色小镇的基本概念、国内外特色小镇的自然适应性历史演化、复杂适应系统的内涵进行阐述和界定，明确了本书研究的范围。由于发达国家的特色小镇已成为国家经济、产业和人口的发展载体，成为地域发展中一个比较独立的研究空间。基于此，本书扩大了文献综述范围，重点梳理了小城镇发展问题、城市和地域系统演化及创新集群的研究进展。同时，对国内特色小镇的发展进行全面梳理。通过对文献的总体把握，识别出主要的研究方向，厘清研究脉络，找出知识缺口。

（二）案例研究法

案例研究法是本书应用的重要定性研究方法，贯穿全文。本书所研究的案例主要通过八爪鱼采集器对特色小镇专业研究网络平台进行采集、文献提取（包括与特色小镇相关的主要书籍、专业期刊、重要新闻报道等）以及政府命名的特色小镇三种方式获取，最终整理了500余个国内外特色小镇案例和10个典型特色小镇自然演进的相关案例资料。通过500余个国内外特色小镇案例研究，为识别出特色小镇的特色标识和特色主体提供有力支撑。通过深入剖析10个典型特色小镇自然演进过程，为研究特色小镇复杂适应系统的目标体系、结构与功能等方面内容奠定实践基础。

（三）实地调研法

实地调研有利于获取第一手资料。2016年12月，笔者到贵州省住房和城乡建设厅城镇化发展中心实习，并参与到贵州省城镇化发展中心对相关小镇建设工作的调研和交流座谈会中。在实地调研中，通过基本观察和简单访问，对特色小镇的历史文化、建筑风貌、生态环境、设施服务水平、特色产业等方面基本信息进行采集。在座谈会方面，主要针对特色小镇现状问题及如何可持续建设与发展等问题进行讨论，同时，顺利访问到政府相关主要工作人员、住建局相关人员等。通过面对面交流，从不同视角较系统地了解了特色小镇发展历程，并收集了本书研究所需的一手资料。在此基础上，详细查阅了地方志资料，重点对特色小镇演化与发展过程资料进行收集。此外，在2016年12月至今，笔者还实地走访调研了莫干山镇、乌镇、甪直古镇、梿溪镇、博鳌镇、万达小镇等多个小镇，对特色标识和特色主体进行实地调研，补充了本书在研究特色标识和特色主体中的基础资料。综上所述，通过对特色小镇已有的历史资料、座谈资料、调研资料等一手资料的收集，保障了本书研究结论的合理性。

（四）复杂适应系统理论

由于特色小镇是新时代发展下的新事物，大多处于创建与培育阶段，尚未形成成熟的理论方法体系。同时，特色小镇的演化是一个开放、复杂的动态过程，难以采用定量的方法进行研究。因此，本书采用复杂适应系统理论研究法，探究特色小镇系统的本质及自适应演化的机理，引入复杂适应系统理论的基本思想，分析特色小镇复杂适应系统自适应演化生成机理，根据复杂适应系统理论的宏观与微观逻辑关系，探究了特色小镇复杂适应系统演化的层次等。通过该理论方法的研究期望能够在特色小镇复杂适应系统自适应演化的方法和理论上有所创新或突破。

（五）其他理论研究方法与工具

在特色小镇复杂适应系统自适应演化的主要过程和核心机制研究方面，主要引入适应度景观、NK 模型、R 软件编程、熵理论、尖点模型以及涌现理论等进行研究，旨在探寻特色小镇复杂适应系统如何渐进发展、何时分岔与突变、涌现出怎样的结构与层次等一系列系统演化问题。在系统自适应演化的主要过程上，基于生物学中的适应度景观和 NK 模型，构建特色小镇复杂适应系统自适应演化的 NK 景观模型；在分岔与突变机制上，基于加权熵理论，构建系统分岔与突变的尖点模型，分析系统分岔与突变的流形与条件；在涌现机制上，通过涌现理论，探究系统涌现的现象、产生机制、结构与状态的层次涌现以及涌现的正负效应。通过上述理论、方法与工具的应用，旨在探索特色小镇复杂适应系统自适应演化的普遍规律，加深对特色小镇复杂适应系统的理论认知。

二 技术路线

本书紧扣"复杂适应系统理论""特色小镇系统"及"演化"三大核心，对复杂适应系统视角下的特色小镇系统演化进行研究。主要内容包括复杂适应系统视角下的特色小镇系统研究、特色小镇自适应演化过程以及特色小镇自适应演化的核心机制研究三个方面。围绕本书的研究目的与研究内容，从理论研究与应用相结合的角度，按照"研究界定—系统判定—系统研究—系统演化过程研究—系统演化机制研究"的思路，拟定本书研究技术路线。如图 1.9 所示。

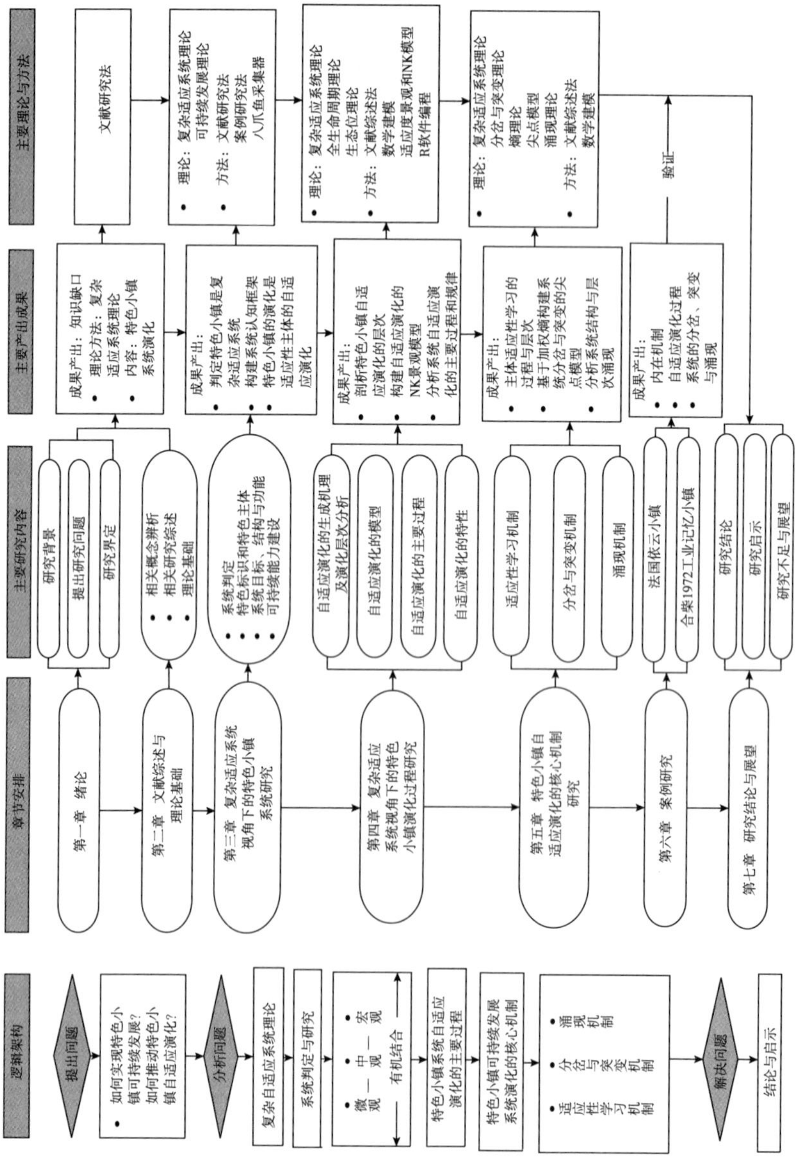

复杂适应系统视角下的特色小镇演化研究

图1.9 本书技术路线

第一章 绪论

第六节 本书的主要创新点

本书主要从复杂适应系统理论的视角，结合可持续发展理论、全生命周期理论、生态位理论等，围绕"适应性"，研究特色小镇复杂适应系统及其自适应演化。主要创新点如下：

（1）从复杂适应系统理论的新视角对特色小镇系统进行研究。引入复杂适应系统理论，判定特色小镇是一个复杂适应系统。通过500余个国内外特色小镇案例和相关文献研究，初步识别出国内外特色小镇的特色标识和主体。其次，结合可持续发展理论，指出可持续性是特色小镇复杂适应系统演化的终极目标，并建立了系统的目标体系。同时，通过典型案例的演化进程分析，指出特色小镇复杂适应系统结构包括智慧系统、物理支撑系统、动力系统及平衡保障系统四大组成部分。最后，构建出特色小镇复杂适应系统可持续能力建设的维度及结构，即由文化力、生态环境力、设施服务力和资源禀赋力组成的原始张力，由创新力、政策制度力、管理能力和社会力组成的智慧弹力，以及由经济力、资金力、产业力、市场力组成的聚合力量。通过上述研究，初步构建复杂适应系统视角下的特色小镇系统认知框架，建立起复杂适应系统视角下的特色小镇系统演化研究的理论框架和学术语境。

（2）揭示出特色小镇复杂适应系统自适应演化的一般规律。根据复杂适应系统理论可知，特色小镇复杂适应系统演化是一个围绕特色标识和特色主体发展的自适应演化过程。并提出特色小镇复杂适应系统自适应演化的主要层次，即微观基本主体层—中观动力层—宏观演化层。其中，微观基本主体层包括政府、企业、金融机构、专业服务机构及小镇居民五大主体；中观动力层是指"原始张力—智慧弹力—聚合力量"作用层；宏观演化层包括系统整体"从混沌到有序—单核到集群—简单到复杂—混沌到再生"的演进阶段和"自稳—分岔与突变—涌现"的自适应演化一般轨迹。其次，引入适应度景观和NK模型，构建特色小镇复杂适应系统自适应演化的 NK 景观模型，明晰了特色小镇系统自适应演化的主体基因形态，分析了自适应演化的不同阶段特征。通过上述研究，加深对特色小镇自适应演化过程和一般规律的认识。

（3）探究了特色小镇复杂适应系统自适应演化的适应性学习机制、分岔与突变机制以及涌现机制。在适应性学习机制上，提出了主体"刺激—原规则—新奇—试错学习—新规则—惯例—反应"的适应性学习过程。在分岔与突变机制上，分析出系统分岔与突变的主要作用因子，基于加权熵构建系统分岔与突变的尖点模型，探究了系统分岔与突变的流形与条件。在涌现机制上，绘制出特色小镇复杂适应系统结构与层次涌现图，提出特色小镇系统"吸引子—动力核—反磁力极"的一般演化路径。通过三个核心机制的研究，进一步揭示出特色小镇复杂适应系统自适应演化的内在规律。

（4）对策研究。通过案例研究，总结出特色小镇复杂适应系统在自适应演化过程中会出现随机性游走、局部陷阱以及复杂性灾害等主要问题，提出了科学合理的自适应演化策略，如进行多方面搜寻以保持系统的快速运动、"短跳"与"长跳"相结合、降低特色小镇复杂适应系统的结构复杂性以及进行适度改革等。

第二章

文献综述与理论基础

特色小镇是新时代的新生事物,受到了从中央各部委到各省市地方政府的高度重视,引起了政府、学者和媒体的高度关注。但对于特色小镇本质是什么、怎样形成、如何演化等问题,众说纷纭,这根源在于对特色小镇的学理研究不足。因此,本章首先对特色小镇相关概念进行辨析,并梳理了本书的理论基础,明确了研究对象和范围。由于发达国家的特色小镇已演变成为国家经济、产业和人口的发展载体,鉴于此,本书重点对小城镇发展的问题、城市和地域系统的演化、创新集群以及国内特色小镇研究四个主要方面进行文献梳理。通过对文献总体的把握,旨在识别出本书的主要研究方向,厘清研究脉络,找出知识缺口,打开研究的空间。

第一节 相关概念辨析

一 特色小镇的基本概念

自 2014 年浙江省正式提出"特色小镇"概念以来,特色小镇如雨后春笋般,从地方迅速向全国推广。为进一步明晰特色小镇定义,有必要对浙江省、国家政策以及学术界三方面提出的特色小镇进行更深入理解。

浙江省首次提出"特色小镇",指出:"特色小镇是相对独立于市区,具有明确产业定位、文化内涵、旅游和一定社区功能的发展空间平台，区别于行政区划单元和产业园区"。① 2017 年 12 月，浙江省发布了全国首个《特色小镇评定规范》地方标准，从产业"特而强"、功能"聚而合"、形态"小而美"、体制"新而活"四个方面提出特色小镇的评定指标。浙江省社会科学院区域经济研究所所长徐剑锋指出，特色小镇集"产、城、人、文"四位一体，是浙江经济发展的一个新平台②，白小虎和魏强提出特色小镇是一种新型的产业空间组织。③ 可见，浙江省提出的特色小镇是适应和引领地方经济新常态的新实践，突出表现在：一是它着眼于供给侧结构性改革，推动新旧动能转换；二是它旨在用最小空间资源达到生产力最优化布局，突破了传统行政区划单元意义上的小城镇；三是它着力破解浙江省空间资源瓶颈、有效供给不足、高端要素聚合度不够、城乡二元结构及改善人居环境等重要难题。④ 在浙江省特色小镇成功践行的基础上，国家各部委纷纷出台相关政策明确特色小镇定义。如表 2.1 所示。

表 2.1　浙江省与国家有关部委对特色小镇的主要释义

时间	部门	政策	主要释义
2015 年 4 月	浙江省人民政府	《关于加快特色小镇规划建设的指导意见》（浙政发〔2015〕8 号）	相对独立于市区，具有明确产业定位、文化内涵、旅游和一定社区功能的发展空间平台，区别于行政区划单元和产业园区
2017 年 12 月	浙江省质量技术监督局	《特色小镇评定规范》（DB33/T 2089—2017）	具有明确产业定位、文化内涵、旅游业态和一定社区功能的创新创业发展平台，相对独立于城市和乡镇建成区中心，原则上布局在城乡接合部。规划面积一般控制在 3 平方千米左右，建设面积一般控制在 1 平方千米左右

---

① 浙江省人民政府：《浙江省人民政府关于加快特色小镇规划建设的指导意见》，http://www.zj.gov.cn/art/2015/4/27/art_1229017138_64068.html。
② 徐剑锋：《特色小镇要聚集"创新"功能》，《浙江社会科学》2016 年第 3 期。
③ 白小虎、魏强：《特色小镇、外部性效应与劳动生产率——来自浙江的实证研究》，《浙江社会科学》2020 年第 2 期。
④ 马斌：《特色小镇：浙江经济转型升级的大战略》，《浙江社会科学》2016 年第 3 期。

续表

时间	部门	政策	主要释义
2019年4月	国家发改委规划司	2019年全国特色小镇现场会	突出了特色小镇在新兴产业集聚发展新引擎、传统产业转型升级新路径、城镇化建设新空间、城乡融合发展新支点、传统文化传承保护新平台上的作用
2020年6月	国家发改委办公厅	《关于公布特色小镇典型经验和警示案例的通知》（发改办规划〔2020〕481号）	提出了聚力发展主导产业、促进产城人文融合、突出企业主体地位、促进创业带动就业、完善产业配套设施、承接改革探索试验等多种类型的典型特色小镇
2020年9月	国务院办公厅	转发国家发改委《关于促进特色小镇规范健康发展意见的通知》（国办发〔2020〕33号）	特色小镇作为一种微型产业集聚区，具有细分高端的鲜明产业特色、产城人文融合的多元功能特征、集约高效的空间利用特点，在推动经济转型升级和新型城镇化建设中具有重要作用
2021年9月	国家发改委、自然资源部、生态环境部、科技部、工业和信息化部、商务部、文化和旅游部、农业农村部、体育总局、市场监管总局	《关于印发全国特色小镇规范健康发展导则的通知》（发改规划〔2021〕1383号）	特色小镇是现代经济发展到一定阶段产生的新型产业布局形态，是规划用地面积一般为几平方千米的微型产业集聚区，既非行政建制镇也非传统产业园区。特色小镇重在培育发展主导产业，吸引人才、技术、资金等先进要素集聚，具有细分高端的鲜明产业特色、产城人文融合的多元功能特征、集约高效的空间利用特点，是产业特而强、功能聚而合、形态小而美、机制新而活的新型发展空间
2022年4月	国家市场监督管理总局、国家标准化管理委员会	《特色小镇发展水平评价指标体系》国家标准（GB/T 41410—2022）	在规划用地面积几平方千米的国土空间内形成的先进要素集聚、产业特色鲜明、产城人文融合、空间利用集约高效的微型产业集聚区

从表2.1可知，特色小镇是微型产业集聚区，具有产业"特而强"、功能"聚而合"、形态"小而美"、机制"新而活"的特征。现阶段，特色小镇已上升为国家重要的战略角色地位，更加注重创新氛围、宜居环境、文化传承以及产业升级等，是适应我国新时代发展的

新产物，是经济高质量发展的新平台、新型城镇化建设的新空间、城乡融合发展的新支点、传统文化传承保护的新载体。

此外，众多学者从系统、空间、产业、经济等不同维度界定了特色小镇的内涵。从系统的角度看，特色小镇是一个动态变化的复杂生态系统。从空间维度看，特色小镇是一种创业创新空间。从地理的角度看，特色小镇是连接大中城市与农村的重要枢纽。从产业维度看，特色小镇构建出了良好的产业生态位。从创新与经济维度看，特色小镇通过综合交通、现代通信、互联网、云计算、大数据等技术支撑，能够聚集高端创新要素，形成新经济增长点，重塑城市功能空间。从人本维度看，特色小镇重视人们的宜居、宜业、宜游的生产、生活、生态有机融合的"三生"环境。表2.2总结了现阶段主要学者对特色小镇的几种界定。

表2.2　　　　　　　　　　主要学者对特色小镇的界定

学者	定义
蒋剑辉、张晓欢（2021）	立足一定资源禀赋或产业基础，集聚高端要素和特色产业，具有特色文化、特色生态和特色建筑，生产、生活、生态空间相融合，产业特而强、功能聚而合、形态小而美、机制新而活的创新创业平台①
魏众（2021）	特色小镇是产业经济学与区域经济学结合并演化实践的产物，是原产业集聚区的微型升级版，产业布局科学合理，符合经济发展要求，具有很强的生命力②
武前波等（2021）	特色小镇是创新驱动背景下城市和区域经济孕育的新产物，包括都市社区型、创新创业型、区域集聚型和创意旅游型四大类型③
王博雅等（2020）	特色小镇具有明确且独特产业和文化定位，拥有良好的生活和生态环境，具备完整城市功能的最基本的空间单元，是承载人才、资本等高端发展要素的有效载体，也是我国城乡空间布局中一项重要的"节点"创新，是城乡融合发展的重要载体④

---

① 蒋剑辉、张晓欢：《中国特色小镇2021年发展指数报告》，人民出版社2021年版，第1页。

② 魏众：《特色小镇经济分析的开拓与创新——评〈特色小镇的经济学分析——以浙江湖州的特色小镇为例〉》，《生态经济》2021年第5期。

③ 武前波等：《创新驱动下特色小镇的空间分布与类型划分研究——以杭州为例》，《城市发展研究》2021年第5期。

④ 蔡翼飞等：《特色小镇的定位与功能再认识——城乡融合发展的重要载体》，《北京师范大学学报》（社会科学版）2020年第1期。

第二章 文献综述与理论基础

续表

学者	定义
胡亚昆等（2020）	特色小镇是现代经济演进到一定阶段的产物，是发展路径契合客观规律的先进经济体形态，是空间布局高效合理的微型产业集聚区升级版，有很强的生命力和很大的发展空间[1]
易开刚、厉飞芹（2019）	特色小镇是产城人文融合共生的新型空间组织，是"宜业、宜居、宜游、宜养、宜学"等多功能有机融合的"一站式目的地"，具有功能聚合属性。特别地，产业、文化、旅游、社区这四大功能之间的"目标一致性"和"内在关联性"直接影响其功能聚合度[2]
李国英（2019）	特色小镇是结合城市功能与乡村功能的综合体，是高端产业发展、高级人才聚集的重要空间载体，其所形成的产业链延伸将带动生产要素在区域间流动，并与核心城市形成协作互补的产业链，促进基础设施一体化，缩小城乡公共服务差距，加快城乡融合发展[3]
成海燕（2018）	特色小镇是指在几平方千米土地上集聚特色产业，生产生活生态空间相融合的创新创业平台，具有新型产业社区，特定产业集聚发展，生产、文化、旅游和社区功能叠加和机制创新的特征[4]
陈炎兵、姚永玲（2017）	特色小镇相对独立于城市地区，具有明确产业定位、文化内涵、旅游功能、社区特征的空间发展载体，是实现生产、生活、生态融合的未来城市发展方向，试图用最小空间达到资源的最优布局，以建立起大城市与中小城镇之间以及与农村腹地之间合理的产业分工与密切的空间网络关联，是中国城镇化的创新之路[5]
张吉福（2017）	特色小镇是一种可持续创新的产业组织形态，对优化产业结构、生产力布局、空间资源配置和推进供给侧结构性改革具有重要推进作用[6]
盛世豪、张伟明（2016）	特色小镇是一种产业空间组织形式，构筑出了良好的"产业生态位"[7]

---

[1] 胡亚昆等：《浙江特色小镇建设典型经验及启示》，《宏观经济管理》2020年第9期。
[2] 易开刚、厉飞芹：《特色小镇的功能聚合与战略选择——基于浙江的考察》，《经济理论与经济管理》2019年第8期。
[3] 李国英：《构建都市圈时代"核心城市+特色小镇"的发展新格局》，《区域经济评论》2019年第6期。
[4] 成海燕：《特色小镇发展机制探讨——基于中国国情的理论与实践分析》，《学术论坛》2018年第1期。
[5] 陈炎兵、姚永玲：《特色小镇——中国城镇化的创新之路》，中国致公出版社2017年版，第32页。
[6] 张吉福：《特色小镇建设路径与模式——以山西省大同市为例》，《中国农业资源与区划》2017年第1期。
[7] 盛世豪、张伟明：《特色小镇：一种产业空间组织形式》，《浙江社会科学》2016年第3期。

续表

学者	定义
陈良汉、周桃霞（2015）	特色小镇是产业发展载体，是企业为主体、市场化运作、空间边界明确的创新空间、创业空间[①]

从表 2.2 可知，学者对特色小镇的共性认知体现在以下几点：一是区别于行政区划中"镇"的概念，具有紧凑而明确的空间范围。二是集聚特色资源，以发展特色产业为主。这里的特色产业是地域优势主导产业，与以往"经济开发区""产业园区""风景区"等"区"的概念不同。它不追求产业生产环节的总量，不强调产业链的全覆盖，而是更强调产业的转型升级，强调"高质量"的发展，以发挥创新功能、服务功能、社区功能、文化功能等延伸功能。三是它是新型城镇化和乡村振兴战略实施的新载体，不仅包括外来创新创业人才，还聚焦于为本地原住民提供就业岗位。四是重视文化功能的传承与凝聚作用，并赋予时代精神，将历史文化与新文化并举。五是在空间上呈现出精细、美观而具有地域辨识的属性。总之，特色小镇应体现出在物理、社会与心理上的三种基本尺度，即它是一个有边界的地理区域，在区域内生活或工作存在相对频繁的交往或互动以及小镇居民有共存感、归属感和认同感。

基于此，本书将特色小镇界定为一种高度聚合的独立发展有机载体。其中，"特色""小"和"镇"的界定如下：

"特色"：一事物区别于其他事物的独有特征，是由事物所在的特定环境因素所决定。"特色"的一种解释是个性，即让大众记住或者有印象的东西。浙江大学社会建设研究所所长王小章认为在特定的环境和历史中形成的历史文化传统（社群生活模式、古迹名物、非遗传承等）体现了一个城镇最鲜活的特色。[②] 张牧提出具有地域精神与价值的文化资源是塑造小镇文化"特色"的核心。[③] 其他学者认为"特

[①] 陈良汉、周桃霞：《浙江省特色小镇规划建设统计监测指标体系和工作机制设计》，《统计科学与实践》2015 年第 11 期。

[②] 王小章：《特色小镇的"特色"与"一般"》，《浙江社会科学》2016 年第 3 期。

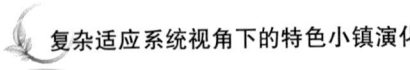

[③] 张牧：《特色小镇建设中的文化品牌价值与实践向路》，《长白学刊》2021 年第 5 期。

色"可以有多种形式，如地理位置、历史文化与社会风俗、建筑风貌、自然资源、产业类型等。乔晶、耿虹认为特色小镇的"特色"不仅指以旅游、历史、工业、商贸等区域的特色彰显出的差异性和个性化，更重要的是指对区域发展所起到的个性化贡献。① 此外，"特色"也可以理解为某种意义上的"专"，即比较优势。"特色"能转换成比较优势，形成竞争力，支撑特色小镇发展。② 总之，特色是否鲜明成为判断特色小镇发展的重要标准之一。因此，找准特色、凸显特色、放大特色，避免同质化竞争，是小镇建设的关键所在。而特色小镇作为产业发展的优质载体，承担着高端要素集聚、产业创新和产业升级这三大使命。③ 基于此，本书将"特色"界定为：在特定环境和历史中形成的稀缺性要素，具有绝对优势，既可以是生态环境，自然资源禀赋，地理区位优势，也可以是特色文化、特色产业等。

"小"：象形，据甲骨文，像沙粒形。东汉许慎《说文》中提出，"小，物之微也"。作为修饰词，决定了其大小。通常指面积、体积、容量、数量、强度、力量不及一般或不及所比较的对象，与"大"相对。根据浙江省经验，现在普遍认为特色小镇规模一般不超过3—5平方千米和3万—5万人。在住建部《关于保持和彰显特色小镇特色若干问题的通知》（建村〔2017〕144号）中，要求严禁宽马路、大广场、大公园。"小"，就是要合理控制城镇规模，防止无序发展和盲目扩张。基于此，本书将"小"界定为：通过功能"聚而合"、形态"精而美"、制度"活而新"等所展现出空间的集约集成及精益求精。对于特色小镇来说，更多体现的是专注于某条细分产业链、某条产业链的某个关键环节、某项产品的生产，甚至只是生产的某个环节。从"小"反映出小镇的"大作为"。

"镇"：原为军事防御而建，主要行使军事职能，后演变为商业交易之所，主要承担经济职能。作为我国城镇体系的基本单位，通常指

---

① 乔晶、耿虹：《小城镇从"分化"到"再分化"的价值内涵辨释》，《城市规划》2021年第5期。
② 陈桂秋等：《特色小镇特在哪》，《城市规划》2017年第2期。
③ 白小虎等：《特色小镇与生产力空间布局》，《中共浙江省委党校学报》2016年第5期。

城镇、集镇、乡镇、村镇，具有行政概念。另外，"镇"是介于"城"与"乡"之间的一个重要载体，具有社会组织、经济活动、人口聚集、资源聚集等功能，是一个涵盖经济、社会、文化等的复杂有机体。《辞海》中对"有机体"的定义是："'有机体'又称'机体'，指自然界有生命的生物体的总称，包括任何一切动植物。"从广义上看，它泛指事物构成的各个部分相互关联，像生命个体一样具有统一性的物体。仇保兴从系统的角度，提出特色小镇是一个动态的复杂系统，具有自组织、共生性、多样性、强联接、产业集群、开放性、超规模效应、微循环、自适应、协同特征。① 乔晶和耿虹提出小城镇是具有自组织、可持续、适应性的发展系统。② 基于特色小镇的特征，本书将"镇"界定为：一种有机载体，其中"有机"指的是事物的各部分互相关联、协调而不可分，如同一个生物体内在系统一样有机联系着。其表现形式可以是有效转型平台、创新创业新高地，或者新发展模式或理念等。

二 特色小镇演化的历史辨析

特色小镇的产生和延续绝非偶然，而是经过数十年甚至更长时间的积累演变所形成。③ 它是在其历史发展中自生长起来的，是一个具有自组织特征的复杂系统。因此，研究特色小镇的演化问题，要从历史视角着手才能更好地反映事物演化规律。正如世界规划大师刘易斯·芒福德曾说，"要想更深刻地理解城市的现状，我们必须掠过历史的天际线去考察那些依稀可辨的踪迹，去探求城市远古的结构和原始的功能"。④

（一）国外特色小镇自然适应性历史演化

西方发达国家小镇的发展是与工业化、城镇化相伴而生的，一般经历了快速发展、缓慢发展、复兴发展及功能提升阶段。具体来看，

---

① 仇保兴：《特色小镇的"特色"要有广度与深度》，《现代城市》2017 年第 1 期。
② 乔晶、耿虹：《小城镇从"分化"到"再分化"的价值内涵辨释》，《城市规划》2021 年第 5 期。
③ 崔莹等：《国内外特色小镇浅析》，《农业经济》2020 年第 9 期。
④ ［美］刘易斯·芒福德：《城市发展史：起源、演变和前景》，宋俊玲、倪文彦译，中国建筑工业出版社 2005 年版，第 2 页。

在工业革命的推动下,大量乡村相继演变为更高级别的小镇,小镇进入快速发展阶段。随着大量人口和生产要素向城市集中,城市规模日益膨胀,小镇发展受阻出现萎缩而陷入停滞状态。到20世纪50年代,人口继续向城市集中,开始引发人口膨胀、交通拥堵、房价飞涨等不利于企业、人才发展的"城市病"问题。同时,乡村出现空心化、人口流失等"乡村病"问题。此后,各个国家出现不同程度的人口逆转回流的逆城镇化现象,即大规模中产阶级为避开城市区开始选择环境优雅、空气清新、地价便宜的小镇或农村作为居住地。为此,发达国家纷纷开始启动小镇建设,小镇进入复兴发展阶段。到20世纪后期,西方发达国家在城镇化进程接近完成时,为顺应国家经济社会发展的新需求,开始重点提升镇的功能,创造适宜人类居住的生态环境。为避免千镇一面现象,保护生态环境,发达国家遵循市场发展规律,注重小镇功能的提升和特色的挖掘,众多特色小镇兴起,如以美国硅谷为代表的高科技产业小镇、以传统产业转型升级为代表的法国格拉斯小镇、以美国格林尼治为代表的金融业小镇等。[1] 目前,西方国家的小镇基本处于功能提升的特色化发展阶段。由于特色小镇的发展与各个国家自身发展历程紧密相连,因此,不同国家的小镇适应性发展历程不同。这里以英国和美国为例进行说明。

1. 英国

1905年,英国的城镇化水平已达79%,大量人口向城市集中,带来一系列城市问题。据此,1946年英国启动了"新城运动",出台了《新城法案》,建设了14个新城,分化城市功能,缓解了伦敦人口、资源过度集中的压力,完善新城功能配套推动区域经济转型发展[2],为小城镇的发展奠定了一定的基础。2000年,政府公布乡村政策《白皮书》,支持农村小城镇改造的计划。随着基础设施和社会服务设施的改善,一些颇有实力的企业陆续入驻小城镇,大多数小城镇进入良性循环的发展轨道。同时,政府还特别注重保护小城镇的生态

---

[1] 张丽萍、徐清源:《我国特色小镇发展进程分析》,《调研世界》2019年第4期。
[2] 杨雪锋、蔡诚:《国外新城运动经验及启示》,《中国名城》2016年第8期。

环境，按照"零能源发展"的理念，充分利用太阳能等自然能源，降低能耗对环境的破坏与污染。随着新兴产业、新技术、新业态的发展，小城镇龙头企业的规模不断扩大，市场占有率不断提高，逐步进入全球产业分工之中，小城镇特色日益凸显，成为国家经济、人口和产业高度集聚的发展载体。

2. 美国

20世纪50年代，美国进入逆城镇化阶段。为解决严重的"城市病"问题，政府实施了"示范城市计划"，于1966年出台了《示范城市与大都市发展法》，规定项目资金由联邦政府补贴80%，地方政府补贴20%。这有效地推动了大都市城市更新，充分发展了中小城市和小城镇。该计划实施期间，政府批准建立63个平均人口规模在2万人左右的新城市（镇），结合地理地貌，并根据合理的产业布局，打造了各具特色的农业镇、工业镇、矿业镇等，城市化布局向小城市（镇）全面展开，经过近几十年的发展，10万人以下的小城镇占比最高[1]，形成了均衡的城镇体系。

回顾发达国家小镇发展历程，在国家经济社会发展的不同阶段，小镇发展的历史任务各不相同，从小镇单一集聚人口、产业和资金，到促进经济协调发展和城乡一体化发展，再到适应人们对美好生活的需求阶段。截至目前，国外发达国家均已完成对小镇开发培育工作，且进入特色功能与质量提升阶段，即特色小镇的发展阶段。特色小镇的兴起逐步成为发达国家经济、人口和产业的主要发展引擎。首先，小镇聚集了发达国家六成以上的人口。根据美国相关人口普查数据显示，2010年美国总人口3.09亿，63.0%的人口居住在5万人以下的小城镇。[2] 其次，小镇成为当地产业集约化发展的聚集地。如美国金融行业有格林尼治对冲基金小镇和硅谷高科技产业集合、德国高斯海姆小镇的机床制造业、英国Sinfin小镇飞机发动机制造业等均在国际上具有绝对竞争力。可见，特色小镇已成为发达国家城乡均衡发展的

---

[1] 关成贺：《美国小城镇的城市中心》，《小城镇建设》2017年第7期。
[2] 杨秀、迟行：《100个国外经典小镇告诉你，成功的特色小镇应该这样做》，http://www.planning.org.cn/news/view?id=7228.

重要经济活力点。

（二）国内特色小镇的自然适应性历史演化

华夏文明历史悠久，最早出现的镇是在北魏时期。魏太武帝为防御柔然，在长城外以及陕北、宁夏等要害处设镇，各镇均辖有一定地域范围，置镇将镇守。[①] 镇被作为军事据点而最早兴建。后经历了宋、明清、近代时期。其中，宋代的镇，即市镇，已逐步演变为县以下的商业交易之所，是商品经济发展的产物，以经济职能为主。明清时期，我国传统农业、手工业、商业及商品流通达到了封建社会最高水平，并出现资本主义萌芽，小城镇更是蓬勃兴起。近代，在商埠、租界以及工矿业、交通运输业发展等因素下，出现了一定规模的小城镇。镇作为基层行政建制拥有相应的行政区域和基层行政组织。中华人民共和国成立后，基层政权组织建设被摆上议事日程。1954年颁布第一部《中华人民共和国宪法》首次明确，镇成为我国的基层政权。1978年改革开放，我国社会主义市场经济体制建立，乡镇企业异军突起，小城镇演变为技术层次较低的制造业集中地、农副产品加工业集中地、原材料加工集中地，且"产业集群"逐步开始形成。进入21世纪，随着经济社会、科学技术的快速发展，小城镇产业、基础设施、公共服务等逐步增强。2014年，我国经济开始步入新常态，小城镇逐步转型升级。2015年，小城镇开始产业转型成长为特色小镇。现阶段，我国进入经济社会发展的新时代，伴随着新型城镇化、新型工业化、农业现代化、乡村振兴等战略实施，特色小镇向高质量发展方向升级，成为我国经济社会高质量发展的新载体。我国小镇的历史演进如表2.3所示。

表2.3　　　　　　　　中国小镇发展的历史演进

主要时代	时代特征	演进阶段	备注
北魏	以农为国；阻止北方柔然南下	雏形	农业文明的稳定据点和军事防线；小镇以行政和军事管理职能为主

---

① 傅崇兰：《小城镇论》，山西经济出版社2003年版，第7页。

续表

主要时代	时代特征	演进阶段	备注
宋	生产力提升，分工、分业发展	形成与初步发展	商品交易流转的定期集市，以经济职能型城镇为主①
明清	人口增长迅速；商品经济发达，出现民族资本主义工商业	兴盛	小城镇专业化特征明显，出现了与区域生产相适应的具有地方特点的不同类型小城镇，如手工业类、商业类、工业类、交通类市镇②
近代	半殖民地半封建社会，传统自给自足的自然经济受到冲击，商品经济成分变大	冲击与转变	小城镇成为大城市向农村收购原料和推销商业产品的基层商业集散中心，区域间差距被拉大。与国际贸易接轨，镇的功能发生结构性转变
1949—1977年	中华人民共和国成立后，我国处于高度集中的计划经济时期，积极探索社会主义发展道路	曲折发展	小城镇只是一定区域内的低层次的服务中心，发展缓慢
1978—2000年	改革开放，我国处于社会主义市场经济体制建立时期，乡镇企业异军突起，经济发展大跨越，实现由弱到强的历史性巨变	快速发展	小城镇演变为技术层次较低的制造业集中地、农副产品加工业集中地、原材料加工集中地，数量急升，成为经济社会发展的大问题
2001—2013年	形成开放格局，工业和第三产业快速发展，经济结构深刻变化，生态建设、环保、经济与社会的可持续发展得到重视	质量提升	小城镇成为城乡统筹的重要环节，由"量"到"质"转变。小城镇产业发展、公共服务、吸纳就业、人口集聚等功能逐步增强
2014—2015年	适应把握引领经济发展新常态，贯彻落实"创新、协调、绿色、开放、共享"的新发展理念，推进供给侧结构性改革	转变发展前期	2015年习近平在中央经济工作会议上肯定了浙江省特色小镇做法。特色小镇成为产业转型的载体
2016年至今	工业化中后期，经济与城镇化急需转型；资源环境压力大；创新创业发展；农村人口数量大、素质低，传统小城镇发展滞后	特色转型、高质量发展	特色小镇成为承载新经济、新产业、新业态、新功能的独立空间载体，进入井喷期

---

① 傅崇兰：《小城镇论》，山西经济出版社2003年版，第9页。
② 袁中金：《中国小城镇发展战略》，东南大学出版社2007年版，第58—78页。

纵观我国经济社会发展历程，即从自然经济、计划经济、市场经济、经济新常态，再到新时代，从农业社会、到工业社会，再到后工业社会的变迁，小镇发展是国家经济社会发展到一定历史时期的产物[①]，不同时期有不同时期的历史特征。从我国小镇的自然适应性历史演进进程看，可以说明以下几点：

（1）从军镇、集镇、重点镇、专业镇，再到特色小镇；从据点、聚集地、商品交换中心、低层次的服务中心，到技术层次较低的制造业集中地、农副产品加工业集中地、原材料加工集中地，再到承载新经济、新产业、新业态、新功能的独立载体，小镇的演变具有鲜明的时代特征，特色小镇是基于国家经济发展、城乡统筹之上提出的更高层面的要求。

（2）特色小镇的出现源于城市生产功能疏解的需求，源于产业升级换代的需求，源于人们对疗养、度假、旅游等美好生活的新需求，源于人们精神文化生活的需求[②]，是新时期经济社会发展的新生事物，符合发展规律，顺应发展趋势。

（3）小镇系统逐渐由封闭型向开放型转化，由单一的农业经济向多元经济转化，由自然经济向商品经济、市场经济转化。在新的时代背景下，在发达市场经济条件下，小镇被提升到国家新的战略高度，是实现经济社会新跨越、乡村振兴、新型城镇化及城乡一体化的重要载体。

综上所述，特色小镇是适应新时代经济社会高质量发展的新生事物，是适应性造就出的一种新发展载体，承载着新时代的新经济、新思想、新需求、新业态、新功能等，具有新时代的开放、多元、多变的特征。

三 复杂适应系统的内涵辨析

Holland 于 1994 年正式提出复杂适应系统，并将其定义为"由规

[①] 杨柳勇：《特色小镇既面向未来又承载历史》，《今日浙江》2015 年第 13 期。
[②] 李柏文等：《特色小城镇的形成动因及其发展规律》，《北京联合大学学报》（人文社会科学版）2017 年第 2 期。

则描述的、相互作用的主体组成的系统"。① 他认为构成系统的要素是具有适应能力的主体。适应性造就复杂性是复杂适应性系统理论建模的基本思想。突出表现在：一是主体是"活体"，具有主动自适应性；二是主体与其他主体、主体与环境之间的相互作用是系统演化的主要动力；三是从微观个体可看出整个系统的宏观演变。可见，复杂适应系统理论是指在特定的外部条件下，通过自组织形成特定时空结构的有序状态②，在环境的影响下系统是能够自学习、自组织、自适应，不断演化形态而生存、繁衍和发展的系统。③ 其中，复杂适应系统主体能随着经验的积累不断变换规则来实现自身生存与发展，具有主动性和自适应性。同时，整个宏观系统是在系统主体之间、主体与环境之间的相互作用下演化发展的，表现出多层次的结构，会产生"涌现""分岔"和"突变"等现象。此外，复杂适应系统具有预期反应机制。这种预期基于对外部环境认识的假设模型之上，即对外界事物运作规律的主动认识和分析上。

　　Choi 指出复杂适应系统具有主体多层次性、适应性、主动性、系统层次性、宏微观有机联系、引进随机因素等特点。④ Holland 教授提出复杂适应系统包括了 7 个基本点，分别是聚集、非线性、流、多样性、标识、内部模型和积木。其中，前四个是特性，后三个是机制。⑤ 具体来看，①聚集。个体为了完成共同的目标，通过标识形成聚集体，产生主体、介主体、介介主体，能得到复杂适应系统非常典型的层次组织。②非线性。主体与主体之间或环境之间的相互作用并非遵从简单的线性关系，是随机、变化且非线性的，因而会干扰聚集，引

---

① Holland J. H., "Hidden Order: How Adaptation Builds Complexity", *Leonardo*, 29 (3), 1995: 235-236.

② Dooley K. J., Van D. V. A. H., "Explaining Complex Organizational Dynamics", *Organization Science*, 10 (3), 1999: 358-372.

③ 曹琦：《复杂自适应系统联合仿真建模理论及应用》，重庆大学出版社 2012 年版，第 21—23 页。

④ Choi T. Y., et al., "Supply Networks and Complex Adaptive Systems: Control Versus Emergence", *Journal of Operations Management*, 19 (3), 2001: 351-366.

⑤ [美] 约翰·H. 霍兰：《隐秩序：适应性造就复杂性》，周晓枚、韩晖译，上海科技教育出版社 2011 年版，第 11—37 页。

起系统的复杂性。③流。主体与环境之间或其他主体之间存在物质流、能量流、信息流等，具有乘数效应和再循环效应的特性。流的渠道与速度直接影响着系统的演化过程。④多样性。多样性是不断适应的结果，通常具有持存性和协调性。由形形色色主体的聚集行为所引发的资源再循环，体现了多样性。⑤标识。它是隐含在复杂适应系统中具有共性的层次组织机构背后的机制，为筛选、特殊化和协作提供合理的基础。⑥内部模型。它代表了实现预知的机制。主体在适应过程中，不断根据自己的内部模型对外部变化作出预测与反应，进而调整行为，改变自身结构。⑦积木。它是构成系统最基本的要素。较高层次的规律是从低层次积木中推导出来的，通过改变它们的组合方式，生成内部模型，是复杂适应系统的一个普遍特征。

可见，复杂适应系统具有以下主要特点：一是自组织性。系统主体之间的相互作用将会涌现出新的主体或组织管理模式；二是系统具有明显的层次，各层的属性不同；三是层与层之间具有相对独立性；四是个体具有主动适应性；五是个体具有并发性，个体是并行地对环境中的各种刺激做出反应。①②③

四 相关概念的使用界定

（一）特色小镇的本质属性

作为一种高度聚合的独立发展有机载体，特色小镇具有独立性、空间生产及动态变化的属性。

从独立性上看，特色小镇作为一种高度聚合的独立发展有机载体，其发展离不开一定的物质基础。它可位于大城市、城郊接合部，还可位于小城镇、乡村等。且与所在物质基础是一种生命共同体的关系，在经济上相互融合、产业上相互衔接、景观上相互协调、文化上相互统一，是既能成为当地特色，又能辐射和影响当地发展的核心地

---

① Solé R. V., et al., *Emergent Behavior in Insect Societies*, *Global Oscillations*, *Chaos and Computation*, Springer-Verlag Berlin Heidelberg, 1993, pp. 77–88.

② Batabyal A. A., "Fragile Dominion: Complexity and the Commons By Simon Levin", *Ecological Economics*, 18 (2), 2001: 239–240.

③ Mainzer K., *Philosophical Foundations of Nonlinear Complex Systems*, Berlin u. a.: Springer, 1993, pp. 32–43.

区。因此，一方面，在经济新常态和新型城镇化背景下，特色小镇作为独立载体，对城市和乡村承担承上启下的特殊作用，是城镇体系的重要发展单元。另一方面，特色小镇是一个复杂的系统工程，涵盖了特色产业的选择与培育、旅游项目开发、土地开发、房产开发、产业链整合开发、文化建设以及城镇建设开发，涉及城镇、文化、旅游、产业、投融资、项目建设、招商、运营管理等各个领域，是一个需要综合开发与运营的复杂系统。

从空间生产上看，根据列斐伏尔空间生产理论①，特色小镇呈现出一种"用最小的空间实现地域资源要素的最优布局"的结果状态，反映出各要素的高度聚合。这里的"高度聚合"是指系统各要素的聚集与融合达到高效率的状态，强调了小镇特色资源的高水平集成发展，生产、生活、生态、休闲、文化等功能集成，人才流、资金流、信息流、物质流等的高度聚集，政策机制的集中点。虽然形态规模小，但却尽显精美，整体体现出高密度的特点，具有很强的生产力。根据"社会—空间"的空间生产理论研究范式看，特色小镇发展与空间生产紧密交织。其中，农业人口转移、产业转型升级、体制机制创新、特色文化融入等社会主体性活动都不同程度地改变着小镇的物理空间、社会空间以及精神空间，是空间聚合发展的载体。

从动态性上看，根据哈维的资本三级循环流程②，特色小镇的发展过程是从对生产、生活资料的投入，到基础设施的投入，再到科教、卫生、福利事业等社会投入的过程。这一过程是一个动态变化的复杂系统，是系统适应性主体自学习、自适应、自组织的结果，具有自组织、共生性、多样性、强联接、产业集群、开放性、超规模效应、微循环、自适应的系统特征。③

（二）复杂适应系统理论的应用

根据复杂适应系统理论，复杂适应系统具有聚集、标识、非线

---

① 克里斯蒂安·施密特、杨舢：《迈向三维辩证法——列斐伏尔的空间生产理论》，《国际城市规划》2021年第3期。
② 张品：《空间生产理论研究述评》，《社科纵横》2012年第8期。
③ 仇保兴：《特色小镇的"特色"要有广度与深度》，《现代城市》2017年第1期。

性、流、多样性、内部模型和积木7个基本特质。复杂适应系统理论把微观和宏观有机联系起来，可有效认识事物演化规律，加强对系统整体演化过程的研究。复杂适应系统中的有目的、智能的、异质性的适应性主体，通过"刺激—反应"模型，能主动调整自身行为，在持续、非线性地相互作用过程中逐渐地分化、聚集，以适应外部环境的变化，持续推动系统的发展。基于上述理论的主要思想和内容，将特色小镇置于复杂适应系统理论之中，研究特色小镇复杂适应系统演化，分析适应性主体如何适应外部变化，探索如何推动特色小镇从混沌到有序、从单核到集群、从简单到复杂、从混沌到再生，以实现经济、生态、社会的可持续发展。

（三）复杂适应系统视角下的特色小镇演化

演化的基本内容是遗传、变异与选择。[①] 遗传、变异与选择均受外部环境变化的影响。其中，遗传与变异产生多样性，为选择创造条件；选择产生确定性，决定事物的变迁方向。而复杂适应系统理论从微观和宏观两个方面对复杂适应系统进行有关描述。因此，在复杂适应系统理论视角下的演化应包含微观个体与宏观系统两个方面。在微观个体方面，该理论的最基本概念是适应性主体，这种适应性主体通过刺激—反应模型与外部环境产生交互作用，在与环境的交互作用中能够主动调整自身的行为，旨在实现自身的生存与发展。在宏观系统方面，复杂适应系统将在适应性主体之间以及适应性主体与外部环境的相互作用下发展，表现出宏观系统的分化、突变、涌现等种种的复杂演化过程。[②] 其中，主体与主体间、主体与外部环境间的交互作用面则成为复杂适应系统演化的重要媒介。综上所述，复杂适应系统的演化是自适应演化，具有明显层次结构。

基于此，复杂适应系统视角下的特色小镇演化可以分为微观个体的自适应演化与系统宏观演化2个主要层次。特色小镇复杂适应系统

---

① 王涛：《复杂适应系统视角下中国产业集群演化研究》，经济科学出版社2011年版，第5—18页。

② 侯合银：《复杂适应系统的特征及其可持续发展问题研究》，《系统科学学报》2008年第4期。

演化以微观个体作为分析单位，关注适应性主体、适应性主体之间的互动与适应性主体多样性以及交互作用因子之间的互动关系。这种互动力量的耦合会促进适应性主体选择靠近或是远离其他的主体，从而形成特色小镇演化的集聚力与分散力，这二者的合力推动特色小镇复杂适应系统的演化，是系统演化的微观条件和基础。系统演化的宏观层次，主要强调复杂适应系统在整体演化过程中会出现分岔、突变及涌现，涌现出新的演化特征和规律，能保证系统的稳定性，促使特色小镇得以维持和进一步加强。一般而言，特色小镇复杂适应系统的演化会经历不同阶段。但目前相关文献的研究仍属定性描述，对其内在机理的研究仍然十分有限。

第二节　相关研究综述

研究复杂适应系统视角下的特色小镇演化，需要对既有研究进行梳理，才能更好地、有针对性地展开特色小镇的研究。因此，本书根据研究主题对国内外相关文献进行检索，检索关键词主要包括"特色小镇（characteristic town）""复杂适应系统（complex adaptive sysem）"以及"系统演化（system evolution）"。另外，为更深刻地认识特色小镇，揭示特色小镇的演化规律，本书考虑到国内外特色小镇的差异，结合中国新时代背景，扩大了文献综述的范围，还使用"小城镇（small town）""地域系统（regional system）""创新集群（innovation cluster）"等关键词，在"中国知网""万方""Science Direct""Web of Sciense"等检索数据库中进行变换与交叉检索分析，对已有相关研究成果进行梳理，旨在为研究这一新事物，找到强关联点，进一步完善理论和实践知识，为后续研究奠定基础。

一　关于小城镇发展问题的综述

20 世纪 50 年代，国外学者就开始研究小城镇发展问题，研究主要聚焦在小城镇的规划设计、基础设施建设、公共服务水平、居住环境治理等方面。Stokes 等深入研究了 20 世纪 80 年代美国农村与小城

第二章 文献综述与理论基础

镇的重要差异，如在贫困、就业机会、社会福利等指标上，揭示了非都市人口是社会结构的一个重要维度。[1] Johnson 和 Ameri 分析了美国农村和小城镇的人口统计特征，并揭示出其对国家社会、经济和政治结构的重要影响。[2] Isserman 等通过 300 多个富裕农村地区的分析，指出高素质的人口、多样的经济、非农就业、政策支持、创造性的职业以及平等的收入分配是其重要特征。[3] Meit 和 Knudson 以历史背景为切入点，强调了在人口流动性大的背景下农村公共卫生服务的重要性。[4] Wuthnow[5] 和 Visvaldis 等[6]分别从脆弱性和可持续探索了小城镇未来发展模式。

我国著名学者费孝通于 1984 年提出"小城镇大问题"的重要论断，指出小城镇建设是发展农村经济、解决人口出路的关键。20 世纪 90 年代中后期，我国学者开始将可持续发展理念运用到小城镇发展领域，如杨贵庆分析了大城市周边地区小城镇人居环境的可持续发展问题。[7] 步入 21 世纪，学者将定性与定量研究相结合，聚焦于小城镇可持续发展以及评价指标上，如笪可宁等基于压力—状态—响应概念框架构建小城镇可持续发展指标体系。[8] 随着研究的深入，众多学者普遍认为小城镇可持续发展问题的关键在于社会经济的发展不能超过环境与资源的承载能力。如李崇明和丁烈云研究了小城镇社会经济的可

---

[1] Stokes C. S., et al., "Rural and Small Town America, Russell Sage Foundation", *American Journal of Agricultural Economics*, 73 (1), 1991: 225.

[2] Johnson K. M., Ameri R. R., "Demographic Trends in Rural and Small Town America", *Demographic Trends in Rural & Small Town America*, 1 (1), 2006: 89.

[3] Isserman A. M., et al., "Why Some Rural Places Prosper and Others Do Not", *International Regional Science Review*, 32 (3), 2009: 300-342.

[4] Meit M., Knudson A., "Why is Rural Public Health Important? A Look to the Future", *Journal of Public Health Management & Practice*, 15 (3), 2009: 185-190.

[5] Wuthnow R., *Small-Town America: Finding Community, Shaping the Future*, New Jersey: Princeton University Press, 2013, pp. 159-181.

[6] Visvaldis V., et al., "Selecting Indicators for Sustainable Development of Small Towns: The Case of Valmiera Municipality", *Procedia Computer Science*, 26 (1), 2013: 21-32.

[7] 杨贵庆:《大城市周边地区小城镇人居环境的可持续发展》,《城市规划学刊》1997 年第 2 期。

[8] 笪可宁等:《基于压力—状态—响应概念框架的小城镇可持续发展指标体系研究》,《生态经济》2004 年第 12 期。

持续增长过程是同资源环境增长的共轭演进过程，并运用系统科学理论方法建立了两者之间的协调发展模型。[①] 乔晶和耿虹从分工演化视角出发，认为小城镇已经完成了以区域高度分化与个性规模差异为特征的第一次分化，正向价值跃迁的"再分化"阶段演进，从而推进小城镇的可持续发展。[②] 随着空间结构理论与分析工具的发展，对我国小城镇发展的时空演化及其影响因素识别成了新的研究热点。如王雪芹等[③]、张佳瑜等[④]采用最近邻距离、点密度等空间分析方法对我国及区域小城镇的空间分布格局进行分析，并从地形、人口、经济、交通和区位等因素进行了相关分析。进一步地，杨水根和王露采用引力模型、探索性空间数据分析和空间计量模型，探索了小城镇流通产业发展的时空演化特征及其影响因素。[⑤] 此外，小城镇的发展模式识别与评价也是目前研究的重要方面。如张超等基于"三生功能"视角研究了小城镇发展模式识别与评价问题，并在构建"三生功能指数"基础上，将小城镇划分为"生产功能主导型""生活功能主导型""生态功能主导型"等。[⑥] 李冠元和陈柏辉[⑦]、刘旷和李晓楠[⑧]则重点聚焦于传统村落聚集型和文化引领型小城镇发展模式的探索。在小城镇发展中微尺度上，林岩以威尔士小城镇为例，探索了"灵活应变"与

[①] 李崇明、丁烈云：《小城镇资源环境与社会经济协调发展评价模型及应用研究》，《系统工程理论与实践》2004年第11期。

[②] 乔晶、耿虹：《小城镇从"分化"到"再分化"的价值内涵辨释》，《城市规划》2021年第5期。

[③] 王雪芹等：《中国小城镇空间分布特征及其相关因素》，《地理研究》2020年第2期。

[④] 张佳瑜等：《宁夏小城镇空间分布特征及其影响因素分析》，《干旱区资源与环境》2021年第7期。

[⑤] 杨水根、王露：《湖南省武陵山片区小城镇流通产业发展的时空演化特征及影响因素》，《经济地理》2021年第12期。

[⑥] 张超等：《基于"三生功能"视角的河北小城镇发展模式识别及评价》，《河北工业大学学报》（社会科学版）2021年第2期。

[⑦] 李冠元、陈柏辉：《传统村落集聚型的小城镇发展研究——以杭州市大慈岩镇为例》，《城市建筑》2021年第2期。

[⑧] 刘旷、李晓楠：《文化引领型小城镇空间发展模式与规划探索——以曲阳县灵山镇为例》，《小城镇建设》2021年第4期。

"渐进修正"两种模式下公共微空间的形态特征和建构机制。[1]

综上所述，小城镇可持续发展被提升到国家战略的新高度，成为特色产业集聚、城乡统筹和乡村振兴的发展重点。由于现阶段大多数特色小镇位于传统小城镇范围之内，因此研究清楚现阶段小城镇发展相关问题是急迫的，有助于后文对特色小镇的进一步研究。

二 关于城市和地域系统演化的综述

系统理论的兴起已经成为地域系统研究的新范式。与传统的数学模型相比，用系统理论探索地域系统发展可以帮助我们认清系统中要素与要素、要素与系统、系统与环境三方面的关系。国外学者 Allen 和 Sanglier[2]、Portugali[3] 等从自组织范式的研究视角重新审视了人文地理和自然地理学科上的关联，并进一步探讨了城市和地域系统的自组织性。Benenson[4] 以多代理模拟模型分析了城市居住的动力机制，并重点分析了代理的经济和文化属性对个体交互的影响。Wilson[5] 的研究发现，城市系统模型与生态系统模型具有一定的相似性，并以此构建了包含生态系统建模思想的生态城市系统模型。进一步地，随着世界复杂性的增长，以复杂性科学的新视角探索城市和地域系统演化成了新的研究范式。如 Wilson[6]、Dearden[7] 等利用熵研究了地域系统

---

[1] 林岩:《"灵活应变"与"渐进修正"：威尔士小城镇公共微空间的自下而上形态特征与建构机制研究》,《国际城市规划》2021年第12期。

[2] Allen P. M., Sanglier M., "Urban Evolution, Self-Organization, and Decision Making", *Environment & Planning A*, 13 (2), 1981: 167-183.

[3] Portugali J., "Self-Organization and the City", In: Meyers R. (eds) *Encyclopedia of Complexity and Systems Science*, New York: Springer, 2009, pp. 471.

[4] Benenson I., "Multi-agent Simulations of Residential Dynamics in the City", *Computers Environment & Urban System*, 22 (1), 1998: 25-42.

[5] Wilson A., "Urban and Regional Dynamics from the Global to the Local: Hierarchies, 'DNA', and Genetic Planning", *Environment & Planning B Planning & Design*, 37 (5), 2010: 823-837.

[6] Wilson Alan., "Entropy in Urban and Regional Modelling: Retrospect and Prospect", *Geographical Analysis*, 42 (4), 2010: 364-394.

[7] Dearden J., Wilson A., "The Relationship of Dynamic Entropy Maximising and Agent-Based Approaches in Urban Modelling", In: Heppenstall A., Crooks A., See L., Batty M. (eds) *Agent-Based Models of Geographical Systems*, Dordrecht: Springer, 2012, pp. 705-720.

的演化，White 和 Engelen[①] 运用元胞自动机（CA）构建了城市系统演化发展模型。

继钱学森等[②]国内学者提出开放复杂巨系统及其方法论之后，周干峙提出城市或区域是一个开放的特殊复杂的巨系统[③]，宋刚等强调现代城市及其管理是一类开放的复杂巨系统[④]。陈彦光[⑤]、程开明[⑥]等学者引入自组织，研究自组织城市，认为城市或地域系统具有分形、耗散结构等自组织特征，指出其演化过程具有明显的自组织机制，推动其可持续发展。在城市自组织研究的基础上，刘安国和杨开忠[⑦]、杨俊宴和郑屹[⑧]讨论空间自组织及复杂性问题。薛领和杨开忠[⑨]采用基于主体建模（Agent-basedModeling，ABM）的方法设计了一个城市演化的模拟模型，并分析演化过程中的突变。ABM方法依靠某种学习算法来模拟主体的有限理性行为，这种学习算法是通过观察微观主体的行为而确定。侯汉坡等[⑩]、高见等[⑪]学者引用复杂适应系统理论研究城市演化与更新发展问题，揭示出城市系统是一个适应性复杂系

[①] White R., Engelen G., "Cellular Automata and Fractal Urban form: A Cellular Modelling Approach to the Evolution of Urban Land-use Patterns", *Environment & Planning A*, 25 (8), 2008: 1175-1199.

[②] 钱学森等：《一个科学新领域——开放的复杂巨系统及其方法论》，《自然杂志》1990年第1期。

[③] 周干峙：《城市及其区域——一个开放的特殊复杂的巨系统》，《城市规划》1997年第2期。

[④] 宋刚、唐蔷：《现代城市及其管理——一类开放的复杂巨系统》，《城市发展研究》2007年第2期。

[⑤] 陈彦光：《自组织与自组织城市》，《城市规划》2003年第10期。

[⑥] 程开明：《城市自组织理论与模型研究新进展》，《经济地理》2009年第4期。

[⑦] 刘安国、杨开忠：《克鲁格曼的多中心城市空间自组织模型评析》，《地理科学》2001年第4期。

[⑧] 杨俊宴、郑屹：《城市：可计算的复杂有机系统——评〈创造未来城市〉》，《国际城市规划》2021年第1期。

[⑨] 薛领、杨开忠：《城市演化的多主体（multi-agent）模型研究》，《系统工程理论与实践》2003年第12期。

[⑩] 侯汉坡等：《城市系统理论：基于复杂适应系统的认识》，《管理世界》2013年第5期。

[⑪] 高见等：《系统性城市更新与实施路径研究——基于复杂适应系统理论》，《城市发展研究》2020年第2期。

统，可通过微观层面的个体的社会经济以及空间行为来分析其宏观空间结构的变化，得出其发展的内在规律。此外，仇保兴[1]和陈明曼等[2]研究了城市微空间的特征与演化。

可见，复杂系统理论被广泛用于地域系统发展的研究中，不管是运用ABM的方法，还是目前常用的SWARM、NETLOGO等软件进行系统演化的模拟。其弊端在于模拟主体的学习机制和适应性方面，很多取值依赖于经验值，过于主观。同时，还没有学者发展出一般框架充分阐释各种可能的城市和地域的演化结构。对于应用复杂科学理论模拟城市和地域的各种模型来说，其最大的挑战在于如何从独特的模拟实践中发现关于城市和地域演变的一般规律，特别是特色鲜明的小镇系统。

三　关于创新集群的综述

熊彼特在提出创新理论的同时，也指出了创新的集群特性。1999年经济合作与发展组织（OECD）出版《集群——促进创新之动力》研究报告，提出"创新集群"（innovation cluster）思想，在其带动下，"创新集群"被提到一个新高度，受到国际学术界关注。[3]

将创新集群理论运用到产业规划是学者普遍关注的问题，如杭敏和周缘[4]，周灿等[5]，彭飞和王忻[6]等分别探索了创新集群视角下的特色文化产业、电子信息产业、高端制造业等。从创新集群的内涵来看，一方面，创新集群是以集群形式出现的集体行为过程，并具有典型的区域特色，这即是产业规模化、集约化、现代化发展的内在动力；另一方面，创新集群又是推动区域经济高质量发展的本质动力，

---

[1] 仇保兴：《特色小镇的"特色"要有广度与深度》，《现代城市》2017年第1期。
[2] 陈明曼等：《复杂适应系统视角下特色小镇的演化》，《工程管理学报》2020年第5期。
[3] 钟书华：《创新集群：概念、特征及理论意义》，《科学学研究》2008年第1期。
[4] 杭敏、周缘：《创新集群视角下的特色文化产业发展研究》，《传媒》2018年第24期。
[5] 周灿等：《中国电子信息产业创新的集群网络模式与演化路径》，《地理研究》2019年第9期。
[6] 彭飞、王忻：《金融视角下高端制造业集群创新能力影响因素的实证研究》，《科技管理研究》2019年第8期。

创新型经济将重构区域空间发展与规划。可见，创新集群内在蕴含着分析城镇规划、地域创新空间和探索城镇动力机制的逻辑基础。如张京祥和何鹤鸣基于创新型经济构成要素的空间特性，深入探索了创新型经济和空间规划的互动关系，认为空间规划要超越于增长导向。[①]田颖等采用"反事实"视角，对首批国家创新型产业集群政策的实施对促进区域创新能力进行了验证，研究发现创新集群通过创新网络机制、政府支持机制和产业集聚机制促进区域创新发展。[②]李娜和仇保兴[③]、池春阳[④]分析了产业发展与空间优化互动规律，认为产业发展与空间结构之间的优化适应能够有效推动特色小镇的良性发展。更进一步地，曹硕洋和李天柱[⑤]、项国鹏等[⑥]基于案例剖析的方法，从特色小镇的创新空间规划、创新生态体系打造、创新发展动力机制、创新网络演化进程等方面，系统性地分析了创新集群如何与城镇有机发展的机制与路径。

综上所述，基于创新集群理论的思想来分析特色小镇的空间规划、产业发展及创新能力具有紧密的联系，借鉴创新集群的研究成果有利于夯实研究特色小镇系统的基础。

四 关于特色小镇的综述

发达国家特色小镇已发展成为国家经济、人口和产业的发展载体，发挥着产业集聚、高新技术集聚和高端人才集聚的功能，其功能与意义已远超出传统行政意义上的"镇"或"区"概念，是地域发展中的一个独立有机发展空间，是一个新的地域生产力结构优化创新

---

① 张京祥、何鹤鸣：《超越增长：应对创新型经济的空间规划创新》，《城市规划》2019年第8期。
② 田颖等：《国家创新型产业集群建立是否促进区域创新？》，《科学学研究》2019年第5期。
③ 李娜、仇保兴：《特色小镇产业发展与空间优化研究——基于复杂适应系统理论（CAS）》，《城市发展研究》2019年第1期。
④ 池春阳：《创新集群理论视角下长三角众创空间优化策略研究》，《科技管理研究》2018年第12期。
⑤ 曹硕洋、李天柱：《创新集群视角下的特色小镇动力机制研究：一个多案例分析》，《科技与经济》2020年第4期。
⑥ 项国鹏等：《核心企业网络能力、创新网络与科创型特色小镇发展——以杭州云栖小镇为例》，《科技进步与对策》2021年第3期。

空间，是参与全球分工的一种新方式，是现代化和后现代化社会建构的生长基础和创新平台。它通过在有限的空间内优化生产力布局，破解高端要素聚集不充分的结构性局限，探索创业创新生态进化规律[①]，具有推动经济社会转型升级的深刻意义。如美国硅谷、斯普鲁斯溪航空小镇、瑞士达沃斯小镇等。基于此，国外研究多体现在创新集群方面。前文已述，这里不再赘述。

我国特色小镇与国外相比，差距较大，最早的研究可追溯于1998年广东经济学会课题组专项调研东莞市虎门镇。该项调研成果表明，虎门靠近香港，充分发挥区位比较优势，将时装业确立为支柱产业，带动经济全面繁荣，揭示出小镇扮演的大角色。[②] 这种以地域特色寻求经济发展突破口的模式为农村经济的发展起到了很好的示范作用[③]，验证了"小城镇大战略"这一思想的远见卓识。虎门在经济总量、增长速度、财政收入、城镇化水平、社会进步等方面早已超越了行政上的一般概念，是"特色小镇"在国内的最早雏形，给后来学者提供许多有益启示。进入21世纪，中山市南头镇以家电特色经济带动地方经济发展，全镇的工业总产值从1999年的20亿元提升到2002年的63.9亿元，其中特色家电产品产值达39.4亿元，实现了由农业小镇向工业卫星镇的华丽转变。[④] 这揭示出小镇发展要立足比较优势，大力推动特色产业的组织结构和产品结构的优化升级。陈伯超等以上夹河镇为案例，探索在小城镇中如何以地域文化反映小城镇的建设特色，指出悠久的历史文化背景和优美的自然环境为小城镇奠定了突出的地域性文化优势，该研究被列入国家科技部2001年的重点科研项

[①] 张鸿雁：《论特色小镇建设的理论与实践创新》，《中国名城》2017年第4期。
[②] 广东经济学会课题组：《小镇扮演大角色——虎门发展特色经济的初步探索》，《经济学动态》1998年第11期。
[③] 程华：《以特色寻求发展经济的突破口——访东莞市虎门镇钟淦泉书记》，《广东经济》2002年第12期。
[④] 郑流水：《中山市南头镇：以家电特色经济带动地方经济发展》，《广东科技》2004年第1期。

目。[1] 沈济黄和王歆[2]将小镇民居的亲和力融入江南园林精致纤巧的造园手法之中，造就了小镇独特魅力。随后，文化休闲小镇、旅游小镇、产业小镇、温泉小镇、生态科技型田园小镇、风情小镇、生态小镇、基金小镇等研究遍地开花。[3][4][5] 2014年10月，浙江省原省长李强参观杭州云栖小镇，首次提出"特色小镇"。2015年1月，浙江省"两会"首次提出"特色小镇"概念。"特色小镇"一词在国内正式出现，并被赋予了新的时代意义。2021年9月，国家发改委等十部委《关于印发全国特色小镇规范健康发展导则的通知》（发改规划〔2021〕1383号），提出普适性可操作性的基本指引，逐步规范并建立特色小镇文件体系。至此，特色小镇进入高质量发展的2.0阶段。

目前，特色小镇进入发展高峰期，研究成果较为丰富。通过中国知网的查阅，以"特色小镇"为主题，时间跨度为2015年1月1日至2022年3月17日进行检索，共有11657条记录。其中，2015年有190篇文献，2016年有774篇文献，2017年有2325篇文献，2018年有2714篇文献，2019年有2509篇文献，2020年有1655篇文献，2021年有1365篇文献，2022年有1220篇文献（预测）。发文量快速增加，成为研究热点。特色小镇总体趋势如图2.1所示。

通过中国知网的查阅，以"特色小镇"为关键词，时间跨度为2015年1月1日至2022年3月17日进行检索，共有7041条记录。其中，2015年有136篇文献，2016年有517篇文献，2017年有1536

---

[1] 陈伯超等：《用地域文化纺织小城镇的建设特色》，建筑与地域文化国际研讨会暨中国建筑学会2001年学术年会，中国北京，2001年12月1日，第317—321页。

[2] 沈济黄、王歆：《小镇千家抱水园——从南浔小莲庄看江南水乡小镇的园林特色》，《新建筑》2004年第6期。

[3] 向福明：《湖北秭归县归州镇 延续古城文脉 建设特色小镇》，《城乡建设》2006年第11期。

[4] 张雅：《营造特色空间，彰显地域文化——马龙五尺驿栈休闲小镇（爨文化展示区）规划设计》，《中外建筑》2006年第5期。

[5] 秦光荣：《突出特色 创新思路 积极推进旅游小镇开发建设——云南省委副书记、常务副省长秦光荣在全国旅游小城镇发展工作会议上的发言》，《小城镇建设》2006年第7期。

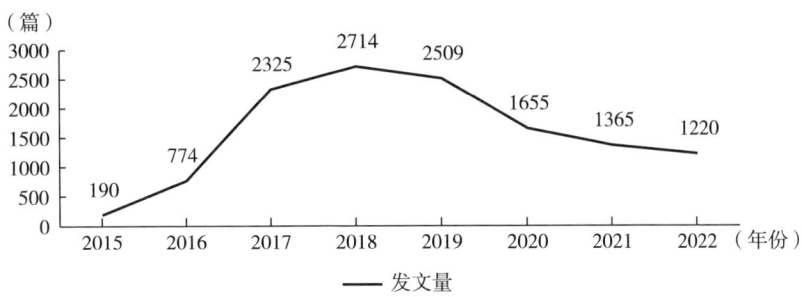

图 2.1 特色小镇发展总体趋势（按主题）

资料来源：中国知网。

篇文献，2018 年有 1692 篇文献，2019 年有 1419 篇文献，2020 年有 928 篇文献，2021 年有 750 篇文献，2022 年有 565 篇文献（预测）。总体趋势如图 2.2 所示。

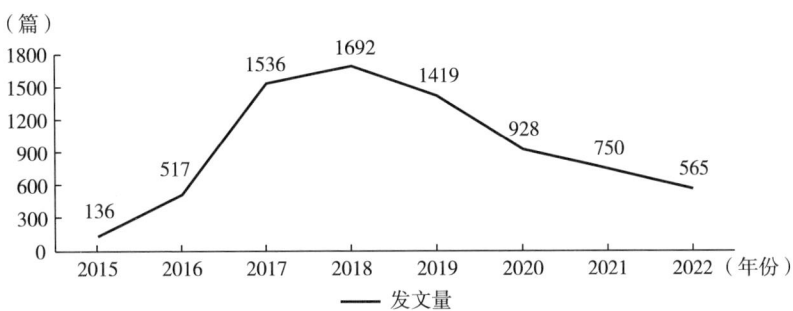

图 2.2 特色小镇发展总体趋势（按关键词）

随着"特色小镇"研究的不断深入，出现了越来越多的相关研究点，如乡村振兴、新型城镇化、生态环境、总体规划、旅游功能、浙江经济与特色、产业定位、项目组合、区域经济、空间优化等，形成了庞大的研究网络体系。同时，"特色小镇"的跨学科研究也发展迅速，已渗透到应用空间经济学、建筑学、理论经济学、地理学、农林经济管理和艺术学等多个学科，并衍生出多个交叉学科主题。再从关键词的共现来看，特色小镇与乡村振兴、新型城镇化、美丽乡村、浙江、产城融合与产业集聚、规划及策略、创新与转型升级、经济转型等紧密相连。对检索出的文章进行具体分类整理。通过分析发现,国内学者对特色小镇的研究偏向于定性研究,研究内容主要涵盖以下几个方面:

(一) 特色小镇的特征与作用方面

仇保兴用复杂适应系统理论探讨了特色小镇的自组织、共生性、多样性、强联接、产业集群、开放性、超规模效应、微循环、自适应、协同性特征。[1] 芦楚屹等指出特色小镇具备了宜业、宜居、宜游的三大职能。[2] 赓金洲等提出特色小镇与都市圈之间普遍存在一定的耦合关系。[3] 武前波和徐伟认为新时期特色小镇是高速运转的"流动空间",塑造专业化地域经济形态,打破了传统等级化的城镇体系,是专业化集聚经济的重要功能节点。[4] 易开刚和厉飞芹强调了特色小镇具有产业、文化、旅游、社区四大功能,认为特色小镇是"产城人文"融合共生的新型空间组织。[5] 在作用方面,陆佩等[6]、白小虎和魏强[7]也强调了特色小镇是一种新型产业空间组织形式,可有效推动新型城镇化,助力乡村振兴,促进生产、生活、生态"三生融合"。张环宙等提出特色小镇是推进内涵式、质量型城镇化过程中的一个重大战略突破与新引擎。[8] 蔡翼飞等认为特色小镇可以打通新型城镇化

---

[1] 仇保兴:《特色小镇的"特色"要有广度与深度》,《现代城市》2017 年第 1 期。
[2] 芦楚屹等:《特色小镇信息服务平台构建研究》,《科技管理研究》2019 年第 6 期。
[3] 赓金洲等:《特色小镇产业集聚与都市圈区域集聚的耦合机制研究——以浙江省为例》,《软科学》2021 年第 4 期。
[4] 武前波、徐伟:《新时期传统小城镇向特色小镇转型的理论逻辑》,《经济地理》2018 年第 2 期。
[5] 易开刚、厉飞芹:《特色小镇的功能聚合与战略选择——基于浙江的考察》,《经济理论与经济管理》2019 年第 8 期。
[6] 陆佩等:《中国特色小镇的类型划分与空间分布特征》,《经济地理》2020 年第 3 期。
[7] 白小虎、魏强:《特色小镇外部性效应与劳动生产率——来自浙江的实证研究》,《浙江社会科学》2020 年第 2 期。
[8] 张环宙等:《特色小镇:旅游业的浙江经验及其启示》,《武汉大学学报》(哲学社会科学版) 2018 年第 4 期。

和乡村振兴两大战略的空间支撑节点,是城乡融合发展的重要载体。①阎西康和马旭东②探讨了特色小镇与新型城镇化的耦合关系。

(二) 特色小镇的现状问题与对策方面

2019年,国家发改委组建调研组实地调研各省特色小镇建设情况,指出"虚假特色小镇"仍然存在,部分特色小镇的特色产业不强。③ 特色小镇建设是一项复杂的工程,存在房地产化趋势明显、资源大量浪费、规划不科学等典型问题。④ 郭修金等指出运动休闲特色小镇面临着产业链条有待补强、基础设施有待夯实、生态环境有待改善、类型特色有待优化等问题。⑤ 朱罗敬等通过实地考察和访谈法总结出小镇面临着一些实践困境,如村民利益在体育小镇建设中体现不足,内生性动力有待进一步激发,体育小镇政策激励信号较弱,项目后续延续衔接有难度;商用土地资源有限,土地财政模式亟待转型等。⑥ 付广敏研究了特色小镇发展中的财务困境,指出特色小镇在财务上存在着财务管理团队素质较低、变动频繁,管理过程冗余、混乱,内部财务管理信息化建设滞后、财务风险意识较为薄弱等问题。⑦ 陈科宇从社会资本的角度分析了特色小镇建设面临着投资标准和投资导向不明确、缺乏良好的资本生态等现实困境。⑧ 郑胜华等探索了科创型特色小镇,提出由于网络锁定现象,科创型特色小镇普遍存在产

---

① 蔡翼飞等:《特色小镇的定位与功能再认识——城乡融合发展的重要载体》,《北京师范大学学报》(社会科学版) 2020年第1期。
② 阎西康、马旭东:《基于特色小镇与新型城镇化耦合关系研究》,《农业经济》2021年第5期。
③ 叶欠等:《特色小镇发展现状与政策选择》,《宏观经济管理》2020年第9期。
④ 王大为、李媛:《特色小镇发展的典型问题与可持续推进策略》,《经济纵横》2019年第8期。
⑤ 郭修金等:《运动休闲特色小镇"三生空间"的格局重构及优化路径》,《体育学研究》2021年第2期。
⑥ 朱罗敬等:《"1.0代体育小镇"阶段性实践经验、实践困境与优化路径——以城市近郊邻水体育小镇为例》,《体育与科学》2021年第1期。
⑦ 付广敏:《特色小镇发展中的财务困境及管理模式研究》,《农业经济》2020年第12期。
⑧ 陈科宇:《社会资本参与特色小镇建设的困境与出路》,《农业经济》2020年第11期。

业导入困难、资源集聚不易、成果转化不畅、内生动力不足等问题。①郭晓勋和李响研究了黑龙江省旅游特色小镇，强调在其建设过程中集中显现出旅游内涵挖掘不够深入、旅游特色不够突出、旅游人才缺失等问题。② 可见，特色小镇作为我国进入新时代的经济社会转型发展的新载体、新业态、新理念等，与目前不充分、不平衡的发展格局存在差距，仍面临着众多不可持续发展问题。

在对策方面，特色小镇作为一种新型产业组织空间，其践行要注重突出空间高效、产业特色、功能融合和市场主导。③ 周凯和韩冰分析江苏省南通市海门三星镇，提出产业链构建方法实现了产业的优化与升级。④ 邹辉从"政府、产业、资金、人才"四个方面提出把特色小镇建设成为产城人文旅俱佳的高质量空间载体。⑤ 张如林等通过研究浙江特色小镇实践，提出了提升创新能力和产业水平、构建空间和产业的网络集群、优化空间环境和柔性环境、建立定向化的考核机制和扶持政策等对策建议。⑥ 洪志生和洪丽明⑦指出特色小镇应从全球产业发展的视角定位特色小镇产业链，应重视利用新生产组织方式进行相应的社区规划，同时要加强创客服务和搭建好众创平台。现阶段的对策研究仅针对具体案例，尚未形成可操作性强的系统策略。

（三）特色小镇的规划与建设方面

现阶段对特色小镇的规划与建设研究仍处于探索阶段。

---

① 郑胜华等：《基于核心企业合作能力的科创型特色小镇发展研究》，《科研管理》2020年第11期。
② 郭晓勋、李响：《文旅融合背景下黑龙江旅游特色小镇建设路径》，《学术交流》2020年第11期。
③ 胡亚昆等：《浙江特色小镇建设典型经验及启示》，《宏观经济管理》2020年第9期。
④ 周凯、韩冰：《基于综合效益评价的特色小镇产业遴选与体系构建方法研究——以江苏省南通市海门三星镇为例》，《学术论坛》2018年第1期。
⑤ 邹辉：《特色小镇高质量发展策略研究》，《农业经济》2020年第11期。
⑥ 张如林等：《基于高质量发展的浙江特色小镇实践探索》，《城市规划》2020年第S1期。
⑦ 洪志生、洪丽明：《特色小镇众创平台运营创新研究》，《福建农林大学学报》（哲学社会科学版）2016年第5期。

在规划方面，宋维尔等①提出特色小镇规划是一种综合型规划，涵盖产业、生态、空间、文化等多个领域，是一种"创建概念性规划"，内容上应虚实结合。梁冰瑜②认为传统空间先行的规划思路已不再满足新时期的需求，逐渐向产业先行的新思路转型。王沈玉和张海滨以杭州笕桥丝尚小镇的规划实践为例，从产业升级、文化彰显、空间构筑和人才服务等方面总结提出"构建多产共荣的新生态圈和新布局，彰显活态传承的文化特色，塑造三生融合空间，完善人才需求导向的配套服务与政策"的四大应对策略。③ 汪亮和王珺以广西钦州陆屋机电小镇为例，提出基于协同框架构建的特色小镇规划设计，即包括土地利用划分、产业发展策划、功能结构布局、文化体验设计、生态空间塑造五个特色方面的协同发展框架。④ 此外，汤囡囡和李胜提出以品牌形象设计为核心的体育特色小镇规划。⑤ 王林和曾坚提出形神兼备思路下的特色小镇规划设计方法，即一方面要考虑规划方案的形态美，另一方面要追求包括产业、人居、生态、文化等内涵的神态设计。⑥

在建设方面，黄卫剑等研究了特色小镇的"创建制"，并探索其在实践中的应用创新。⑦ 孟娜和赵凤卿强调特色小镇IP文化建设需要小镇独特的文化基础，同时要注重市场性要素。⑧ 张如林等提出了特

---

① 宋维尔等：《浙江特色小镇规划的编制思路与方法初探》，《小城镇建设》2016年第3期。

② 梁冰瑜：《空间先行到产业先行的规划思路转向——以浙江省台州市无人机特色小镇为例》，2016年中国城市规划年会，中国辽宁沈阳，2016年9月24日，第806—817页。

③ 王沈玉、张海滨：《历史经典产业特色小镇规划策略——以杭州笕桥丝尚小镇为例》，《规划师》2018年第6期。

④ 汪亮、王珺：《基于协同框架构建的特色小镇规划设计——以广西钦州陆屋机电小镇为例》，《现代城市研究》2019年第5期。

⑤ 汤囡囡、李胜：《基于品牌形象设计的体育特色小镇规划》，《建筑经济》2021年第5期。

⑥ 王林、曾坚：《形神兼备思路下的特色小镇规划研究——以滕州董村花汇小镇为例》，《现代城市研究》2021年第1期。

⑦ 黄卫剑等：《创建制——供给侧改革在浙江省特色小镇建设中的实践》，《小城镇建设》2016年第3期。

⑧ 孟娜、赵凤卿：《文旅IP在特色小镇IP文化运营中的应用研究》，《农业经济问题》2020年第6期。

色小镇要提升创新能力和产业水平，构建空间和产业的网络集群，优化空间环境和柔性环境，建立定向化的考核机制和扶持政策等对策建议。① 李伯华等将产业整合与景观重构有机结合，构建特色旅游小镇建设的双轮驱动器。② 杨中兵等分析运动休闲特色小镇，提出在体育文化定位、营造良好的运动休闲氛围、建立运动安全与救援体系、保护小镇生态环境与关注民生幸福等方面的建议。③ 李道勇等分析农业特色小镇，提出构建全产业链智慧循环、重点产业突出、三产协同发展、产城深度融合的建设体系。④ 此外，李君轶和李振亭探讨了网络化下的特色小镇建设。⑤ 可见，特色小镇要以特色产业发展为核心、以功能集聚为基础、以体制机制创新为保障，积极补齐城镇基础设施、公共服务和生态环境短板。

（四）特色小镇的发展评价、路径与模式方面

在特色小镇发展评价方面，我国学者在研究视角、研究方法和研究内容上做了大量的系统性研究，成果丰富。其中，在研究视角上，既有成果从"大城"与"小镇"的功能协同发展、三生融合、产镇融合、生态位、复杂适应系统等视角对特色小镇进行相关探讨。如吴一洲等指出特色小镇发展水平的指标体系呈钻石多边形结构，由基本信息、发展绩效（分为产业、功能、形态、制度维度）和特色水平3个方面构成。⑥ 张亚明等从产业定位、建设形态、功能叠加、制度供给四个层面提出河北特色小镇核心竞争力提升路径。⑦ 王长松等构建

---

① 张如林等：《基于高质量发展的浙江特色小镇实践探索》，《城市规划》2020年第S1期。
② 李伯华等：《新型城镇化背景下特色旅游小镇建设的双轮驱动机制研究》，《地理科学进展》2021年第1期。
③ 杨中兵等：《乡村振兴战略背景下贵州省运动休闲特色小镇可持续发展探析》，《贵州民族研究》2020年第9期。
④ 李道勇等：《全产业链导向下农业特色小镇现代化发展研究——以北方国际种苗小镇为例》，《农业现代化研究》2021年第1期。
⑤ 李君轶、李振亭：《集中到弥散：网络化下的特色小镇建设》，《旅游学刊》2018年第6期。
⑥ 吴一洲等：《特色小镇发展水平指标体系与评估方法》，《规划师》2016年第7期。
⑦ 张亚明等：《特色小镇IFIC核心竞争力提升路径研究——基于河北实践的思考》，《商业经济研究》2019年第1期。

特色小镇的特色指标体系，并指出经济水平和品牌影响力、创新创业实力两个因素对特色小镇的影响最为显著。[1] 在研究方法上，众多学者采用 AHP、模糊综合评价、网络分析法、TOPSIS 等方法对特色小镇进行评价。如成霄霞从发展基础、产业资源、经济效益、生态环境、政策支持五个维度构建特色小镇建设发展水平的评价指标体系。并采用模糊层次分析法（FAHP）对其建设发展水平进行综合评价。[2] 其他学者，施从美等提出基于 K-均值聚类统计的特色小镇评价。[3] 温燕和金平斌[4]基于 GEM 模型构建特色小镇核心竞争力指标体系，并建立以环境资源力、基础设施力、资本资源力、产业发展力、政府支持力为核心的评估模型。在研究内容上，学者研究了不同类型的特色小镇，如林赛男等构创农业特色小镇综合竞争力"弓弦箭+作用力"模型和竞争力评价指标体系[5]；唐晓灵和张青针对特色小镇的交通网络构建了涵盖交通可达性、道路网络密度、交通设施水平等级三个方面的区域交通优势度的评价指标体系[6]；黄伟等针对小镇能源系统构建了涵盖产业发展、投资收益、社会人文、生态环境四方面的评价指标体系[7]。

在发展路径方面，大量学者从区位优势、特色要素等方面来探讨地方特色小镇的发展路径。如袁远刚等从因山就势视角探索了贵州特

---

[1] 王长松、贾世奇：《中国特色小镇的特色指标体系与评价》，《南京社会科学》2019 年第 2 期。

[2] 成霄霞：《基于 FAHP 的特色小镇建设发展水平综合评价研究》，《财贸研究》2019 年第 7 期。

[3] 施从美、江亚洲：《基于 K-均值聚类统计的特色小镇评价》，《统计与决策》2018 年第 21 期。

[4] 温燕、金平斌：《特色小镇核心竞争力及其评估模型构建》，《生态经济》2017 年第 6 期。

[5] 林赛男等：《农业特色小镇竞争力评价与提升对策研究——基于四川省 30 个镇的实证》，《四川农业大学学报》2020 年第 6 期。

[6] 唐晓灵、张青：《基于交通网络的特色小镇建设路径研究》，《数学的实践与认识》2019 年第 5 期。

[7] 黄伟等：《基于物元可拓模型的特色小镇能源系统综合评价》，《现代电力》2020 年第 5 期。

色小镇的发展路径。① 王建廷和申慧娟以京津冀协同发展中心区域为对象，通过态势分析法辨析了中心区域建设特色小镇的自身条件和外部环境，研究了京津冀协同发展中心区域的定位和特色小镇的建设路径，提出了中心区域的特色小镇建设发展对策建议。② 熊正贤等从生物多样性理论逻辑下探索了云贵川地区特色小镇差异化路径，提出建立资源禀赋"基因库"、防止"基因"不良变异、保持小镇类型的稳定性等差异化发展的实现路径。③ 张琳等指出文化介入是激发特色小镇文化活力的重要抓手，基于川渝33个样本的模糊集定性比较分析，提出以居民文化权益保障、创意城市开发、产业开发和文化治理相结合的三大介入路径。④ 陈水映等进一步聚焦于传统村落，分析了多元参与、利益共享的包容性基层治理，村民能动性参与和合作行为，特色文化地方性建构和价值再生产是其转型中的驱动因素。⑤ 舒卫英和徐春红围绕"人才—资本—土地—信息技术—政策制度"依托"质量效益、社会效益、环境效益"3个维度，提出特色小镇高质量发展的提升路径。⑥ 朱伟芳等从跨境电商视角提出渠道扩展、价值链重构、产品创新、产业集群等方面的绍兴特色小镇产业转型路径。⑦

在发展模式方面，李柏文等探讨特色小城镇的形成动因及其发展规律，提出生产集聚催生了产业特色小镇，消费集聚形成了生活型特

---

① 袁远刚等：《因山就势：探索贵州特色小镇发展路径》，《城乡规划》2017年第6期。

② 王建廷、申慧娟：《京津冀协同发展中心区域特色小镇建设路径研究》，《城市发展研究》2018年第5期。

③ 熊正贤等：《生物多样性理论逻辑下特色小镇差异化发展路径研究——以云贵川地区为例》，《云南师范大学学报》（哲学社会科学版）2019年第6期。

④ 张琳等：《场景视域下特色小镇创生发展的文化介入路径研究——基于川渝33个样本的模糊集定性比较分析》，《福建论坛》（人文社会科学版）2020年第10期。

⑤ 陈水映等：《传统村落向旅游特色小镇转型的驱动因素研究——以陕西袁家村为例》，《旅游学刊》2020年第7期。

⑥ 舒卫英、徐春红：《高质量发展视域下的特色小镇综合效益评价》，《西南师范大学学报》（自然科学版）2021年第3期。

⑦ 朱伟芳等：《跨境电商助推绍兴特色小镇产业转型升级路径探讨》，《对外经贸实务》2021年第2期。

色小镇，城市功能疏解形成了多样化的特色小镇。[1] 曹爽和罗娟提出特色小镇的三种发展类型，即以传统特色产业为基础转型升级而成的资源聚集型小镇、以文化环境或自然环境带动发展的环境聚集型小镇和以区位优势发展形成的平台聚集型小镇。[2] 杨朝睿探索了特色小镇COD模式与旅游特色小镇孵化。[3] 李刚和张林分析了运动休闲特色小镇建设的主要模式有资源禀赋依托型、运动项目依托型、体育文化依托型、市场需求依托型4种。[4] 詹绍文和宋昕通过分析陕西省特色小镇发展模式，提出了"特色产业+"、工业主导型、"文化+"和"红色革命+"发展模式。[5] 朱俊晨等将特色小镇作为城市创新功能单元，提出通过科技创新和金融创新重点培育战略性新兴产业模式，与深圳创业文化、国际时尚元素及社区功能叠加融合，形成产城融合、功能多元、集约立体的单元开发模式。[6] 同时，还有学者指出文化是特色小镇可持续发展的不竭动力[7]，并强调高质量发展、地域文化、文化再造、空间优化对特色小镇发展的推动作用[8]，揭示出依托于地域文化对特色空间进行差异化的组织，有利于走出一条特色鲜明的特色小镇发展路径。此外，王天宇[9]和熊正贤[10]基于特色小镇与乡村振兴

---

[1] 李柏文等：《特色小城镇的形成动因及其发展规律》，《北京联合大学学报》（人文社会科学版）2017年第2期。

[2] 曹爽、罗娟：《我国特色小镇建设的研究现状与展望》，《改革与开放》2017年第11期。

[3] 杨朝睿：《特色小镇COD模式与旅游特色小镇孵化》，《旅游学刊》2018年第5期。

[4] 李刚、张林：《运动休闲特色小镇建设动力、模式与路径》，《体育文化导刊》2020年第9期。

[5] 詹绍文、宋昕：《陕西省特色小镇发展模式及空间分布特征研究》，《中国农业资源与区划》2021年第3期。

[6] 朱俊晨等：《城市创新功能单元视角下的特色小镇建设管理路径优化——基于深圳创新型特色小镇的实证分析》，《现代城市研究》2020年第9期。

[7] 范玉刚：《特色小镇可持续发展的文化密码》，《学术交流》2020年第1期。

[8] 王兆峰、刘庆芳：《中国国家级特色小镇空间分布及影响因素》，《地理科学》2020年第3期。

[9] 王天宇：《论乡村振兴战略背景下特色小镇的培育发展——基于特色小镇、中小企业与乡村振兴三者契合互动分析》，《河南社会科学》2020年第7期。

[10] 熊正贤：《乡村振兴背景下特色小镇的空间重构与镇村联动——以贵州朱砂古镇和千户苗寨为例》，《中南民族大学学报》（人文社会科学版）2019年第2期。

间的契合互动，探索乡村振兴背景下特色小镇的空间重构与镇村联动。

五 研究评述

近年来，虽然学者针对特色小镇的研究成果较为丰富，但是无论是从研究视角、研究方法还是研究内容上都尚不能满足新时代我国特色小镇的大规模实践和可持续发展的需求。以下仅探讨当前学术界对特色小镇研究存在的不足之处：

第一，研究视角。研究视角多以新型城镇化、旅游文化、产业创新、生态文明、乡村振兴等方面为主探索特色小镇发展。鲜有学者从复杂系统理论视角对特色小镇的可持续发展和演化路径问题进行研究和探索。

第二，研究方法。研究方法以定性研究为主，且多为案例研究，定量研究不足。特色小镇研究的方法论显然落后于城镇演化进程，目前在分析复杂的小镇问题时，常规思路仍然是机械还原论的方法。这种屏蔽了城镇系统本身具有的自适应性，得出的结论也就必然会有偏差。而复杂性研究试图打破将研究对象当作没有生命的静止系统，提出应该将研究对象当作具有生命活力的动态系统，并且重视要素组合所带来的结构和功能的涌现。现阶段，对复杂适应系统的研究多采用多主体建模（ABM）的方法，常用SWARM、NETLOGO等软件进行系统演化的模拟。但由于特色小镇是新时代下的新事物，很多取值依赖于经验值，过于主观，对实践的指导意义不大。因此，采用案例研究方法仍是当前研究特色小镇的主要研究方法。

第三，研究内容。目前有关特色小镇研究，面很窄，重点只放在"什么是特色小镇"以及"如何建设特色小镇"等问题上，研究不深入。另外，对特色小镇与小城镇的历史关联性、城镇体系发展内在规律、特色小镇发展理念及定位等研究还需进一步系统探讨。同时，既有研究大多聚焦在操作层面，而关于特色小镇的内在本质、运行机制及发展动力、演化规律等本质问题少有论及。可见，对特色小镇的研究还仅停留在定性与经验总结的范畴，往往缺少学理性研究，许多问题的破解还有待深入。

综上所述，当前的特色小镇研究尚处于初步探索阶段，远不能满足国家对特色小镇可持续发展的迫切需要。特色小镇尽管只是"小镇"，但它是现阶段国家进入新时代发展的一个重要抓手。因此，研究特色小镇本质及一般演化规律具有重大意义，是当前一项重要课题。另外，本书将特色小镇看作一个复杂适应系统进行研究，这在目前的特色小镇领域的研究中并未有较多成熟的研究成果，上述两方面的研究结合正是本书的研究切入点。因此，从复杂适应系统理论的新视角研究特色小镇的演化，揭示其发展规律，既有必要性，也有紧迫性。

第三节 理论基础

为了保障与提升特色小镇复杂适应系统自适应演化等质性研究的科学性，本书针对性地在研究过程中嵌入了复杂适应系统理论、可持续发展理论、适应度景观与 NK 模型、分岔与突变理论及涌现理论等多种主要基础理论展开分析工作。

一 复杂适应系统理论

复杂适应系统理论经历了三代系统观，是几代科学家不断深入研究的成果。如表 2.4 所示。复杂适应系统重在用进化的观点认识系统复杂性，是具有代表性的一类复杂系统。Melanie Mitchell 在《复杂》一书中提出："复杂系统理论试图解释，在不存在中央控制的情况下，大量简单个体如何自行组织成能够产生模式、处理信息甚至能够进化和学习的整体"。[1]

---

[1] [美] 梅拉妮·米歇尔：《复杂》，唐璐译，湖南科学技术出版社 2018 年版，第 18 页。

表 2.4　　　　　　　　　　三代系统观的对比

系统观	主要思想观点	优点与局限
第一代系统观（20世纪30年代）	Bertalanffy 指出传统系统思想还原论的局限，强调系统的整体性，提出"整体大于其各部门之和"的系统思想。① Wiener 从信息、反馈和控制的视角研究系统行为，提出控制论②	系统工程思想与控制论广泛用到自动控制、工程管理及社会经济等领域。但由于在以机器为背景的时代，人们对"系统"认知的片面性（系统组成的个体是被动的、死的个体），这决定了系统思想不适应于以"活体"组成的生物、生态、经济社会等大系统中
第二代系统观（20世纪70年代）	耗散结构理论③和协同学④是第二代系统观的主要思想。这一时代讨论的"系统"不再是机器时代下的人造机器，而是某种热力学意义下的系统。这种系统构成要素数量大且独立运动	拓展控制概念，引申随机性和对立统一的思想，讨论涨落等新概念，进一步研究了系统的内涵。第二代系统观虽然强调了个体的独立运动，但个体不会自学习、自适应，不会根据环境的改变改进自己的行为，而这种运动仍然是盲目的、随机的
第三代系统观（20世纪90年代）	Bossomaier 等研究生物界的涌现规律。⑤ 1994 年以 Holland 为代表的圣菲研究所正式提出了复杂适应系统理论，为复杂系统研究提供了一种全新的视野。⑥ 强调了从物理学到化学、生物学、社会学、经济学、管理学等领域的复杂性来自自组织、突变和适应的过程。国内研究以钱学森为代表提出了开放复杂巨系统的概念⑦	第三代的系统观开始着力于个体与环境的交互作用研究上。强调了个体的适应性，个体能在与外界环境交流和互动的过程中有目的地改变自己的行为，达到适应环境的合理状态

---

① Bertalanffy L. V., "General System Theory: Foundations, Development, Applications", *Leonardo*, 10 (3), 1976: 248.

② Wiener N., *Cybernetics: Or Control and Communication in Animal and the Machine*, MIT Press, 1961, pp. 2–10.

③ Nicolis G., et al., "Exploring Complexity: An Introduction", *Physics Today*, 43 (10), 1990: 96–97.

④ Haken H., *Advanced Synergetics: Instability Hierarchies of Self-Organizing Systems and Devices*, Springer-Verlag, 1983, p. 20.

⑤ Bossomaier T., Green D., *Patterns in the Sand: Computers, Complexity, and Everyday Life*, Helix Books, 1998, pp. 7–9.

⑥ Holland J. H., "Hidden Order: How Adaptation Builds Complexity", *Leonardo*, 29 (3), 1995: 235–236.

⑦ 钱学森等：《一个科学新领域——开放的复杂巨系统及其方法论》，《自然杂志》1990 年第 1 期。

复杂适应系统理论的核心思想是"适应性造就复杂性",是微观互动和宏观涌现的动态平衡。[①] 从微观层面来看,具有适应性行为的主体能够在一定的规则之下与其他主体或者环境进行互动,通过学习、竞争、合作和协同等行为来不断调整行为策略和提升适应能力,从而达到一种相互牵制的平衡结果;从宏观层面来看,适应性个体之间的互动行为和非线性作用,会在宏观结果上涌现出一个具有新的结构、模式和特点的复杂适应系统。当适应性个体行为出现良性变异以及外部环境的系统性变化时,会打破原有的平衡状态,在宏观层面表现为新层次的产生、分化和多样性的出现等系统性能和结构的突变,形成另一个具有新特质的复杂适应系统,从而推动了复杂适应系统从低级向高级状态演变。[②]

复杂适应系统理论具有七个基本特性,即聚集、非线性、流、多样性、标识、内部模型和积木。其中,前四个是主体在交互过程中表现出来的特性,后三个主要指的是主体在交互过程中存在的机制。[③] 霍兰基于上述七个特性提出了复杂适应系统的理论模型,这个模型包含一个描述微观主体的适应性主体行为模型和一个建立从个体到整体演化的回声模型。具体来看,适应性主体模型主要包括主体执行系统、信用分派机制和发现规则的手段,如图2.3所示。

适应性主体行为模型中最为核心的是执行系统,即是对主体在某个时刻下对环境的反应行为进行设定,具体由一个探测器、一个效应器和一组IF/THEN规则组成。其中,探测器主要用来接收和处理外部输入的信息,代表主体从外部环境获取信息的能力,效应器则是用来输出信息,代表了主体对外部环境做出反应的能力,IF/THEN规则是用来规定在一系列刺激下做出的反应集合。可见,适应性主体行为模型是从微观个体视角对主体的行为规则及其学习过程进行了描述。而

[①] 龚小庆:《经济系统涌现和演化——复杂性科学的观点》,《财经论丛》(浙江财经大学学报)2004年第5期。

[②] 苗东升:《论系统思维(六):重在把握系统的整体涌现性》,《系统科学学报》2006年第1期。

[③] 陈禹:《复杂适应系统(CAS)理论及其应用——由来、内容与启示》,《系统科学学报》2001年第4期。

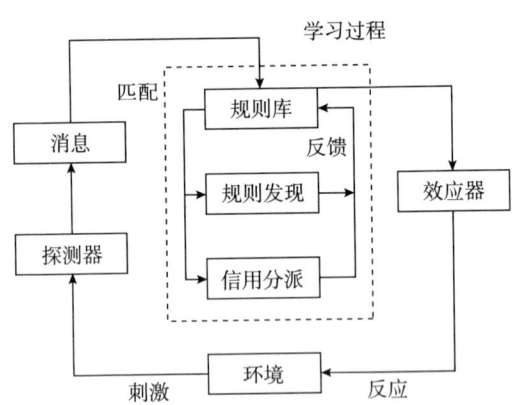

图 2.3 适应性主体行为模型

回声模型则是建立起个体到整体演化的交互规则,其交互过程可以简单概括为:第一步寻找其他可以交换资源的主体,第二步主动接触并与其他主体建立联系,第三步是在其他主体做出反应下进行资源交换。回声模型刻画了主体间进行交互的行为规则,只有当双方都有意向时,才能实现匹配和资源交换,进而推进系统的演化。

复杂适应系统理论的新思路为科学研究开辟了一个广阔的新天地。该理论没有对主体的性质进行特定的限制,因此可以用于解释任何复杂系统,被广泛应用到战略组织设计、供应链管理、创新管理领域、产业集群以及跨国公司、生态系统或人类意识形态等社会科学和自然科学等诸多领域中。特别是近几年来,复杂适应系统理论在城镇和地域系统的应用方面得到了学者的广泛关注。如 Batty 探讨了城市复杂系统的规模、互动、网络、动态和城市形态。[1] 胡俊成等指出城市集群演变体现复杂系统自组织的机理和功能。[2] 侯汉坡等基于 Holland 提出的复杂自适应系统的 7 个基本特征,将城市复杂系统解构为

---

[1] Batty M., *Cities as Complex Systems: Scaling, Interaction, Networks, Dynamics and Urban Morphologies*, New York: Springer, 2009, pp. 1041-1071.

[2] 胡俊成等:《基于复杂系统理论的城市集群研究》,《现代城市研究》2006 年第 7 期。

规划、公共服务、产业、基础设施四个子系统。① 孙梦水等基于复杂适应系统视角探讨了"城中村"的管理，总结了基于"刺激—反应"的政府管理模型和基于回声模型的城中村发展模型。② 陈喆等基于复杂适应系统理论研究了中国传统村落演化适应发展策略。③ 此外，还有学者把复杂适应系统理论与可持续发展研究整合在一起，进而研究复杂适应系统可持续发展问题，且目前成果较少。侯合银剖析了复杂适应系统可持续发展的深刻内涵，指出可持续性是复杂适应系统可持续发展的终极目标，发展是复杂适应系统可持续发展的基础和实现手段，并提出复杂适应系统的可持续发展必须是时空公平性的高度统一，是一个目标价值多元化的过程，具有明显的阶段性等观点。④ 陈明曼等⑤、李娜和仇保兴⑥基于 CAS 理论探索了特色小镇的演化机制、产业发展与空间优化问题。因此，基于复杂适应系统理论思想的新颖性和启发性，本书运用复杂适应系统的理论和方法对特色小镇复杂适应系统进行较深入的研究，具有一定的理论根据和现实可行性。

二 可持续发展理论

可持续发展理论是指导人类社会经济活动的重要理论基础，其理论内涵经历了从生存到发展、再从发展到可持续发展的过程，兼具了"公平、发展、协调、持续"的系统本质，强调"整体的""内生的""综合的"的思维模式，是处理好"人与人""人与自然"的理论基

---

① 侯汉坡等：《城市系统理论：基于复杂适应系统的认识》，《管理世界》2013 年第 5 期。
② 孙梦水等：《基于复杂适应系统视角的"城中村"管理分析》，《中国科技论坛》2013 年第 3 期。
③ 陈喆等：《基于复杂适应系统理论（CAS）的中国传统村落演化适应发展策略研究》，《建筑学报》2014 年第 S1 期。
④ 侯合银：《复杂适应系统的特征及其可持续发展问题研究》，《系统科学学报》2018 年第 4 期。
⑤ 陈明曼等：《复杂适应系统视角下特色小镇的演化》，《工程管理学报》2020 年第 5 期。
⑥ 李娜、仇保兴：《特色小镇产业发展与空间优化研究——基于复杂适应系统理论（CAS）》，《城市发展研究》2019 年第 1 期。

础。① 按照可持续发展概念的提出到可持续发展理论的形成与发展，大致经历了三个阶段，如表 2.5 所示。

表 2.5　　　　　　　　可持续发展理论的发展历程

阶段	代表事件	主要思想观点
第一阶段 (20 世纪 60—80 年代)	1972 年召开"人类环境会议"提出《人类环境宣言》	指出为了子孙后代，保护和改善人类生存环境已迫在眉睫
第二阶段 (20 世纪 90 年代)	(1) 1980 年国际自然资源保护同盟（IUCN）、世界野生生物基金会（WWF）和联合国环境规划署（UNEP）联合制定《世界自然保护大纲》 (2) 1987 年世界环境与发展委员会公布《我们共同的未来》报告 (3) 1992 年里约会议通过的《21 世纪议程》	(1) 初步提出可持续发展的思想，提出人来利用自然资源的同时，还要强调对自然生物圈的有效管理，满足生物圈内所有物种的发展需要 (2) 首次对可持续发展的概念进行定义，即"在满足当代人需要的同时而不损害后代人满足其自身发展需要能力的发展" (3) 为实现人类社会的可持续发展，要改变工业革命以来的"高生产、高消费、高污染"的传统生产方式，建立人与自然和谐发展的可持续发展战略
第三阶段 (21 世纪初至今)	(1) 2015 年联合国发布《变革我们的世界——2030 年可持续发展议程》 (2) 地球系统观、生态文明思想、低碳经济等理论的提出与发展②	(1) 既促进发展，又保护环境，二者必须协调推进 (2) 提出建设新的文明形态和低碳发展方式，实现人与人、人与自然和谐以及人类和地球的可持续未来

中国政府高度重视可持续发展，把可持续发展定为国家战略，并在可持续发展的理论创新和实践上贡献了中国智慧和中国力量。中国可持续发展理论在国家层面最早是 1994 年提出的《中国 21 世纪议程》，确立了中国 21 世纪可持续发展的总体框架和主要目标。③ 随后，

---

① 牛文元：《可持续发展理论的内涵认知——纪念联合国里约环发大会 20 周年》，《中国人口·资源与环境》2012 年第 5 期。
② 齐晔、蔡琴：《可持续发展理论三项进展》，《中国人口·资源与环境》2010 年第 4 期。
③ 冯雪艳：《改革开放 40 年中国可持续发展理论的演进》，《现代管理科学》2018 年第 6 期。

可持续发展理念渗透在社会、经济和环境等方方面面，并在农业、工业、服务业、区域发展、城市建设和人口等领域形成了重要的理论成果。其中，具有代表性的是以牛文元教授为首的中国科学院可持续发展研究团队出版的《中国可持续发展战略报告》，围绕"人与自然"和"人与人"之间的关系构建了中国可持续发展战略的结构体系。①此外，还包括方行明等从可持续发展理念的核心"公平"出发，并深入探讨了代内公平和代际公平之间的关系，厘清当代人与后代人之间的责任关系。②特别是中国进入新时代以来，习近平总书记立足于中国经济可持续发展和全球生态治理的新形势、新任务和新挑战，提出了一系列新时代中国生态文明建设的新理论新思想，如在对人与自然的关系认知上提出"山水林田湖草是一个生命共同体"，对发展与保护之间的矛盾难题提出"绿水青山就是金山银山"的"两山"理念，以及在生态与文明的关系上提出"生态兴则文明兴、生态衰则文明衰"等，充分展现了中国在为世界工业文明转型及全球生态治理上贡献的中国智慧。③

可持续发展理论在探索特色小镇发展路径方面也发挥着重要的指导作用。特别是特色小镇面临资源基础、区位条件、市场规模等发展困境时，运用可持续发展理论能够准确把握住特色小镇转型发展规律，识别出特色小镇发展优势，为特色小镇发展方向指明道路。

三 适应度景观与NK模型

适应度景观和NK模型可追溯到生物进化领域，1932年Wright将适应度景观应用于生物进化研究④，同时把生物进化看作是一个在有山峰和山谷的三维景观上游走或跳跃的过程。其中的每一个位置代表了可能的基因组合，每一个位置的高度代表了物种生存的适应度，

---

① 牛文元：《中国可持续发展的理论与实践》，《中国科学院院刊》2012年第3期。
② 方行明等：《可持续发展理论的反思与重构》，《经济学家》2017年第3期。
③ 刘磊：《习近平新时代生态文明建设思想研究》，《上海经济研究》2018年第3期。
④ Gerrits L., Marks P. K., "How Fitness Landscapes Help Further the Social and Behavioral Sciences", *Emergence Complexity & Organization*, 16 (33), 2014: 1-17.

"山峰"则为基因组合的高适应度,而"山谷"则为低适应度。[①] 1995 年 Kauffman 在 Wright 的适应度景观概念的基础上,提出 NK 模型以定量研究生物的进化。[②] 该模型很好地将适应度景观与复杂系统联系起来,强调了不同基因之间、基因与生物体外在性状都存在相互作用的内在关联,从而导致了基因的变异和外在表现的变化。基因变异有正负向作用,共同影响生物体适应度的变化。影响 NK 模型的基本参数包括基因数目 N、不同基因的上位互动数目 K 以及等位基因数目 A。[③] 在 N 个基因数目中,每个基因有 A 种不同的情况,则所有的组合方式有 A^N 种。除了基因数目 N 之外,生物进化过程的复杂程度还与参数 K 有关,即使基因数目比较少的生物体,可能因为上位互动数目 K 的增大而导致产生的组成结构数量增多,这种特性限制了 NK 模型的应用。基于此,Kauffman 提出的模型应用特指具有相同上位互动数目 K 的结构,旨在达到用统一的参数 K 反映出生物进化的复杂特征的目的。K 的取值范围为 0≤K≤(N-1),当 K=0 时,表示各个基因之间不存在关联;当 K=N-1 时,表示每个基因不仅受自身状态的影响,还要受到其他基因的影响。

在 NK 模型的实际应用中,由于生物体自身结构的复杂特性和基因之间的非线性关系存在,因此无法确定整个生物体的适应度函数。据此,Kauffman 提出了一种简易的计算方式,即从(0,1)均匀分布的随机变量集合中获取随机数,将所得随机数看作该基因对整体适应度的贡献 f_i,那么可以得到:

$$F = \frac{1}{N} \sum_{i=1}^{N} f_i \qquad (2.1)$$

式(2.1)中,F 为生物体的适应度;N 为基因数目;f_i 为基因 i 对生物整体适应度的贡献,该值取决于第 i 个基因本身的等位基因状

[①] 张延禄等:《企业技术创新系统的自组织演化机制研究》,《科学学与科学技术管理》2013 年第 6 期。

[②] Kauffman S., Macready W., "Technological Evolution and Adapative Organizations", *Complexity*, 1(1), 1995: 26.

[③] Gould S. J., "The Origins of Order: Self-Organization and Selection in Evolution", *Journal of Evolutionary Biology*, 13(1), 1992: 133-144.

态以及影响这个基因的 K 个其他基因的等位基因状态。因此，若假定每个基因有两个等位基因，那么第 i 个基因的贡献值就有 2^{K+1} 种可能性。

适应度景观和 NK 模型很好地刻画了复杂结构内部各要素间的相互作用关系对整体适应性的影响，同时还能体现出突变对系统结构的影响，即系统将由稳定状态瞬间跃入极不稳定状态，然后又随即向某一新的稳定状态演化，因此该理论被广泛应用于管理学、经济学、社会和行为科学等不同领域。如 Levinthal 采取适应度景观方法，指出构成组织的各种要素间的相互关系导致了组织崎岖不平的适应度景观，而影响组织的要素变化会带动攀爬轨迹的变化，从而推动组织从一个路径向另一个路径的演进。[1] 又如我国学者刘凯宁等[2]、朱姗姗等[3]、黄春萍等[4]将其运用到商业模式创新路径选择、技术搜索策略以及商业模式创新路径选择和不确定环境下的协作模式选择问题之中，这种研究范式能够很好地解决存在大量可能性组合情形下的路径寻优问题。而特色小镇的发展和演化问题可以看成是一个典型的不确定性问题，会受到各种因素的影响和制约，随着因素间的变动和相互作用，会使得其发展演化过程如同在崎岖不平的景观空间中寻找一条最优的路径，而找到最优路径的关键就在于如何推动各影响因素间的协调以获得更高的适应度。

第四节 本章小结

本章对特色小镇的相关研究和理论进行综述，主要包括三个方

---

[1] Levinthal D. A., Warglien M., "Landscape Design: Designing for Local Action in Complex Worlds", *Organization Science*, 10（3），1999：342-357.

[2] 刘凯宁等：《基于 NK 模型的商业模式创新路径选择》，《管理学报》2017 年第 11 期。

[3] 朱姗姗等：《基于技术位的企业技术搜索策略研究》，《科研管理》2020 年第 4 期。

[4] 黄春萍等：《不确定环境下品牌联盟组织间协作模式选择的计算实验研究》，《中国管理科学》2021 年第 6 期。

面：一是相关概念辨析，包括特色小镇本质探讨、演进历史以及复杂适应系统内涵辨析，指出特色小镇的本质是一种高度聚合的独立发展有机载体，是适应性造就出的一种新模式。并对本研究相关概念的使用进行了说明。二是相关研究综述，包括小城镇发展问题、城市和地域系统的演化、创新集群以及国内特色小镇等方面。三是理论基础，包括复杂适应系统理论、可持续发展理论、适应度景观与 NK 模型等。通过文献和理论的总体把握，找到不足，选择切入点。通过上述三个主要方面的分析，为"复杂适应系统视角下的特色小镇演化研究"这一选题奠定坚实的理论基础。

第三章

复杂适应系统视角下的特色小镇系统研究

特色小镇作为一个高度聚合的独立发展有机载体,突破了行政界线限制,在时间、空间多维度中不断演化发展,是一个动态、开放、复杂的适应系统。而特色标识和特色主体是特色小镇复杂适应系统研究的必然起点。因此,本章首先引入复杂适应系统理论对特色小镇的系统属性进行了判定,并探讨了特色小镇的复杂适应性特征、系统的复杂性及复杂性根源,从而建立起在复杂适应系统视角下的特色小镇系统演化研究的理论框架和学术语境。其次,通过对500余个国内外特色小镇的"特色"分析,初步识别出特色小镇的特色标识和特色主体范畴。再次,进一步剖析10个典型案例,解构出特色小镇复杂适应系统的目标、结构与功能。最后,引入可持续发展理论,对特色小镇复杂适应系统的可持续能力建设进行研究。

第一节 研究基础

一 系统的判定

根据Holland教授提出的复杂适应系统的理论框架,运用"主体"和复杂适应系统具备的七个基本特征,即聚集、标识、非线性、流、多样性、内部模型及积木①，判定特色小镇系统属性，从而建立起本书的基础框架和研究的学术语境。

（一）主体

"主体"是构成复杂适应系统的基本单元。它有自己的目标、结构和生命力，具有主动性和自适应能力。主体的适应性体现在其能够感知外部变化，通过自主学习调整自己的行为。因此，主体是复杂性系统下研究系统演进规律的必然起点。特色小镇的主体是特色小镇建设的参与者，是自适应系统的实体存在。特色小镇的主体能够影响其他要素，也可以被其他要素影响，主体所处的环境是由其他主体所提供的，主体同时也为其他主体提供发展环境。因此，在特色小镇复杂系统中，基本个体单元——人、由人组成的机构或社区以及小镇不同的功能结构均可作为主体进行研究。特色小镇的主体可以是人，也可以是建筑物、交通网络、基础设施、公共服务、历史文化、金融、管理、特色产业或资源环境等各种能承载人类经济活动的载体。

从国外发达国家特色小镇的适应性主体来看，有以金融为适应性主体而形成的格林尼治对冲基金小镇、以高科技产业为适应性主体的硅谷、以飞机发动机制造业为适应性主体的 Sinfin 小镇、以香水制造业为适应性主体的法国格拉斯小镇、以高端饮用水为适应性主体形成的依云小镇以及以会议会展为适应性主体形成的达沃斯小镇等。目前，我国特色小镇是企业家、创新创业者、科学技术人才等主体共同自下而上发展起来的。如依托阿里巴巴云公司和转塘科技经济园区两大平台打造的以云生态为主导的云栖小镇，鼓励和支持"泛大学生"群体创办电子商务、软件设计、信息服务、集成电路、大数据、云计算、网络安全、动漫设计等互联网相关领域产品研发、生产、经营和技术服务的企业的梦想小镇，以及借助中国"天眼"而形成的天文小镇等。此外，还有以金融创新为适应性主体形成的玉皇山南基金小镇、以影视文化为适应性主体形成的横店影视城、以高端制造为适应

---

① ［美］约翰·H.霍兰：《隐秩序：适应性造就复杂性》，周晓枚、韩晖译，上海科技教育出版社 2011 年版，第 58 页。

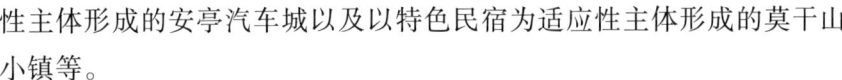

第三章 复杂适应系统视角下的特色小镇系统研究

性主体形成的安亭汽车城以及以特色民宿为适应性主体形成的莫干山小镇等。

(二) 聚集

聚集,是主体的聚集,是主体间的关系特性。在复杂适应系统中,较为简单的主体通过"聚集"会涌现出复杂的大尺度行为,形成更高一级的聚集体。而聚集体又会通过"聚集"形成介主体、介介主体。可见,聚集促使简单主体形成具有高度适应性的聚集体。

就特色小镇而言,特色小镇的形成是人、创业群体、企业、机构、设施、服务、管理和资本等主体在空间上的聚集。这些大大小小的主体聚集决定了特色小镇的发展规模、结构和复杂程度。同时,主体的聚集降低了交流和创新成本,实现了知识共享,有助于新产业、新经济、新载体的出现,特别是现代服务业的衍化和创新。如科技的聚集造就了硅谷、企业和人才的聚集形成了梦想小镇、金融的聚集形成了玉皇山南基金小镇、旅居者的聚集孕育了莫干山民宿小镇等。

(三) 标识

标识是主体在环境中搜索和接收信息的具体实现方法,决定了个体或主体的识别、选择与聚集。在复杂适应系统中,主体通过一系列的信息来识别、分类、匹配,从而调整自己的行为。在主体聚集形成复杂适应系统的过程中,标识起着重要的指引作用,是系统内要素流动以及要素重组的关键所在。通过标识可以区分各个主体的特点,有效促进主体之间的相互选择,形成适应系统发展趋势的聚集,产生非线性的涌现效应,增强原主体的功能和适应能力。主体在标识指引下的选择性互动过程中会不断孕育出新的标识,为系统提供新的耦合和聚集的可能性。标识解决了系统整体性和主体个性之间的矛盾,避免了偏向整体性而致的同质化和偏向主体个性而致的效率低下的问题。

就特色小镇而言,标识是某类别特色小镇形成的联系纽带,是适应性特色主体形成的重要内容。特色标识是特色小镇主体特异性的关键。现阶段,依托比较优势发展的特色小镇正是基于特色标识的实践。差异化导向的标识有利于打造产业特色鲜明、要素集聚、宜业宜居、富有活力的精品小镇,形成产业特而强、功能聚而合、形态小而美、机制新而活的发展平台,构建起各美其美、美美与共的特色小镇格局。如国家发改委在"第一轮全国特色小镇典型经验"总结推广中提出的浙江德清地理信息小镇、杭州梦想小镇、福建宁德锂电新能源小镇、江苏镇江句容绿色新能源小镇、山东济南中欧装备制造小镇、黑龙江大庆赛车小镇、浙江诸暨袜艺小镇、广东深圳大浪时尚小镇、吉林长春红旗智能小镇、广东佛山禅城陶谷小镇等16个典型案例,其中的地理信息等新兴产业、智能制造、时尚产业、苏绣等特色文化等就代表了小镇发展的不同标识。

(四)非线性

非线性是指系统中的主体以及主体之间是非线性的动态作用关系。主体行为的非线性特点本身就决定了系统是一个非线性的时空。系统主体之间的相互作用不是单一、被动的因果关系,而是主动地适应关系。虽然以往的发展轨迹无法消除,但以往的决策管理经验会对未来的行为决策产生非线性作用。

以特色小镇的主体为例,特色小镇的主体可以是人,也可以是建筑物、交通网络、基础设施、公共服务、历史文化、金融、管理、特色产业或资源环境等各种能承载人类经济活动的载体。各种主体的属性不同,有物质的和非物质的,有具象的和抽象的。同时,各种主体之间并非相互独立,而是交互联动。各种主体之间的相互作用反映出复杂的非线性关系,而不是简单的线性关系,无法用一个统一的公式来表现。

(五)流

"流"是关于系统中各种各样具体要素流动的抽象概念。"流"始终在系统中循环流动,呈现一个持续动态的过程。"流"具有乘数效应和循环效应。"流"的速度与规模决定了系统发展的活力,直接影响系统的演化进程。因此,"流"的高速流动可通过有限空间创造出无限可能,是系统正常运行的基本条件。"流"的顺畅流动能促进主体的相互协调互动,反之则会割断主体间的联系。

在特色小镇复杂适应系统中,主体之间通过人流、物质流、能量流、信息流和资金流等产生直接联系,特色小镇发展的活力与这些要素流的质量和强度直接相关。以杭州玉皇山南基金小镇为例，小镇在税收奖励、办公用房补贴以及人才落户奖励等方面予以扶持，引进资源，打破地方隔离。另外，上城区政府在培育和引进各类私募基金等核心业态时，配套引进与其业务密切相关的机构、产业、配套和支持部门，进一步加快人流、物质流、信息流、资金流等要素的流动，构建出完备的私募基金产业链和生态系统。

（六）多样性

复杂适应系统的主体在相互作用和不断适应环境的过程中，主体之间的差距会越来越大，导致主体朝不同的方向发展，最终形成分化。这是由于不能适应环境变化的主体会被淘汰消失，进而产生填补这一空缺的新的主体，表现出系统的多样性。同样，特色小镇的适应性也是一个分化过程，形成了特色小镇结构的复合性和形态表现的多样性。对于特色小镇来说，主体是在其他主体为其创造的环境中存在的。因此，其他主体的变化会引起该主体自身的变化，这种适应过程时时发生，每一次适应过程的完成又为下一次适应开辟了新的可能性，从而保持特色小镇复杂适应系统的持续更新。因此，多样性保持着系统整体的恒新性。

以美国硅谷和法国依云小镇为例。硅谷早期的仙童半导体公司是硅谷成长的重要基石。其8位创始人来自诺贝尔奖得主肖克利的半导体实验室，为硅谷孕育了成千上万的技术和管理人才。而随后又从仙童分化出去创立新的公司。据不完全统计，从仙童出走的工程师和技术员在硅谷创立了上百家公司，也正是他们创造了硅谷。这种"分化—生成—再分化"保持着硅谷构成要素的多样性，维持硅谷系统的恒新性。依云小镇发端于机缘巧合，Cachat的快速市场反应，使依云矿泉水成为独一无二的特色产品。在拿破仑三世及欧洲贵族的推波助澜中，依云镇也从初期的"疗养胜地"演变为"高端饮用水产地"。在地方政府和驻地居民的广泛参与下，依云逐步演变为"水主题养生度假胜地"，再到聚集旅游度假、运动、商务会议等"多种功能的综合性养生度假区"，现在的依云已成为时尚、健康、国家化的象征。

（七）内部模型

内部模型，即主体或系统积木块之间的互动规则，是一种内部机制或行为机制、作用机制。它解释了系统中诸如怎样合理区分层次、不同层次的规律之间怎样相互联系和相互转化等问题。通过内部模型，主体可以基于一定的经验对事物进行前瞻性的预判，从而做出适应性行为决策。因此，内部模型是动态发展的，随着系统的变化而适应性变化，从低水平不断向高水平演化发展。在复杂系统中，内部模型有隐性和显性之分，两者相互依存。前者是一些约定俗成的常识理念、道德准则和人际关系规则等，较为灵活，随着外部的变化而呈现多样性，没有强制的约束力。后者往往是制度化、公开化和普遍化的法律规范和行为制度等，规则明确，较为固定，具有一定的时滞性。

就现阶段我国特色小镇的发展而言，内部模型显性表现在产业规划、企业准入、人才引进、生态环境保护、税收奖励等政策制度和运营管理等体制机制的创新上。

（八）积木

积木是指构成系统的简单构件。它的突出特点在于组合作用，单独的积木不能体现整体功能的发挥，将不同的积木按照一定的空间位置、作用方式等进行耦合，构筑出整个系统的复杂性，产生新的系统内在模型，所形成的复杂系统能实现单个子系统积木所不具备的整体运作功能。可见，根据考虑问题的不同层次，积木既可以封装，也可以拆封。前者把下一层次的内容和规律（内部模型）"封装"起来，作为一个整体参与较高层次系统的相互作用，便于研究者把注意力集中在研究这个积木和其他积木之间的互动规律上，即研究更高层次系统的内部模型，从而科学分析系统的形成和演变以及各子系统之间的作用机理。后者有利于把每一个子系统视为一个完整系统进行分析，从而研究具体子系统内部的规律。

以云栖小镇为例，云栖小镇的创新生态圈由创新牧场、产业黑土及科技蓝天三个子系统构成，各个子系统可看作相对简单的积木。其中，"创新牧场"子系统积木通过整合世界一流的设计、研发、制造、检测、电商、融资等基础服务，专注于扶持和帮助创业创新的中小企业成长。通过全新的服务体系，让云栖小镇成为"大众创业、万众创新"的沃土。"产业黑土"子系统积木即建设西湖创新研究院、互联网工程中心等，助推传统企业主动拥抱互联网，加快实现"互联网+"。"科技蓝天"子系统积木即建成一所国际一流的民办研究型大学——西湖大学。三者相互组合，共同推动云栖小镇成为创业创新的圣地、创新人才集聚的高地、科技人文的传承地、云计算大数据科技的发源地。

综上所述，特色小镇系统的复杂适应性基本特征如表 3.1 所示。

表 3.1　　　　特色小镇系统的复杂适应性基本特征

基本点	关键词	注释
主体	活体；自适应	能够感知外部变化，可通过自主学习调整自己的行为。主体可以是人，也可以是建筑物、交通网络、基础设施、公共服务、历史文化、金融、管理、特色产业或资源环境等各种能承载人类经济活动的载体
聚集	主体；涌现	有两层含义。一是个体聚集为主体，主体聚集为介主体，介主体再聚集为介介主体，形成层次组织；二是聚集效应产生涌现。如从乡村到小城镇再到特色小镇；从人到政府、企业、第三方机构等的聚类；从个体到企业、企业集团、到产业、再到经济系统等
标识	选择；聚集	标识产生聚集，形成主体/介主体/介介主体。不同主体有不同标识。首先，特色小镇的类型多样就在于拥有"特色"标识不同；其次，小镇内部政府、企业、集体经济组织、第三方服务机构等各个主体的标识属性不同；最后，特色小镇系统的社会、产业、文化、自然生态、管理等子系统的标识也不同
非线性	干扰；复杂	事物间关系不确定，非线性，干扰聚集，引起动态复杂性。特色小镇各个主体间及与环境间的适应是非线性的，受经济、社会、政策、市场等内外部环境条件的制约及时空影响，每次适应过程和程度及反馈都不一样，且为不可还原的，系统演化为耗散结构，始终处于动态变化之中，系统始终远离平衡态
流	乘数；循环	"流"是特色小镇系统的活力体现。人流、能量流、物质流、信息流等贯穿其中。多种"流"表现为多种形式的交换，呈现出错综复杂的状态。流的乘数效应和循环效应反映出通过有限空间创造无限可能的超系统特征

续表

基本点	关键词	注释
多样性	分化；恒新	多样性是不断适应的结果，具有分化和恒新特点。从静态来看，特色小镇的多样性包括主体的多样性、内部功能的多样性，及系统结构的多样性。从动态上看，由自适应造成的复杂多样性，系统中任一主体的轻微变化都会带来多样化的改变
内部模型	机制；预知	有一定的预知能力，可根据环境的变化进行自身的调整。内部模型有显性（较固定）和隐性（较灵活）之分
积木	组合；推导	积木是内部模型的基本要素。积木的多种组合可推导出内部模型的多样性。由于积木可封装也可拆封，因此特色小镇系统的积木选择具有相对性。有些小镇能实现跨越式发展，正是积木的不同组合造成的

复杂适应系统的八个重要概念，即主体、聚集、流、特色标识、非线性、多样性、积木和内部模型，为复杂适应系统视角下的特色小镇系统性研究打下了理论基础。其中，特色主体是特色小镇复杂适应系统形成的重要基石，是适应性发展的重要产出结果，是研究特色小镇系统的起点；聚集是特色小镇主体形成的主要运动形式；"流"是主体间相互作用的载体；特色标识决定了"流"的方向和速度，是形成主体的动力所在；非线性是主体间的相互作用关系；多样性是特色小镇主体异质性和恒新性的重要保障；积木和内部模型是特色小镇系统构成要素和各个子系统间互动的行为规则或行为机制。由此可判定，特色小镇系统是一个复杂适应系统，为下文研究复杂适应系统视角下的特色小镇系统奠定坚实理论基础。

二 系统复杂性的根源

已有研究表明，复杂适应系统的组成要素与要素之间、系统规模与各子系统之间的非线性关联形式、系统的开放性与系统复杂空间结构构成了系统的复杂性。其中，相互非线性关系的复杂性是系统复杂性的主要表现。苗东升指出复杂性的根源包括开放性、结构的复杂性、非平衡态的复杂性、非线性的复杂性、主动性以及能动性的复杂等。[①] 陈彦

---

① 苗东升：《复杂性科学研究》，中国书籍出版社2013年版，第38页。

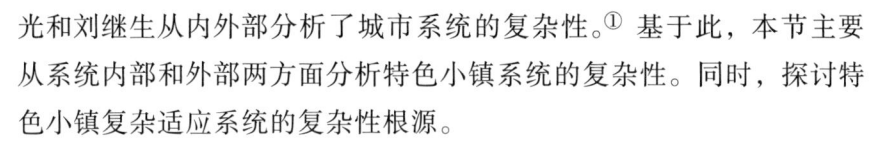

光和刘继生从内外部分析了城市系统的复杂性。① 基于此，本节主要从系统内部和外部两方面分析特色小镇系统的复杂性。同时，探讨特色小镇复杂适应系统的复杂性根源。

（一）特色小镇系统的复杂性

特色小镇系统内部的复杂性主要表现在主体和结构上。首先，在主体的复杂性上，一方面，特色小镇复杂适应系统由大量众多的微观主体相互联系形成，如政府、创新创业者、企业、房地产开发商、咨询公司、社会大众等，呈现出主体的多样性。另一方面，特色小镇复杂适应系统的主体是"活体"，具有自主学习的能力，能够对外部环境的变化进行记忆，并形成模块，当再次碰到类似变化时能够进行相应的表征，适应环境的时时变化。其次，在结构的复杂性上，一是各个系统、子系统和各个组成要素自身是随着外部环境的变化而演化发展的；二是在相互关系上，主体间、主体与环境间的相互作用形式是非线性关联形式，能在一定条件下涌现出新的主体或稳定的组织行为模式等。据此循环往复，系统中的每个新层次将具有新的关系和特性，进而演变出更高层次的复杂性。特色小镇复杂适应系统的结构由微观主体系统和智慧系统、物理支撑系统、动力系统以及平衡保障系统等一般系统构成。而各个系统又由其他众多子系统构成。如物理支撑系统下的基础设施子系统，又包括电力、通信、给排水、燃气、供热、防灾、道路与交通、能源及环境卫生等。最后，各个系统、子系统的构成要素以及系统之间的相互关系、相互作用秩序和作用方式是复杂的。

特色小镇复杂适应系统外部的复杂性主要体现在三个方面。一是外部环境复杂，包括了自然资源环境、经济、市场、社会文化、政策环境等。其中，自然资源是指天然存在的有利用价值的自然物，包括土地、矿藏、水、生物等。复杂多样的自然资源环境为特色小镇提供了物质基础。经济环境是特色小镇的经济基础，决定了其发展速度。

---

① 陈彦光、刘继生：《城市系统的内部—外部复杂性及其演化的 Stommel 图》，《经济地理》2007 年第 1 期。

市场环境瞬息万变，特色小镇的经济状态决定了其在市场中的比较优势和发展定位。社会文化环境包括了社会结构、社会风俗、价值观念、消费习惯、文化传统等方面，是影响特色小镇众多变量中最复杂、最深刻的变量。政策环境是特色小镇是否能稳定生存演化的重要条件。它包括了环境的稳定性以及相关政策、制度、法律、法规等。二是管理协同复杂。特色小镇系统涵盖了特色产业的选择与培育、旅游项目开发、土地开发、房产开发、产业链整合开发、文化建设以及城镇建设开发，涉及城镇、文化、旅游、产业、投融资、项目建设、招商、运营管理等各个领域，是一个需要综合开发与运营的复杂系统。因此，作为一项复杂的系统工程，特色小镇涉及多个管理主体，如在政府层面包括建设、土地、发改、财政等多部门，企业层面包括房地产开发公司、建筑公司、勘察设计、咨询服务等。特色小镇复杂适应系统的责任主体众多，造成管理边界划分模糊，容易存在管理空白或管理重叠之处，管理协同复杂。三是信息复杂。特色小镇一头连着城，一头连着乡，是打通城乡一体化通道的关键。特色小镇作为我国经济、产业、人口发展的主要载体，发挥着产业转型升级、经济动能转换、就地就近城镇化、创新空间、文化传承以及破解"城市病""乡村病"等重要功能。可见，特色小镇收纳的信息涵盖了经济社会发展、城镇建设等多领域、多部门、多个体，形成多层次的信息网络，呈现出高度复杂性。同时，信息的产生、编辑、传送等存在着时空差异，且在信息的处理上，均表现出高度的复杂性。此外，作为新生事物，特色小镇复杂适应系统还具有高度的敏感性。

（二）特色小镇系统复杂性的根源

复杂适应系统通常是通过异质性主体之间的非线性作用而形成一定自组织结构，这一结构支配着物质流、信息流、能量流等要素流动，同时也改变着原有结构。因此，异质性主体、非线性作用以及流是复杂系统形成的要素。其中，异质性主体的固有属性是系统复杂性的根源，即适应性造就复杂性。特色小镇作为复杂适应系统是适应性造就出的一种新模式。因此，探讨特色小镇的适应性是深刻理解特色小镇复杂性的关键所在。

第三章 复杂适应系统视角下的特色小镇系统研究

适应性是主体为满足自身生存与可持续发展，对外部变化所做出的一系列被动调节和主动干预的过程。它包括两层含义：一是被动适应，即外部变化作用于适应性主体，适应性主体被动调整自己以适应外部变化，体现的是适应性主体面对外部变化的反应能力。二是主动适应，即主体为满足自身可持续发展需求主动改变外部环境或其他主体①，体现的是对外部变化的干预能力。系统主体的适应性过程经历了外部变化刺激、主体反应、适应调节、反馈 4 个阶段，适应过程机制如图 3.1 所示。在多主体构成的复杂适应系统中，任何一个子系统的变化都会导致系统整体的变化。随着适应性主体量级的升级，适应性造就出系统动态复杂性特点。

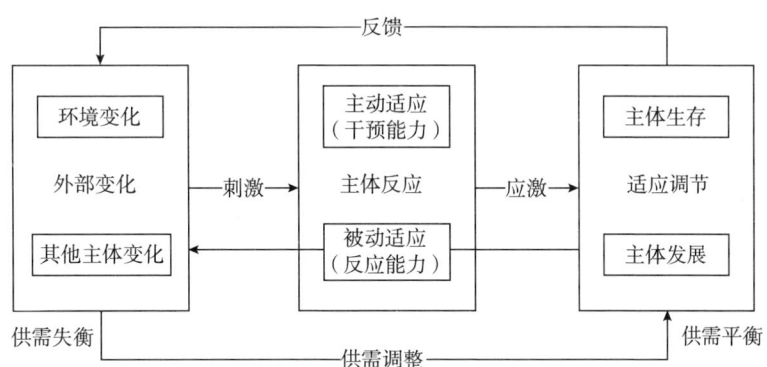

图 3.1 适应的过程机制

复杂适应系统理论视角下的特色小镇系统包括政府、创业者、企业、专业服务机构、金融机构以及小镇居民等众多基本主体②，也包括建筑物、交通网络、基础设施、公共服务、历史文化、金融、管理、特色产业或资源环境等各种能承载人类经济活动等带载体性质的主体。各个适应性主体互为环境，相互作用。适应性主体依赖于环境生长，一旦环境发生变化，主体将会对环境变化做出实时反应，并通

---

① 张吉福：《特色小镇建设路径与模式——以山西省大同市为例》，《中国农业资源与区划》2017 年第 1 期。
② 陈光义：《大国小镇：中国特色小镇顶层设计与行动路径》，中国财富出版社 2017 年版，第 48 页。

过自身不断学习在变化的环境中实现自我生存和发展。同时，适应性主体又改变了外部环境和发展条件，影响系统演变状态。而环境的改变又影响着主体自身及其他主体的变化发展，向更高的复杂层次运行。适应性主体和环境条件的不同，适应的程度和过程也不同。通常来看，在对外部环境的改变与影响上，物质系统要先于非物质系统。如图3.2所示。就政府主体来说，政府主动适应环境，通过监督管理、制定政策以及奖励惩罚等行为（特别是土地要素保障、财政支持、人才政策、投融资政策、体制机制创新等方面），改变小镇公共

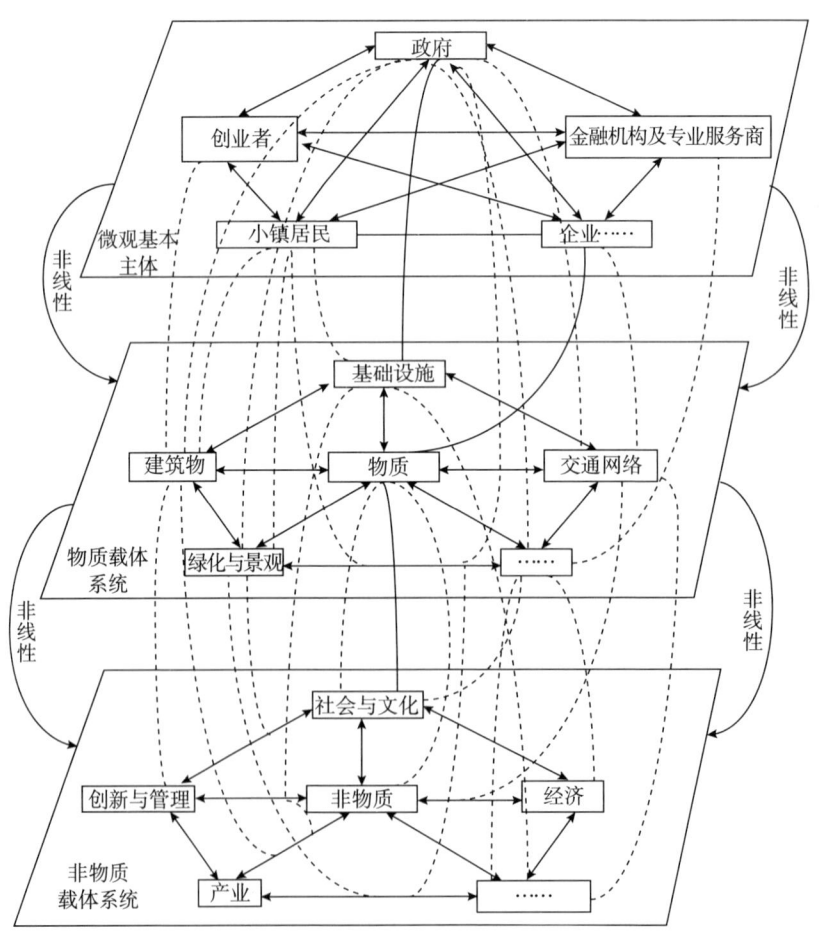

图3.2 特色小镇复杂适应系统适应演化的交互性与复杂性

服务、基础设施、社会保障体系、产业发展等物质与非物质环境系统，并影响其他主体的供需，改变其行为决策，如集体经济组织是否合作、企业是否投资、流动人口是否选择就业、专业服务机构是否参与方案设计等，从而构建出动态变化的特色小镇复杂系统。

第二节 研究设计

一 研究内容与方法

本节主要研究特色小镇复杂适应系统的特色标识和特色主体，系统目标、结构和功能等内容。目前，基于复杂适应系统理论视角的特色小镇相关研究缺乏较为成熟的成果，因此本章主要采用案例研究法和内容分析法进行研究。主要研究内容包括：一是通过大量国内外特色小镇案例的研究以及基于国家各部委和地方关于特色小镇培育政策的关键性内容提取与分析，探究复杂适应系统视角下的特色小镇的特色标识和特色主体；二是通过典型特色小镇案例研究，深入分析复杂适应系统视角下的特色小镇的目标、结构和功能等；三是引入可持续发展理论，探寻特色小镇复杂适应系统可持续能力的建设维度和结构。通过上述研究，旨在建立起复杂适应系统视角下的特色小镇系统理论认知框架，为后文研究特色小镇复杂适应系统的自适应演化奠定坚实的理论基础。

二 案例的选择、收集及样本确定方法

（一）案例的选择要求

为了保证研究结果的科学性与合理性，案例的选择应遵循以下要求：一是研究样本量要充足，以保证特色小镇的多样性和整体性。由于我国特色小镇是一新生事物，上下认识尚不统一，本质及机理性探讨不足，因此研究其系统应尽可能地涵盖现在名目繁多的特色小镇，以确保所选取的案例的容量足够大。同时，要考虑特色小镇系统研究的多视角，特别是实际操作层面和政府政策视角，以避免遗漏某一类别案例，保证研究的整体性。二是研究案例要有代表性和准确性。

2019年4月19日，国家发改委规划司在浙江省湖州市德清地理信息小镇召开全国特色小镇现场经验交流会，会上将两批403个"全国特色小镇"更名为全国特色小城镇，淘汰整改了一批"虚假特色小镇""虚拟特色小镇"以及触碰红线的特色小镇等"问题小镇"。可见，特色小镇已进入规范纠偏和自查自纠工作常态化的阶段。因此，选取有代表性和准确性的研究案例意义重大。同时，与国外发达国家特色小镇相比，我国特色小镇发展还不成熟。因此，有必要选取国外成功的特色小镇案例进行研究，借鉴国外发达国家经验，以体现出特色小镇系统鲜明的特征与结构。三是研究案例要有完整性和有效性。由于特色小镇在我国是一新生事物，案例不一定能收集到丰富资料，从而造成研究结果出现偏差、研究停于表面。因此，需要对案例进行二次筛选，选取出具有更加翔实资料的案例作为典型案例，以确保研究的有效性。

（二）资料来源与样本确定的方法

由于本章的研究主要采用质性研究方法，因此，本章在分析过程中注重多元方法（三角交叉检视法）的应用，即在资料收集上注重多重证据来源，增强资料的说服力与可信度。本书的资料来源于五个方面：一是特色小镇专业网站，如特色小镇网等；二是国家相关部委公布的特色小镇典型案例、各主要省份公布的特色小镇清单管理名单等；三是专业期刊和书籍，其中期刊包括城市规划、规划师、城乡规划、小城镇建设等，书籍包括《特色小镇——中国城镇化创新之路》《大国小镇：中国特色小镇顶层设计与行动路径》《中国特色小镇白皮书（2017）》以及《中国特色小镇2021年发展指数报告》等；四是重要新闻报道和报纸，包括人民网、新华网、中国城市规划网等；五是实地调研，收集一手资料。

本书需要构建案例集和选取典型案例。其中，案例集构建的具体步骤如下：①通过特色小镇专业网站采集关于美国、英国、德国、法国、意大利、瑞士、日本特色小镇案例作为国外特色小镇的基础案例集；②特色小镇源于浙江省，且浙江省是全国第一个全面启动特色小镇建设工作的省份，已形成了较成功的实践经验。从2017年到2021

年浙江省人民政府已命名了五批省级特色小镇。因此，首先将浙江五批共计60个特色小镇纳入国内特色小镇基础案例集。其次，将国家发改委推广的两轮共计36个独具代表性的优秀特色小镇纳入国内特色小镇研究案例库（剔除与浙江省人民政府命名的五批省级特色小镇重复的小镇4个）。最后，特色小镇作为新时代下的新生事物，我们仍处在不断的理论与实践探索阶段，特别是2019年国家开始对各类特色小镇进行整改淘汰，2020年《国务院办公厅转发国家发展改革委关于促进特色小镇规范健康发展意见的通知》（国办发〔2020〕33号）出台，提出以各省份为单元，对全国特色小镇全面实行清单管理，为全国特色小镇发展提供了基本遵循，是特色小镇健康发展的重大转折点。因此，在全面性、精准性的原则上，基于国家政策的变化，我们重点对国家发改委公布的两轮全国特色小镇典型经验覆盖的相关省份（浙江、吉林、辽宁、江苏、江西、安徽、福建、陕西、重庆、四川、山东、广东、河北、河南、天津、湖南）公布的2020年以来的特色小镇创建名单或考核评估结果为优秀的小镇（不含培育、试验小镇）进行研究，并纳入国内特色小镇基础案例集，共计234个（剔除了资料信息不全的43个特色小镇和已经在国家发改委公布的两轮全国特色小镇典型经验名单中的精品特色小镇13个）。③以特色小镇网等相关领域影响较大的专业期刊和主要书籍中的主要特色小镇案例为补充，以确保研究的完整性和代表性，共补充案例12个。同时，通过专业期刊、主要书籍、重要新闻报道和报纸以及实地走访的方式对案例进行资料补充。当资料不充分时，再通过百度、GOOGLE等搜索引擎补充资料，保证资料来源的客观性。④二次筛选。当案例无法收集到特定资料时，为了避免研究结果偏差，一方面需要进行二次筛选，即从基础案例集中剔除资料严重不足的案例。另一方面，选取典型案例。根据案例的典型性、区域性，资料的可获取性、完整性和小镇的影响力，确定出本书的研究案例。

三　分析工具与应用

（一）八爪鱼采集器

八爪鱼采集器是基于Firefox内核浏览器，通过模拟人的思维操作方式，从各种不同网页提取大量的规范化数据，实现数据自动化采集，摆脱对人工搜索及收集数据的依赖。相比常用的 Python 爬虫来说，操作简单，无须专业编程知识，即可批量化精准采集出用户所需数据，降低获取信息的成本，提高效率。此外，该采集器还可以实现定时采集，实时监控，数据自动去重并入库，增量采集，自动识别验证码，API 接口多元化导出数据以及修改参数。同时，利用云端多节点并发运行，采集速度将远超于本地采集（单机采集），多 IP 在任务启动时自动切换还可避免网站的 IP 封锁，实现采集数据的最大化。本节使用八爪鱼 7.3.4 版本采集"特色小镇网"数据。

（二）工具的应用

以"特色小镇网"收集美国特色小镇数据为例。

采集网站：http：//www.51towns.com/search/parsence/1？name＝%E7%BE%8E%E5%9B%BD。

数据说明：在"特色小镇网"界面搜索"美国"，即展示出所有美国特色小镇案例信息。在要采集的 URL 打开后，直接以案例信息区块建立列表循环，采集需要的数据。

具体字段：特色小镇名称、主导产业、基本情况、现有基础。

使用功能点：分页列表内容页的信息采集。

步骤与流程：创建采集任务—创建翻页循环—循环点击一组链接（循环）—信息采集与编辑—数据采集以及导出。具体流程如图 3.3 所示。

首先，由于该采集器是对区块信息进行采集，还需要根据实际情况对所采集信息进行清洗，剔除资料严重不充分或重复案例（以美国为例，合并重复案例，即美国波特小镇）。其次，通过第一节介绍的渠道和方法，从该领域影响较大的专业期刊和主要书籍中，补充并完善美国特色小镇典型案例（主要包括格林尼治对冲基金小镇、硅谷、航空小镇等）。同时，进行相互验证，整理和分析出更翔实与精准的特色小镇的特色标识和特色主体信息，最终得到 23 个美国特色小镇案例样本。英国、德国、法国、瑞士等其他国家特色小镇数据提取方法相同，这里不再赘述。整体结果见附表一。

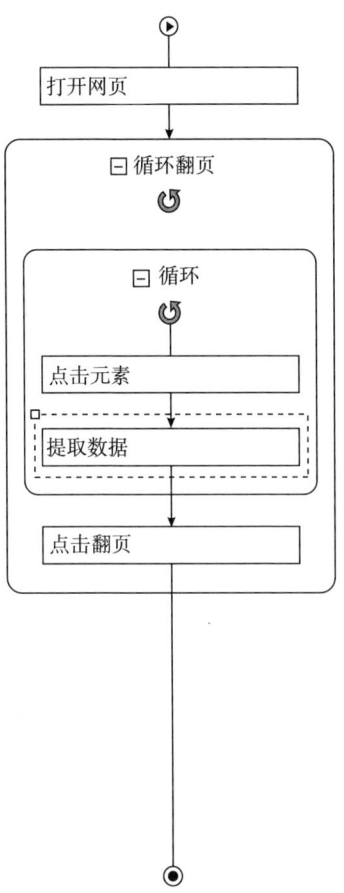

图 3.3　采集流程

四　信度与效度

本章采取的研究方法为案例研究法，属于质性研究。在提高信度与效度方面做了以下处理。

（1）从特色小镇专业网站、主要期刊、书籍中选取案例。其中，特色小镇网（http：//www.51towns.com/search/parsence/1？name＝%E7%BE%8E%E5%9B%BD）是由浙江长三角城镇发展数据研究院发起并运营的专业网站，是国内首个通过大数据技术专业对接特色小镇和社会资本的网络服务平台。浙江长三角城镇发展数据研究院（TD-

DR）成立于2014年，是由浙江省商业集团和嘉凯城集团联合发起设立的科技型非营利组织，以城镇发展领域的数据库建设和基于数据的研究咨询服务为主要业务。现阶段，特色小镇网已汇集了全球2462个特色小镇。在期刊上，包括了城市规划、小城镇建设和城乡规划等在该领域影响重大的期刊。通过公认的较权威案例资料的收集，尽可能多地囊括更多类别的成功小镇，以确保特色小镇系统研究的稳定性、可靠性和有效性。

（2）多案例交叉验证，避免资料的错误和不完整。建立多重证据来源，使用多种来源渠道收集资料，同时采用三角鉴定法进行资料的相互验证，提高了资料的准确性和完整性。

（3）从实际案例和政策制度的双视角进行研究，避免单一视角带来的解释偏差。其中，实际案例的收集如前（1）（2）所述。政策制度方面，包括了国务院、国家发改委、住建部、财政部、国土资源部、农业部、体育总局、林业局等国家各部委和主要省份的政策要点。

第三节　特色小镇复杂适应系统的特色标识和特色主体

根据复杂适应系统理论，主体在标识的指引下聚集形成复杂系统。主体和标识是研究复杂适应系统的必然起点和重要单元。因此，特色小镇复杂适应系统是一个基于特色标识和特色主体发展的动态演化系统。其中，特色主体是在特色标识的指引下形成的。经历了工业化和城镇化的欧美发达国家，在城市、产业、市场与社会等各方面发展的刺激下，已形成了形态各异、主体鲜明的特色小镇。如法国格拉斯香水小镇、日内瓦湖南岸的依云小镇、德国富森天鹅堡、美国宾夕法尼亚州的巧克力产业小镇——好时镇、佛罗里达斯普鲁斯航空小镇以及瑞士格劳宾登州的达沃斯镇等。这为探索我国特色小镇发展之路提供了可借鉴的国际经验。基于此，本小节通过对国内外大量特色小镇案例的研究，初步识别出特色小镇的特色标识和特色主体的范畴，旨在为后文研究特色小镇复杂适应系统以及演化奠定基础。

一 国外特色小镇的特色标识与特色主体

根据第三章第二节的研究设计，本节收集了国外特色小镇样本149个。其中，美国占比15.4%、英国占比22.8%、德国占比14.8%、法国占比15.4%、意大利占比4.7%、瑞士占比12.1%、日本占比10.1%及其他国家占比4.7%。国外特色小镇的特色标识与特色主体结果详见附表一。

从附表一分析可知，国外发达国家特色小镇的特色主体可以大致分为十个大类（见图3.4）：一是旅游与文化，占比69.1%，以海滨休闲、生态、民族、度假、自然风貌、地域风情、游玩娱乐设施、会议、历史文化与建筑（如中世纪古堡）、庄园文化、文化创意、工业与名人遗迹、宗教、世界文化遗产（物质与非物质文化）以及文化艺术等为特色标识；二是体育产业，占比7.4%，以滑雪、户外徒步、登山等户外运动为特色标识；三是教育产业，占比4.0%，以世界著名大学为特色标识，如斯坦福大学、哈佛大学、麻省理工学院、爱荷华州立大学、牛津大学、剑桥大学、雷根斯堡大学等；四是康养产业，占比2.7%，以温泉疗养与健康养生（国际一流的医疗与康复产品服务）为特色标识；五是新兴信息产业，占比2.7%，以电子工业和计算机等高科技为特色标识，集聚高级研究机构与大学；六是清洁能源，占比2.1%，以太阳能等清洁能源的研发、设计、使用等为特色标识；七是金融产业，占比1.3%，以对冲基金、私募基金等为特色标识；八是高端装备制造业，占比1.3%，以行业巨头为特色标识，如全球化工巨头巴斯夫、大众总部以及蓝拓公司、Ruckstuhl、安迈集团等集聚的全球纺织品总部；九是时尚产业，占比1.3%，以消费者独特的需求为特色标识，如香水、当代艺术博物馆等；十是其他特色产业，涵盖葡萄酒产业、航空业、特色农产品等，占比8.1%，以地域特色产品或新消费业态为标识。

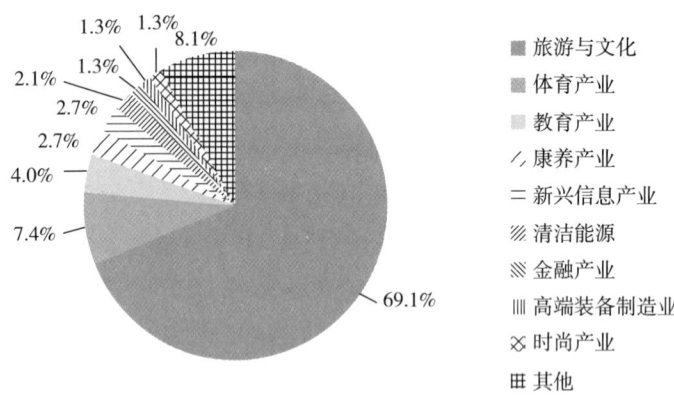

图 3.4　国外小镇不同特色主体占比

二　国内特色小镇的特色标识与特色主体

与国外发达国家相比，我国特色小镇尚处于初步发展阶段。为了更加系统且全面分析特色小镇的特色标识与特色主体，我们从国家政策动向和研究机构成果、企业实践以及具体案例三个层面着手。其中，国家政策主要是指国家相关部委公布的特色小镇典型经验案例，研究机构主要是指易居企业集团·克而瑞、杭州数亮科技股份有限公司、国信中小城市指数研究院等专业化研究平台。企业实践包括碧桂园、恒大、华夏幸福等企业建设的特色小镇。

从国家政策动向和相关研究机构的成果来看，我国特色小镇的特色主体划分不一。从相关政策上看，目前我国特色小镇进入高质量发展的2.0阶段，战略意义更加凸显，类型覆盖聚力发展主导产业、促进产城人文融合、突出企业主体地位、促进创业带动就业、完善产业配套设施、承接改革探索试验等多种类型。从特色小镇发展的构成要素看，特色主体包括了特色产业、美丽环境、特色文化、便捷的设施服务、完善的公共服务以及灵活的体制机制等主体；从产业的划分上看，特色主体可以分为：特色农业、商贸物流、高端制造、信息产业、科技教育、旅游与文化、传统特色产业以及生物制药、节能环保、海洋产业、边境贸易、金融产业、体育运动休闲产业、养生养老等。如表 3.2 所示。

表 3.2　中国特色小镇的特色主体（国家和地方主要政策以及相关研究机构视角）

国家层面

时间	单位	政策/研究成果	特色主体
2019年4月	国家发改委	2019年全国特色小镇现场会	推广"第一轮全国特色小镇典型经验"，即16个精品特色小镇的打造新兴产业集聚发展新引擎，探索传统产业转型升级新路径，开拓城镇化建设新空间，构筑城乡融合发展新支点，搭建传统文化传承保护新平台五方面经验
2020年6月	国家发改委	《关于公布特色小镇典型经验和警示案例的通知》（发改办规划〔2020〕481号）	推广来自20个精品特色小镇的"第二轮全国特色小镇典型经验"（覆盖聚力发展主导产业、促进人文城镇建设新空间、完善产业配套设施、承接改革探索试验等多种类型）
2020年9月	国务院	《转发国家发展改革委关于促进特色小镇规范健康发展意见的通知》（国办发〔2020〕33号）	严格以非行政区划型的微型产业集聚区为空间单元进行培育发展，发挥要素成本低、生态环境好、体制机制活等优势，打造经济高质量发展的新平台、新型城镇化建设的新空间、城乡融合发展的新支点、传统文化传承保护的新载体
2021年9月	国家发改委等十部委	《关于印发全国特色小镇规范健康发展导则的通知》（发改规划〔2021〕1383号）	明确主要类型特色小镇建设规范性要求，包括先进制造类、科技创新类、创意设计类、数字经济类、商贸流通类、金融服务类、旅游类、体育运动类、三产融合类
2022年4月	国家市场监督管理总局、国家标准化管理委员会	国家标准《特色小镇发展水平评价指标体系》（GB/T 41410—2022）	先进制造类特色小镇，科技创新、创意设计、数字经济及金融服务类特色小镇，商贸流通、文化旅游、体育运动及三产融合类

续表

时间	单位	政策研究成果	特色主体
地方层面			
2019年5月	哈尔滨市发改委	《哈尔滨机器人特色小镇创建规划》	机器人特色小镇
2020年3月	四川省文化和旅游厅	《四川省文化旅游特色小镇评选办法》	立足于文旅产业与特色小镇的融合
2020年4月	贵州省体育局	《关于开展创建景区体育旅游示范基地、城镇体育旅游示范基地和体育特色小镇建设工作的通知》	体育特色小镇
2020年7月	江苏省省发改委	《关于印发江苏省级特色小镇验收命名办法的通知》（苏发改经贸发〔2020〕753号）	高端制造、新一代信息技术、创意创业、健康养老、现代农业、历史经典、旅游风情
2020年7月	河南省林业局	《关于印发河南省黄河流域森林特色小镇、森林乡村建设工作方案（2020—2025年）的通知》	森林资源、自然风光和历史人文资源
2021年3月	云南省人民政府	《关于命名"云南省美丽县城""云南省特色小镇"的通知》（云政函〔2021〕25号）	命名安宁温泉小镇、腾冲银杏小镇、禄丰黑井古镇、剑川沙溪古镇、瑞丽畹町小镇、德钦梅里雪山小镇为"云南省特色小镇"
2021年9月	陕西省发改委	《关于印发陕西省特色小镇培育创建方案（试行）的通知》（陕发改规划〔2021〕1412号）	创建主要类型：先进制造类、科技创新类、创意设计类、商贸流通类、文化旅游类、体育运动类、三产融合类。在重点培育上述七大类特色小镇的基础上，支持具备条件的主体创建数字经济类、金融服务类等特色小镇

92

续表

时间	单位	政策/研究成果	特色主体
2021年11月	浙江省人民政府	《关于命名第五批省级特色小镇的通知》（浙政发〔2021〕34号）	命名杭州医药港小镇、西湖蚂蚁小镇、滨江互联网小镇、余杭人工智能小镇、临安云制造小镇、余姚智能光电小镇、德清海新材料小镇、乐清电力科技小镇、文成森林氧吧小镇、清通航智造小镇、嘉兴马家浜健康食品小镇、嘉善归谷智造小镇、金华新能源汽车小镇、义乌丝路金融小镇、武义温泉小镇、庆元香菇小镇为第五批省级特色小镇

研究机构

时间	单位	政策/研究成果	特色主体
2018年1月	易居企业集团·克尔瑞	《特色小镇白皮书》	文旅型；金融创新型；高端制造型；科技型；康养型；影视型；体育型
2021年7月	杭州数亮科技股份有限公司、国信中小城市指数研究院	《中国特色小镇2021年发展指数报告》	新兴科技类、制造产业类、商贸时尚类、农业田园类、金融基金类、文化旅游类、运动休闲类、生态农业型

93

根据易居企业集团·克尔瑞对特色小镇现状数据的解读[①]，截至2017年底，Top100房企涉足小镇比例达6成，明确提出创建特色小镇的房企已有20多家，包括碧桂园、华夏幸福、蓝城、绿城、绿地、华侨城等。其中，2016年7月蓝城提出"百镇万亿"计划、2016年8月碧桂园提出要5年完成100个科技小镇、2016年11月华夏幸福提出3年完成100座产业小镇目标等。同时，互联网企业，如阿里巴巴、腾讯集团也参与其中。从主要企业实践来看，特色小镇的特色主体和特色标识详见表3.3。

从企业实践来看，特色小镇的特色主体可以划分为科技创新（包含物联网、移动互联、大数据、智能控制、智能制造、信息技术、云生态及云计算应用等）、高端制造（如发展临空经济产业中的高端制造前端研发产业）、民族文化旅游、健康颐养+农业+旅游、体育（足球等）及电子竞技等。其中，科技创新的特色标识主要以科技巨头、高端研究机构和创新集群企业等为主，如全球IT巨头思科、欧洲微电子研究中心IMEC、创新工厂、启迪数字集团、启迪数字学院、清华大学信息技术研究院以及海外知名研究机构德国中德科学研究、麻省理工学院等。在特色标识的指引下旨在创造出一种科技创新氛围。高端制造的特色标识以华夏幸福创建的永清县幸福创新小镇为例，为首都新机场、高铁、高速等优质的交通资源。民族文化旅游的主要标识为地域特有的少数民族文化、国家级非物质文化遗产等，如丹寨旅游小镇以石桥古法造纸、苗族锦鸡舞、苗族蜡染、芒筒芦笙祭祀乐等非物质文化遗产为特色标识。健康颐养+农业+旅游的特色标识以美丽宜居环境、完善服务产业链及创新农业模式为主，如蓝城杭州春风长乐以毗邻大径山乡村国家公园，绿城教育集团、绿城医院、绿城颐居、蓝城健康、蓝城颐养、蓝城农业等完善的服务产业链和农庄卖家模式为其特色标识。体育特色主体集体育、教育、赛事、健身、生活、娱乐、商业为一体，要求企业具备强大的资源整合和运营能力。

[①] 克尔瑞咨询中心：《中国特色小镇白皮书（2017）》，易居企业集团·克尔瑞出版社2018年版，第30页。

第三章　复杂适应系统视角下的特色小镇系统研究

表 3.3　特色小镇的特色主体和特色标识（企业实践视角）

企业名称	发展目标	典型案例	定位	特色主体	特色标识
碧桂园	一是科技是推动中国从"制造大国"向"制造强国"转变的重要支撑；二是一线城市房价压不下，居住人口、人才和产业会被迫挤出	惠州潼湖科技小镇	"广东硅谷核心"的科技产业发展平台	科技创新（物联网；移动互联；大数据；智能控制；智能制造；科技服务）	全球IT巨头思科；研究院等专业机构，如欧洲微电子研究中心IMEC，创新工厂（李开复）等；成长型创新中小企业聚集；潼湖生态湿地
恒大	新时代新兴产业发展；"多元化+规模化+品牌化"的集团发展战略	兰州足球小镇	集体育、教育、赛事、健身、生活、娱乐、商业为一体的运动产业基地和特色体育小镇	足球（包括足球教育、足球交流、足球体验）	广州恒大淘宝足球俱乐部；恒大皇马足球学校；清远恒大欧式足球小镇
蓝城	用小镇破解周边"三农"问题，即带动周边农业的改造，建成有地方特色的大型农业基地，并将周边的农民转化为现代农业工人	杭州春风长乐	集农业、生活、休闲、颐养于一身的复合型小镇	健康颐养+农业+旅游	毗邻大径山乡村国家公园；完善的产业链支撑（绿城教育集团、绿城医院、绿城颐居、蓝城健康颐养、蓝城农业）；CSA（社区支持农业）
万达	响应国家政策；万达集团转型，扶贫主业规划，探索教育、旅游产业、扶贫基金结合的新扶贫模式	丹寨旅游小镇	贵州乃至全国独具特色的民族文化旅游目的地	民族文化旅游	引进7个国家级非物质文化遗产项目和17个省级非物质文化遗产项目，包括石桥古法造纸、苗族锦鸡舞、苗族蜡染、芒筒芦笙祭祀乐等
华夏幸福	填补市中心的空白，利用产业新城到产业新城之间土地，一方面疏导城市人口和产业，另一方面平衡城市中心周边和远郊之间大小城镇的协调发展	永清县幸福创新小镇	发展临空经济产业中的高端制造前端研发产业	高端制造	依托首都新机场、高铁、高速等优质交通资源

95

续表

企业名称	发展目标	典型案例	定位	特色主体	特色标识
启迪控股	利用启迪的创新网络,打造创新创业的生态系统	贵安数字小镇	以大数据产业、数字产业、数字科技医疗产业等新兴科技产业为核心的数字科技产业集群	数字产业(大数据、运算、信息技术、3R等)	贵安新区为大数据产业崛起的复兴高地(2015年2月国家工信部批复贵阳·贵安创建首个国家大数据发展集聚区,8月贵安新区获批国家级数据中心示范地区);龙头企业(启迪数字集团);研发机构(启迪数字学院、清华大学信息技术研究院);海外合作机构(麻省理工学院、德国中德科学研究等)
阿里巴巴	运用大数据,以"互联网+"助推传统企业的互联网转型;整合各方资源,拓展产业链;扶持和帮助创业创新中小企业成长	云栖小镇	坚持产业、文化、旅游、社区"四位一体",中国首个富有科技人文特色的云计算产业生态小镇	云生态(云计算应用、如App开发、游戏、互联网金融、移动互联网、数据挖掘等)	2015年阿里云开发者大会正式更名为"云栖大会",且永久落户西湖区云栖小镇(杭州市核心区);区位优势;阿里巴巴
腾讯集团	企业战略,从线上转化到线下,挖掘出更强的变现渠道,需建立物理载体进行整合	芜湖电竞小镇	集电竞主题公园、电竞大学、文化创意园、动漫产业园等于一体	电子竞技(以全国范围的电子竞技赛事为基础)	电竞为腾讯主战略众多,用户基数众多;电竞协会以将芜湖发展成为中国电竞第一城为目标,组织赛事,培养教练、选手、裁判等电竞人才

资料来源:根据易居企业集团·克尔瑞《中国特色小镇白皮书(2017)》整理。

以恒大兰州足球小镇为例,其特色标识为广州恒大淘宝足球俱乐部、恒大皇马足球学校、清远恒大欧式足球小镇。其中,广州恒大淘宝足球俱乐部提供足球产业链资源和品牌、恒大皇马足球学校培育小镇内的产业基础、清远恒大欧式足球小镇提供模式和运作经验。电子竞技以行业巨头、组织全国范围的电子竞技赛事资格、培养教练、选手、裁判等电竞人才的能力为主要标识。

根据第三章第二节的研究设计,本节收集了国内特色小镇样本371个。详见附表二。我国特色小镇特色主体内容灵活,大致可划分为以下十一个类别。

一是主题文化旅游,占比20.4%。该类特色主体以地域主题文化为魂,在此基础上拓展旅游功能。通常包括自然生态类、历史文化类、民族建筑类、非物质文化遗产类等。其特色标识往往表现为:古镇文化、历史遗迹、非物质文化遗产、特色景观文化、少数民族文化、传统习俗、自然风光(原生态环境、地质奇观等)、农耕文化、乡土与田园风光、侨乡文化、红色文化、盛唐文化、丝路文化、稻耕文化、滨海、影视、禅文化、摄影、音乐以及其他文化主题。通过上述特色标识的指引,形成小镇的文化图腾,塑造小镇的个性精神,是摆脱小镇同质化竞争的有效手段,是形成小镇之"特"的重要元素。

二是历史经典产业,占比10.2%。该类特色主体蕴含浓厚的历史和文化传统,主要通过文化底蕴深厚的传统产业,特别是非物质文化遗产资源为特色标识。其特色标识一般体现在:陶瓷、酒、茶、花卉苗木、花炮、红木、竹编、乐器、丝绸、中药材等。通过上述特色标识的指引,振兴传统工艺,实现传统产业的转型升级。

三是高端制造,占比10.5%。与传统低端制造相比,该类特色主体主要以智造创新为核心。其特色标识常常表现在信息与新科技的引领,如机器人、智能装备制造、航空、机械与汽车产业等。通过上述特色标识的指引,在业态转型、模式创新、环境营造上形成新的竞争优势,推动传统制造业转型与升级、转变经济发展方式、实现供给侧改革的重要抓手。

四是特色生态农业,占比2.7%。该类特色主体强调综合性、多样性、高效性以及持续性。其特色标识表现为：现代高效农业、地方特色农业、绿色农业和会展农业等。通过上述特色标识的指引，改变"城"与"乡"要素的流动方向，整合乡村空间产业，重塑田园生态景观，顺利承接城市产业、人才和金融等的溢出，缩小城乡差距。

五是康养产业，占比7.3%。该类特色主体融入"大健康"的生活理念，强调多元化、个性化的健康服务。通常包括宗教养生、温泉养生、生态养生、医药养生及健康养老等。其特色标识一般表现为：悠久的历史文化，温泉资源（氡泉、硒温泉等），原生态的生态环境（如宜人气候、空气、山林、品质水源等），医药产业，医药文化、一流的医疗护理水平，太极、武术及老年大学等文化养生。通过上述特色标识的指引，形成个性化的康养产业主体。

六是商贸物流，占比2.2%。该类特色主体强调在商业贸易活动中进行的物流过程的集合，包括航空物流、边境商贸物流、智慧物流等。其特色标识往往表现在：区位、交通、生态、电子商务、智慧物流等方面。通过上述特色标识的指引，形成各具特色的高效通畅、协调配套、绿色环保的现代商贸物流服务体系，保证商流、信息流的畅通、降低物流的成本，解决流通企业流动资金短缺的问题，推进商贸物流繁荣发展。

七是特色产品，占比22.9%。该类特色主体具有地方属性特点，是地域经济发展的突破点，包括无形和有形的概念，前者如服务观念，后者如袜业、根艺、美妆、矿泉水、玉米、人参、眼镜、麻纺、石斛、珠宝、皮革皮具、兰花、灯饰、伞蓬、羊绒、花炮、毛衫、芳香产业和特色服装等。其特色标识一般表现为：特色产品的规模大、实力强、市场占有率高，商业集聚和产业集群良性互动等。通过上述特色标识的指引，引导特色产品向最适宜区集中，促进区域专业分工，加快形成科学合理的生产力最优布局。

八是科技创新与创业，占比12.7%。该类特色主体在小镇科技发展的基础上融入创新创业，强调科技与创新、人文、生活的共生共荣。其特色标识一般表现为：新一代信息技术、"互联网+"、大数据、信息产业、云计算、电子商务等，反映出新技术、新业态、新产业等。通过上述标识的指引，集聚科创资源，搭建智慧服务平台，完善市场化服务，创新模式机制，促进产业创新发展。

九是金融创新，占比1.9%。该类特色主体以金融为核心标识，往往表现为金融产业集聚、区位优越、要素流速快、政策支持力度大、机制灵活以及地域文化和生态环境优良等。通过上述标识的指引，可充分发挥资本的集聚惯性，吸引各种创业投资基金、私募股权投资基金、证券投资基金等相关金融机构集聚，快速形成金融产业集聚效应，打通资本和企业的连接，紧密对接实体经济，以资本的力量有效支撑地域经济结构调整和产业转型升级。

十是新能源、新材料与节能环保，占比4.6%。该类特色主体包括新能源、新材料、节能技术和装备、高效节能产品、节能服务产业、先进环保技术和装备、环保产品与环保服务。其特色标识通常表现出高效节能、先进环保、资源循环利用等特点。通过上述特色标识指引，加快传统产业转型升级。

十一是体育与教育产业，占比4.6%。该类特色主体以核心体育运动或研学教育为吸引，并强调与地域资源特点的关联。其特色标识常常表现为：地域特殊环境（冰雪、山地、湖景等），体育资源，主题赛事（滑雪、赛车、马拉松、登山等），专业训练，体育康复，适当搭配全民类体育项目等。通过上述特色标识的指引，形成极具地方特色的新发展动力。

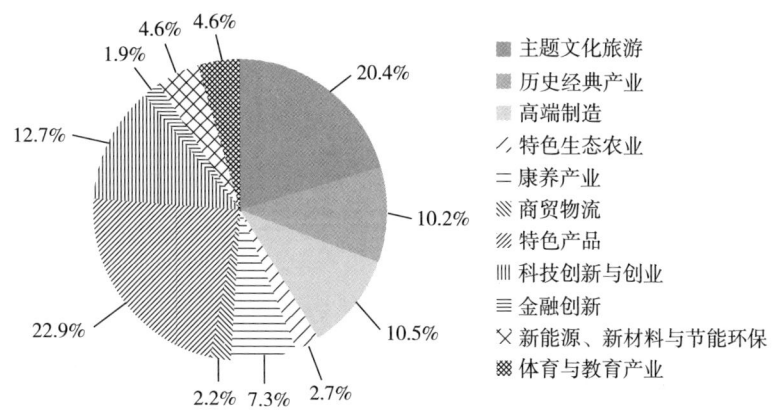

图3.5 国内小镇不同特色主体占比

根据上述研究，特色小镇的特色主体与特色标识紧密相关。两者相互作用、动态发展，上一阶段的特色标识形成当前阶段的特色主体，而当前阶段的特色主体将成为下一阶段的特色标识，循环往复，递进发展。基于此，可以得到以下启示。

一是特色小镇以特色标识和特色产业为魂。这主要体现在产业特色或专业化水平和产业链拓展上。一个小镇必然有一项产业与之匹配，且产业基础要深厚，才有利于发展成为国际范围内知名的产业基地或旅游胜地。

二是独特的地理环境是"特"形成的先发要素。特色小镇必须依托特有的地理环境，或与大城市毗邻，或为网络节点，或具有得天独厚的资源禀赋，以承接人口、产业等发展需求，形成强产业集群和集聚吸附力的特色产业。

三是注重生态环境与文化积淀，旨在创造出更加宜居、宜业的和谐环境。同时，产生对本地居民的凝聚力和人才的号召力。

此外，特色标识和特色主体的形成还需要其他主体的支撑。

一是强大的运营能力为后发要素。强大的运营能力体现在规划与发展上，能有效规避小镇发展中的不利因素，根植于地域特征，创建出风格鲜明的小镇风貌，规划发展与小镇产业相关的服务业，产生行业集聚效益，形成世界知名的品牌，引领市场发展。

二是完善的社会配套服务。一般来说，特色小镇的特色产业具有较高附加值、高额利润，对社会的基础设施要求较高。同时，吸引的人流一般素质较高，对生活有着较高的要求，这都要求小镇具有更加完善的社会配套服务。

第四节 特色小镇复杂适应系统的目标、结构与功能

一 特色小镇复杂适应系统的目标

根据复杂适应系统理论，系统通过主体与外部环境的相互作用推

动自身结构的演化以获得更长的生存时空长度，其理想状态则为系统生存时空长度达到+∞[1]，即实现可持续发展。可见，可持续发展是复杂适应系统自适应发展的终极目标。可持续发展是经济—生态—社会三者的多维度复合系统。其中，经济是可持续发展的重要前提，为可持续发展奠定了坚实基础，包括经济总量的增长、经济结构、经济质量、经济发展潜力、经济增长方式以及对资源配置起基础作用的市场结构和产业结构等深刻内容。生态是可持续发展的重要基础，强调以保护自然为基础，与资源和环境的承载力相协调，控制环境污染，改善环境质量，为可持续发展创造良好的基础和条件。社会是可持续发展的终极目的，以"以人为本"为核心，改善和提高人的生活质量，促进社会的全面进步和发展。社会的可持续发展包括了人口结构与素质、消除贫困以及社会公平正义等。基于此，特色小镇复杂适应系统目标与可持续发展目标应相一致，旨在协调好经济、社会、生态等要素，实现国家经济社会的可持续发展。

（一）经济可持续发展

与传统经济运作系统相比，特色小镇系统围绕着特色标识和特色主体，通过空间再生产创造出新的高端产业集聚区，打破了已僵化的传统发展模式，是在新产业、新业态、新科技、新思想以及新模式等新发展形式上衍生出来的新经济运作系统。如美国格林尼治对冲基金小镇围绕特色标识和特色主体，承接了纽约外溢产业和人才，集中大约380家对冲基金总部所在地，管理的资产总额超过1500亿美元。在全球350多只管理着10亿美元以上资产的对冲基金中，近半数公司都把总部设在这里[2]，建构出多样化、均好化的区域经济新空间增长点。再如美国硅谷的新兴信息产业，英国牛津小镇的教育产业，英国铁桥峡的工业遗迹文化旅游产业，瑞士达沃斯小镇的温泉疗养、会议与度假旅游产业，浙江云栖小镇的云计算等。这些新空间增长点完善了经济主体均质性发展的区域动力机制，为产业从粗放式增长向集

---

[1] 侯合银：《复杂适应系统的特征及其可持续发展问题研究》，《系统科学学报》2008年第4期。

[2] 傅超：《特色小镇发展的国际经验比较与借鉴》，《中国经贸导刊》2016年第31期。

约型增长、从要素驱动向科技进步和人力资本驱动的转型升级创造条件。同时，增强整体经济参与全球或全国产业分工的竞争力，推动经济发展动能的转换，加快供给侧结构性改革的步伐，以实现经济的可持续发展。

（二）生态可持续发展

特色小镇创造出的是一种以特色主体和特色标识为内核的生态产业链，是一个循环生态系统，是实现"城市修补"和"生态修复"的重要手段。它强化并提升生态和环境建设标准，主张资源要素的集约利用和环境污染的集中治理，坚持生态发展的底线，保护自然环境和生物多样性、控制环境污染、传承历史文化等，以可持续发展方式使用资源和活化非物质文化遗产，形成发展的良性循环，破解资源紧张、环境退化、生态脆弱以及交通拥挤等"城市病"的难题，实现生态的可持续发展。如法国依云小镇，依托地下独一无二的冰川岩层，将依云矿泉水培育为特色产品，在此基础上形成了围绕矿泉水的产业。随着特色水产业的不断延展，陆续发展起了养生服务业和旅游等生态产业链。同时，创造出了优美的自然生态环境。无锡田园东方依托地方特色农业，从建筑形态、空间格局、原生植物等方面，最大限度地保留或恢复了乡村的自然形态，留住乡愁。合肥市包河区合柴1972工业记忆小镇尊重历史，提炼工业遗迹文化符号，将独特的、排他性的工业遗存（合肥柴油机厂）创新改造成为城市老底片和新名片，使历史人文和现代生活有机融为一体。

（三）社会可持续发展

特色小镇作为一个高度聚合的独立发展有机载体，追求的是高质量发展，旨在不断满足人民日益增长的美好生活需要和解决地域不平衡不充分的发展问题。一方面，特色小镇充分实现了要素的发酵，创造出高品质的生活空间和优美宜居的生态环境，很好地体现出了功能的多元融合，形成了良好的人本氛围。另一方面，位于城乡接合部的特色小镇，是城乡居民生产生活方式、行政管理的多重交叉点，是打通城乡"二元"体制的衔接点和薄弱点。它主要强调居民收益最大化、优质的人居环境、高效的管理系统、完善的保障体系等多方面重要内容，是新型城镇化的重要抓手。在承接产业与人才溢出、吸引社区参与、带动就业、促进居民增收等方面有较强的附加价值。同时，对提升产业、扶贫扶农、促进效益等方面具有重要作用。具体来看，一是可以就近转移、转化农民，让更多的农村居民享受到与城市居民同等的教育、文化、医疗卫生、社会保障等公共服务，提升城镇化发展质量和水平；二是可以改变农民工"候鸟式""大迁徙"的就业模式，显著提高群众的生活水平和质量，为社会和谐稳定发展创造了前提和基础。此外，它能够迅速改善农村和落后地区居民生产生活条件，将生动活泼的城市生活的优点与美丽愉快的乡村环境和谐地融合在一起，实现乡村的振兴以及城镇自身建设发展模式的根本转变，缩小城乡差距，促进城乡一体化发展，实现社会的可持续发展。如余杭梦想小镇、西湖云栖小镇、余杭艺尚小镇、诸暨袜艺小镇、吴兴美妆小镇、佛山市龙江智慧家居小镇、茂名市电白沉香小镇等，不断满足人民对美好生活的需求。再如浙江横店镇依托影视文化发展"影视+"产业，解决当地人就业，提高居民收入。同时，深度融合影视与资本要素，坚持政府主导，市场运转，鼓励企业力量参与城市建设，构建了"政企联动建城"模式。加快基础设施建设，提升城镇面貌，改善小镇环境。完善设施功能，提升城市综合承载能力，并不断拓展公共服务功能，旅游配套服务设施不断完善，实现社会的可持续发展。

综上所述，特色小镇复杂适应系统的可持续发展目标体系旨在综合调控"经济—社会—生态"三个基本子系统。其中，经济可持续发展即为空间的再生产，生态可持续发展即为循环生态系统，社会可持续发展即为城乡一体化。特色小镇复杂适应系统可持续发展目标体系如图 3.6 所示。

二 特色小镇复杂适应系统的结构

根据第三章第二节的研究设计，结合前文国内外特色小镇的特色标识和特色主体的研究成果，选取了 10 个具有代表性的特色小镇案例进行详细研究，旨在初步建立特色小镇复杂适应系统的结构框架。如表 3.4 所示。

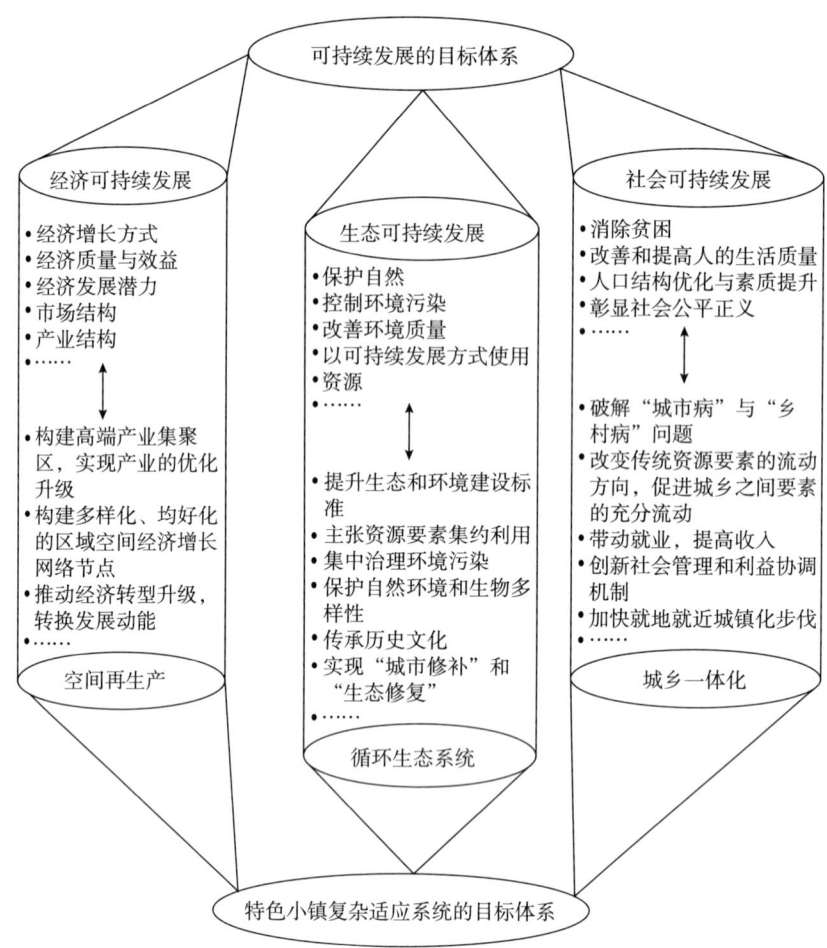

图 3.6 特色小镇复杂适应系统可持续发展目标体系

复杂适应系统理论强调主体、主体与外部环境的相互作用，实现了微观与宏观的有机统一。特色小镇作为一个复杂适应系统，是在主体、主体与外部环境相互作用的共同推动下持续演化的。因此，特色小镇复杂适应系统的演化结构可分为两个方面：一是微观基本主体；二是主体与外部环境相互作用而形成的适应性主体。

从表 3.4 国内外典型特色小镇的自然演进过程可知，特色小镇源于人，因人而改变。人是最大的、最为活跃、最为复杂的随机因素，

第三章 复杂适应系统视角下的特色小镇系统研究

表 3.4　国内外典型特色小镇的自然演进过程

序号	名称	自然演进过程		
		前期	中期	后期
1	法国依云小镇	①地下有世界上独一无二的冰川岩层，能把阿尔卑斯的高山融雪过滤为富含镁、硅、锶等多种人体必需微量元素的依云水。②新奇故事传说（1789年，巴黎贵族卡莎与依云水标价出售，使其成为疗养胜地。④1824年，依云小镇建立了第一家温泉疗养院。⑤1864年拿破仑三世正式赐名依云胜地，因水而名的依云小镇成为疗养胜地，依云水成为独一无二的特色产品。	①1902年，依云水疗中心成立，并于1984年改建为SPA，即依云平衡中心，所用的水、护理产品均为依云矿泉水。②1905年建立依云矿泉水厂。③政府在依云水源头依阿尔卑斯山上，划出方圆500公里范围由官方管理，确保依云水品质。④依云矿泉水制造商组织APM协会，由协会出资鼓励当地居民多植树，尽量不使用化肥，以保护与依云水有关的土壤，良好的环境保护使得天有大至此，约500万公斤的依云水灌装后销往世界120多个国家和地区。依云水在全球饮用水市场的占有率达到10.8%，诸如丽兹、希尔顿、巴黎大酒店等全球高档酒店都指定选用水。而依云小镇则成为"高端饮用水产地"。	①温泉浴场和经过长期建设形成的各种标志性建筑、温泉和矿泉生服务业不断扩张和延伸，陆续发展起了养生集聚。依云小镇成为"水主题养生度假胜地"。1994年世界女子高尔夫球赛事"第一届依云大师赛"，在依云高尔夫俱乐部举办；2003年西方八国峰会等目前，依云镇已成为集旅游度假、运动、商务会议等多种功能于一体的综合性养生度假区。

105

续表

序号	名称	自然演进过程		
		前期	中期	后期
2	美国格林尼治对冲基金小镇	①位于康州最西南，南临长岛海湾，东部与桑佛德接壤，西北与纽约东北的条哈顿，火车约38分钟直达曼哈顿，纽瓦克机场40分钟，距离肯尼迪机场、纽约国际高速公路萌芽小镇其他的几所校区和圣塔克拉拉市区。②小镇拥有长长的海岸线，分布着大大小小的海湾，小内海。植物茂盛，森林密布，自然风景秀丽。优越的地理位置和良好的自然环境使其成为最宜居城镇之一	①巴顿·比格斯在格林尼治设立第一只对冲基金。②政府推行税收优惠政策：个人所得税税率远远低于纽约等大城市，房产物业税优惠格林尼治1.2%，纽约3%。第一只对冲基金的设立和税收优惠政策吸引了一批对冲基金来格林尼治落户，基金行业成为小镇主导产业，即特色主体	①大部分小镇居民受过良好教育，爱读书、爱文化、爱艺术，拥有一定财富，对工作生活环境要求高。②在对冲基金高管和所有者等的支持下，政府加大基础设施投资力度，修建海底光缆，搭建新型电网。同时提高公共服务水平，配套知名公立学校、教堂、医院、图书馆等，提供高水平的安保措施。打造丰富休闲文化和活动，森严了对居民开放的美丽海滩公园，五个私人高尔夫俱乐部；一个18洞的公共高尔夫球场。小镇升级成为全球对冲基金之都
3	美国硅谷	①早期无线电和军事技术的基础。②邻近斯坦福大学（Stanford University）和加州大学伯克利分校（UC Berkeley），同时还包括加州大学其他的几所校区和圣塔克拉拉大学等。③斯坦福毕业生创办瓦里安公司、柯达公司和通用电气研究机构、惠普。④企业集中从事与电脑相关制造的半导体行业由高纯度的硅制造成创新环境与文化氛围	①市场化运行机制：依据市场规则把技术专家和创业资本商联系起来，将最优资本和最新技术资源按照市场规律进行优化配置。②集群发展：国际商用机器公司（IBM）和苹果公司和谷歌公司总部高科技公司集群落户	①80年代后，生物、空间、海洋、通信、能源材料等新兴技术的研究机构纷纷出现，其中科学家和工程师占较大比例。②从业人员具有高水平知识技能，逐步形成以高新技术的中小公司群为基础，同时拥有谷歌、Facebook、英特尔、苹果公司、思科、英伟达、朗讯等大公司的新兴信息产业发展格局

第三章 复杂适应系统视角下的特色小镇系统研究

续表

序号	名称	自然演进过程		
		前期	中期	后期
4	瑞士达沃斯小镇	①空气洁净干爽，自然环境优美。②德国医生亚历山大发现，达沃斯是各种肺病患者最佳的疗养地。③20世纪初设立呼吸系统疾病的治疗所，建立了很多疗养医院，至此，达沃斯成为欧洲著名疗养胜地	1877年，欧洲最大的天然冰场在达沃斯落成，世界级的选手每都在这里训练。此外还有一座冰雪体育馆。每年这里的国际赛事不断，吸引众多体育爱好者。至此，达沃斯转型成为欧洲旅游度假目的地	1987年，"欧洲管理论坛"更名为"世界经济论坛"。每年聚集来自全球2400多位各国政界、商界重量级的人物，小镇知名度提高，并拥有了持久的生命力。同时进入世界知名小镇行列
5	日本东川摄影小镇	自然环境优美，属日本最大的自然公园"大雪山国立公园"区域的一部分，吸引一批批游人和摄影爱好者	①设立观光协会，为游人提供便利。②建立完善观光设施，中心地带景点有木雕看板、文化艺廊、乡土馆等，北部有艺木工坊、田园风景、瀑布等，东部有登山、滑雪、丰富文化活动，如冰雪节、国际摄影节等。③完善配套的餐饮设施和住宿设施，发展旅游观光业	①1986年宣布为"摄影小镇"，发布《摄影小镇条例》。②完善自身硬件基础设施，充实文化内涵，如举办"摄影甲子园"大赛、"国际摄影节"项目，并向各国家和地区开展"游学"项目。③政府推进"町民参与"与"建设小镇之梦"。努力建设"自然"、"文化"、"人与人的相遇"，致力于建设上相风景之町"以及"人以及笑容的城镇"建设，汇集全世界照片，人以及笑容

107

续表

序号	名称	自然演进过程		
		前期	中期	后期
6	法国格拉斯小镇	①16世纪，皮革业兴盛，但气味污染严重。②匠人们用花卉制造出香精，改善皮革闻的气味。③当地温暖湿润的气候适合鲜花的生长，花卉种植成为小镇特色标识和生产主体。④1730年，法国第一家香精香料生产公司诞生。香水业逐渐在格拉斯落地生根	①小镇重点产业逐渐偏向花卉种植业（茉莉、月下香、玫瑰、水仙、风信子、紫罗兰、康乃馨及薰衣草等众多品种）及香水工业，成为香水的重要产地和原料供应地。②Chanel No.5 诞生地。全法国80%的香水生产在这里的中心，每年香水业为格拉斯创造超过6亿欧元的财富。至此，香精和香水业升级成为小镇的特色产业	①融入全球产业链分工，在全球范围内低成本进口原材料资源，再利用强大的加工能力和品牌力量，以最大限度地创造高附加值产品。②拥有众多的香水博物馆、香水实验室、工厂、花田、高尔夫球场、每年有数十万游客来此探寻香水的历史。香水旅游成为时尚，旅游业也成为格拉斯的支柱产业。至此，小镇转型为"香水制造+旅游"，成为全球顶级的香水生产地和度假胜地
7	新西兰皇后镇	利用以高山峡谷、急速湍流、冬季白雪皑皑地势，开发激流泛舟、跳伞、滑雪、喷射快艇、山地自行车等户外运动，为户外运动爱好者提供良好体验场地	依托四季分明的环境，以及悠久的历史文化，开发的休闲度假、节庆旅游、婚庆旅游、文化体验等深度旅游，将旅游与体育融合	高端奢华旅游开始入驻，旅游知名度以及完善的旅游服务配套设施，使得高端奢华游在良好的体育旅游共生环境中滋生。世界著名的"探险之都"，每年都吸引200万游客

108

第三章　复杂适应系统视角下的特色小镇系统研究

续表

序号	名称	自然演进过程		
		前期	中期	后期
8	美国斯普鲁斯航空小镇	①是美国最大的废弃军用机场，拥有充足的机场资源和飞行员基础。②自然环境——东临大西洋，环境优美，景色宜人	政府提高设施服务能力，提供飞行所需的必不可少的设施设备，如机场、跑道、滑行道、餐厅、停机库（包括一条1214米跑道2家固定运营基地及不同类型的俱乐部、高级餐厅，1个锦标赛级高尔夫球场，700多个飞机库）。航空业逐步成为主导产业	①政府不断完善公共服务水平。提供24小时的巡逻保证居民的安全，隐私和优质的生活质量。其次，还提供飞机租赁和飞行训练。此外，政府主要是通过房产税收入保证地方公共服务的质量。②飞行成为这里人们生活不可或缺的一部分，称作"飞行社区"。邻里关系在这里都非常友好和密切。③塑造独特的"飞行文化"，成为著名的飞行机构。④定位"飞行文化"+旅游，强化"飞行"特色、拓展产业链
9	浙江云栖小镇	①区位优势明显，位于杭州市核心区。②转塘科技工业园区是一个传统工业园区，区域价值不显著（设有充分考虑小镇和市中心的交通联结，缺乏清晰的产业定位）。③2013年，西湖区与阿里云达成合作，阿里巴巴行业巨头，进驻小镇并主导产业规划，区域引流，开路引流，以阿里云开发者大会（云栖大会）进一步推动产业链与生态圈的良性发展。全国首个云产业生态联盟即"云栖小镇"联盟成立	①2014年小镇实现涉云产值10亿以上，税收1.5亿元。②2015年，"阿里云开发者大会"正式更名为"云栖大会"，且永久落户浙江省杭州西湖区云栖小镇。同年，列入首批浙江省特色小镇名单。全年实现涉云产值近30亿元，累计引进企业328家，其中涉云企业达到255家。③2016年，政府继续优化小镇和企业"1+1"的政策扶持机制。通过各种举措进一步拓展创新创业平台。至此，小镇产业已经覆盖云计算、大数据、互联网金融、移动互联网等各个领域	定位为坚持产业、文化、旅游、社区为一体的中国首个富有科技人文特色的云产业生态小镇。目前构建了"创新牧场—产业黑土—科技蓝天"的创新生态圈。同时，以阿里云为核心，正在集聚全国70%以上的云计算、大数据产业领域产业摇篮。截至目前，小镇已有从业人员8500多人，成为全球云计算人才高地，其中引进各类人才超过4000人，省中高中级技术人职称人员247人，省千人才10人，国千人才5人

109

续表

序号	名称	自然演进过程		
		前期	中期	后期
10	浙江横店影视小镇	①1996年建造广州街，配合谢晋导演拍摄历史巨片《鸦片战争》建造。②1998年扩建香港街。③1998年建造明清宫苑景区，占地面积1500亩，是横店影视城最大的影视基地。至此，小镇转变成为"影视基地"。	①2000年横店推出免场租政策。②2001年横店集团旗下多家企业整合为浙江横店影视旅游有限公司。2003年横店影视城统一游营销公司成立，各景区营销队伍被统一整合。③2004年被国家广电总局批准为中国唯一的国家级影视产业发展基地。④2005年横店集团分别与中国电影协会、浙江传媒学院共同创立中国电影文学创作中心和影视科技学院。⑤2009年被国家文化厅确定为浙江省文化产业示范基地。2010年被国家旅游景区AAAAA级旅游景区称号。至此，横店从单一影视基地发展为影视旅游景区。	①横店影视城现有三个组成部分，影视旅游公司、影视制作公司以及在全国有101家横店院线，已形成一个完整的产业链。②2016年，以影视产业为主导，共接待中外游客1600万人次，同比增长5%。剧组接待更是以227个的佳绩创历史纪录。演员公会直接为剧组输送演员50多万人次，拉动了小镇地产、住宿、餐饮、娱乐、购物、文化创意等产业发展。③"横店影视城+"的主题延展方式将成为小镇未来的主要发展模式，结合社会热点，打造时尚的多元化内容。如横店影视城+音乐，打造主题音乐旅游；横店影视+演艺，打造主题演艺秀等。④任何大手笔影视项目的落地，结合山水环境营造、城市中心设计、交通组织等要素，重新调整优化用地布局结构，将IP要素最为密集的中国影视基地，向横店特色的产业集聚地升级转变为中国影视文化小镇升级转变。

资料来源：根据特色小镇网（http://www.51towns.com/）采集的相关案例资料以及《中国特色小镇白皮书（2017）》整理。

也是整个系统及各个子系统之间共同的、无时不在的随机体。通过不同的特色标识指引，人通过自适应学习可以演进为创新创业主体、经济学家、技术人才、行业或国家领导者等基本个体；基本个体可进一步聚集为政府、企业、金融机构、消费者、市场等异质性主体。法国依云小镇的微观主体包括了巴黎贵族 Marquisde Lessert、Cachat、拿破仑三世、地方政府、疗养院、依云矿泉水厂以及制造商、APM 协会、小镇居民以及全球高档酒店等。美国格林尼治对冲基金小镇的微观主体包括传奇投资人巴顿·比格斯、对冲基金经理人、地方政府、金融机构及小镇居民等。日本东川摄影小镇的微观主体则包括地方政府、观光协会、建筑师、设计师以及游人和摄影爱好者等。可见，特色小镇复杂适应系统必然是一个由大量相互联系、相互作用的适应性主体所构成的复杂系统。虽然不同特色小镇的微观基本主体构成不同，但也受政府、企业、金融机构、专业服务机构以及小镇居民等共性主体的作用。

另外，特色小镇复杂适应系统作为一个复杂的系统工程，涵盖了特色标识和主体的选择与培育、土地开发、房产开发、产业链整合开发、社会制度与文化建设以及城镇建设与管理，涉及城镇、经济、社会、文化、旅游、产业、投融资、项目建设、招商、运营管理等各个领域，是一个需要综合开发与运营的系统。从表3.4和附表二可以看出，特色小镇复杂适应系统在与外部环境相互作用过程中形成的适应性主体往往表现在社会与文化发展、经济情况、基础设施、公共服务、科技创新、政策制度、管理运营机制、市场发展等多个方面。从整体上，可划分为智慧系统、物理支撑系统、动力系统以及平衡保障系统四个方面。如图3.7所示。四个系统既能保持相对独立，又可以提炼出各自的特性标识，还能分析子系统之间的联动关系，找到聚合原则。这种划分方式也较符合现实中小镇建设运行的实际情况，有利于将理论研究转化为实践指导。

（一）智慧系统

智慧系统是特色小镇的中枢神经系统，起着统领作用，是对系统未来演化发展轨迹的设计，能够统筹协调其他系统和各种资源，是人类智慧的收集、集成、决策和实践的过程，体现了特色小镇复杂适应系统的学习能力、纠错能力和创造能力。它包括了规划子系统、管理运营子系统、创新子系统。其中，规划子系统包括土地规划、空间规划、战略规划、功能区规划、专项规划、产业规划等；管理运营子系统主要包括政府行政能力、企业组织架构、市场监督管理、公共管理等；创新子系统主要包括体制机制、政策制度、科学技术等。

(二) 物理支撑系统

物理支撑系统为特色小镇其他系统的发展提供可能。特色小镇对基础支撑系统的需求和要求总是处于不断变化之中，其复杂程度不断攀升，并被要求能够在一定范围内保持适当的弹性。它包括了自然供给子系统（自然资源子系统和生态子系统）和人工创造子系统（文化子系统和基础设施子系统）。其中，自然资源子系统主要包括土地、生物、森林、水、气候等自然资源；生态子系统包括绿地、园林景观等；文化子系统包括历史文化、民族文化、建筑文化等；基础设施子系统包括电力、通信、给排水、燃气、供热、防灾、道路与交通、能源、环境卫生等。

(三) 动力系统

动力系统是特色小镇复杂适应系统的内核，顺应了人类对发展和利益的追求，为系统生存与发展提供持久的动力，促使系统生机盎然，决定了系统发展的高度。它主要指产业系统，包括特色产业与辅助产业子系统。

(四) 平衡保障系统

平衡保障系统，即公共服务子系统，是特色小镇复杂适应系统的基本保障系统，其内容随着社会发展而不同。该系统有利于减少外部环境和个人能力的变化对个体产生的冲击，激发特色小镇系统的整体发展活力，形成有利于特色小镇复杂适应系统优化和可持续发展的合力，是特色小镇复杂适应系统不可或缺的重要子系统，往往包括医疗、教育、就业、养老等子系统。

三 特色小镇复杂适应系统的功能

结构是功能的内在基础，功能是结构的外在表现。根据上一节结构分析，特色小镇复杂适应系统结构包含了微观基本主体系统和智慧系统、物理支撑系统、动力系统以及平衡保障系统。特色小镇复杂适应系

第三章 复杂适应系统视角下的特色小镇系统研究

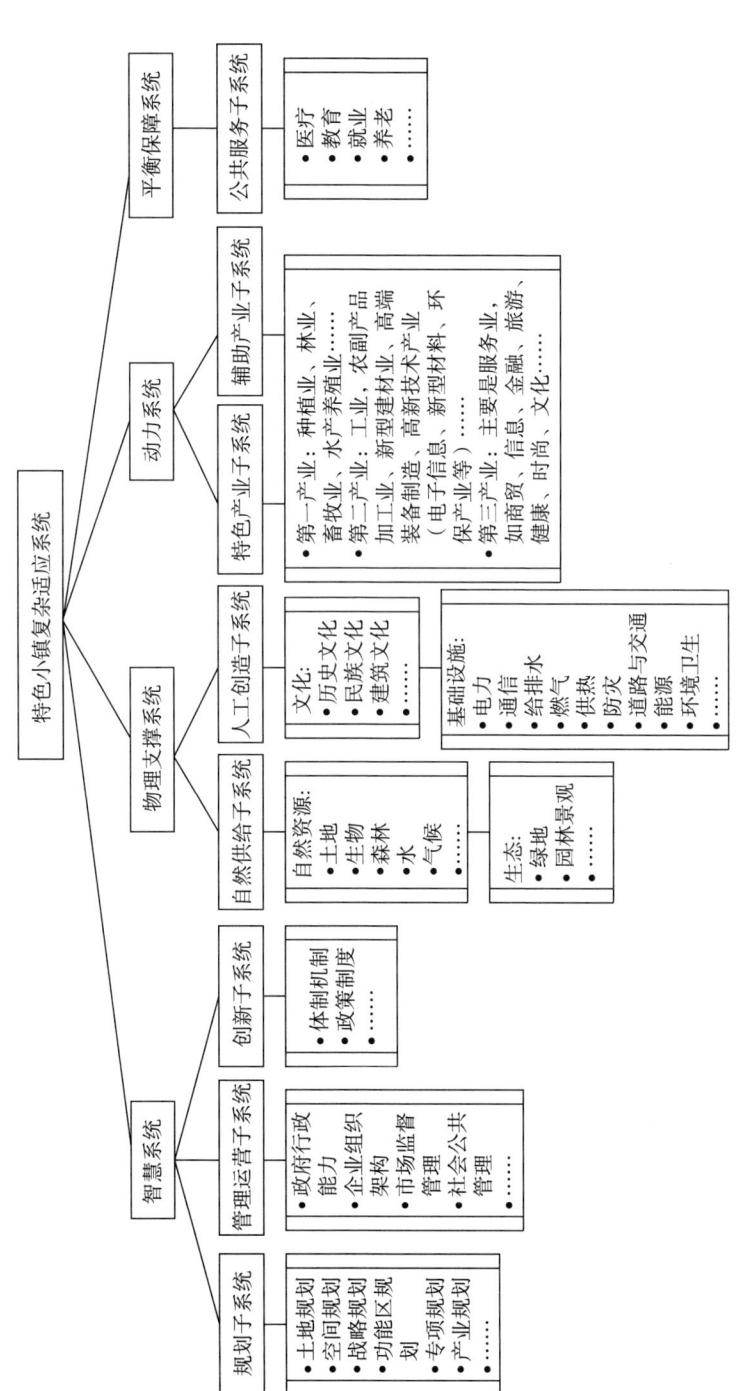

图 3.7 特色小镇复杂适应系统的结构

统的功能会随着其结构的适应性发展而发展，会同步反映出时代鲜明特征。新时代下的特色小镇是集产业、文化、创新、生态环境等为一体的生产、生活、生态有机融合的包容性发展空间载体，是一个"产、城、人、文"四位一体的多功能聚合平台，也是一个相对独立的空间发展载体。它与行政单元相错位，为基层摆脱行政单元束缚、实行创新性的基层自治提供条件，是进行新型城镇化探索的实验基地。可见，在新时代背景下，我国特色小镇不仅具有一般的小镇功能，还应有其特殊功能。

（一）特色小镇的一般功能

1. 载体功能

特色小镇是土地、水源、山林、河流、资源等自然环境和道路、桥梁、给排水、通信、交通、文化、娱乐、教育等人工环境的重要载体。作为人类现代化生产、生活的空间载体之一，为城镇经济、文化、政治等各项功能的展开和实现提供着最基本的物质条件，是小镇存在和发展的物质基础。充分发挥特色小镇载体功能，有利于高效开展各项活动，创造出优美、舒适、安全的条件。同时，也有利于成为农村剩余劳动力的"蓄水池"。

2. 经济功能

经济功能是小镇的核心功能，主要包括生产功能、交换功能、分配功能、消费功能、运输功能等。经济为特色小镇发展奠定了坚实的物质基础，为小镇的科技创新、产业链整合、区域协作等创造有利条件，是成功引导区域内人流、物流、能源流、信息流、资金流等要素频繁流动的重要因素，决定了小镇在城乡之间、城镇之间，甚至国内、国际市场中的地位和角色。

3. 社会功能

特色小镇承担着为人们各种社会活动提供场所和服务的功能。特色小镇设有社会机构和社会组织等各种基层实体，包括基层政府机关、基层司法机关、基层社会团体、基层宗教组织等。这些实体背靠大中城市，面向广大农村，将城市的现代科学、文化、技术、生活方式乃至社会规范等传播到农村，成为连接大中城市与广大乡村的纽带和精神文化交流的桥梁。

（二）特色小镇的特殊功能

1. 大城市功能疏解

逆城镇化使大城市的政治、经济、文化中心功能和旅游休闲等功能逐步向周边有条件的乡镇转移。同时，由于特色小镇在土地、生态环境、劳动力等要素上相对于大中城市拥有巨大优势，随着发达的交通运输网络的形成和现代化交通工具的广泛采用，生产性基础设施和社会性基础设施以及公共服务能力的不断完善，特色小镇对大中城市的人才、技术、产业、企业、资金等的分散产生了吸引力，细化了城市产业分工，形成多样化特色小镇，疏解城市功能，是破解"城市病"的关键手段之一。如产业功能的疏解，形成了大唐袜艺小镇；居住功能的疏解，形成了莫干山小镇等。通过对大城市功能的疏解，缓解了人口拥挤、交通拥堵和生活环境污染等问题。

2. 小城镇功能升级

小城镇发展滞后一直是我国城镇化的短板，制约着我国城镇体系的发育和城镇化的整体进程，也成为大城市市民化程度低、城镇化质量不高的原因之一。特色小镇依赖于区位、资源等优势，借助外部资本和技术等力量，为企业提供创业创新环境，为居民提供舒适、惬意的休闲和人居环境，为地区发展提供交通等基础设施和公共服务，并依赖周边大城市的人流和信息资源，先于其他乡镇在环境友好、绿色发展、产城融合、聚集创新等方面得到发展，并探索出城镇化的创新经验。同时，与美丽乡村建设相结合，分别对自上而下和自下而上的发展道路取长补短，从地方发展角度推动城镇化，提升基层发展能力，补充城镇化过程中底层发展不足的短板。

3. 集聚创新功能

作为经济发展的新平台，特色小镇旨在推进产业转型升级，而转型升级的基础是技术创新，技术创新的关键是人才。特色小镇通过良好的环境和自由的创新氛围，吸引人才、资本与企业等创新要素集聚，产生集聚效益促进小镇产业的转型升级，使之成为我国经济可持续发展的新动能。

4. 旅居功能

我国经济社会发展进入新阶段，人民对美好生活的需要日益广泛，居民的消费潜力进一步释放，新兴消费的发展不断为消费升级打开新的空间。同时，经济社会的快速发展，也大大压缩了人类生活的时空，提高了异地消费的能力，刺激了异地消费快速增长和消费的规模化集聚。[①] 这意味着以异地消费为主的旅居生活成为当代社会的重要特征，标志着大众旅居时代的到来。特色小镇的旅居功能要求其提供高品质的生活空间、生态空间、旅游空间、文化空间和精神空间，满足过度城市化和后工业社会中迁徙、挤出和出逃的城市人口的需求。

此外，特色小镇复杂适应系统还承担着构建生态产业链、建设有机社会秩序和利益机制、研发新兴科技、推动创业创新、推进新型城镇化建设、振兴乡村、保护和传承特色传统文化、创造美丽环境、提高基础设施和公共服务水平、产城人文融合、经济高质量发展等重要战略功能。

第五节 特色小镇复杂适应系统的可持续能力建设

可持续发展是复杂适应系统自适应演化的终极目标。那如何了解这种持续能力或评判可持续发展能力建设的水平？这需要研究其发展结构，即分析哪些因素是衡量或构成复杂适应系统可持续发展的核心标准或根本指标。特色小镇以实现经济—社会—生态可持续发展方向为目标，整个系统的演变发展均为实现这个目标而服务。因此，研究特色小镇复杂适应系统的可持续性，有必要分析特色小镇复杂适应系统可持续发展的结构。基于此，本节主要对特色小镇复杂适应系统的可持续能力建设进行分析，包括建设维度及其结构的解构，为后文研究特色小镇复杂适应系统的自适应演化奠定基础。

---

① 李柏文等：《特色小城镇的形成动因及其发展规律》，《北京联合大学学报》（人文社会科学版）2017年第2期。

第三章 复杂适应系统视角下的特色小镇系统研究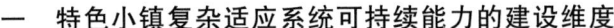

一 特色小镇复杂适应系统可持续能力的建设维度

根据前文研究可知,可持续发展是将经济、社会与生态之间的整体关系置于系统综合平衡之中。基于此,本书认为可持续发展能力即为协调经济、社会与生态发展各要素的水平。关于可持续发展能力建设的结构,最直观反映则是可持续发展指标体系。联合国可持续发展委员会(UNCSD)构建了包括经济、社会、环境和机构四个方面的可持续发展指标体系。[①] 世界银行综合了自然资本、社会资产、人力资源和社会资源四组要素设计了可持续发展指标体系。[②] 中国科学院可持续发展战略研究组提出的"可持续能力"(SC)指标体系包括了生存、发展、环境、社会和智力发展五大支持能力。[③] 同时,2012年党的十八大明确提出"要倡导人类命运共同体意识,在追求本国利益时兼顾他国合理关切"。2015年9月,习近平出席联合国发展峰会,同各国领导人一致通过《变革我们的世界:2030年可持续发展议程》。议程涵盖17个可持续发展目标和169个具体目标,为全球发展描绘了宏伟蓝图。

其他学者也从不同视角发表了对城市或区域的可持续发展观点。2014年,在第八届中国工程管理论坛上,任宏教授提出了"原始"+"现代","智慧"+"力量"的城市可持续发展观。其中,"原始"与"现代"是本源,"智慧"与"力量"是发展动力。这套理论体系从整体上强调了可持续城市发展观的根本内涵不是政治,也不是经济,而是生态永恒。这体现了四个主要表征,即技术与自然充分融合,生产力的最大限度发挥和利用,居民的身心健康以及环境得到充分保护。从表3.4可以看出,特色小镇涵盖了特色产业开发、产业链整合以及小镇建设开发,涉及小城镇、旅游、文化、产业、投融资、开发建设、招商、运营管理等各个领域,是一个相当复杂的系统工程,展现出以"政府"+"市场"为指引、特色产业为根基、地域自

[①] 叶文虎、仝川:《联合国可持续发展指标体系述评》,《中国人口·资源与环境》1997年第3期。

[②] 李天星:《国内外可持续发展指标体系研究进展》,《生态环境学报》2013年第6期。

[③] 杨多贵等:《系统学开创可持续发展理论与实践研究的新方向》,《系统科学学报》2001年第1期。

然资源禀赋为脉络、发展要素聚集为动能、生态和谐为表征的特点。可见，原始资源禀赋、智能体的适应性学习以及经济、资金、信息、人等各种流的集聚效益是其可持续发展的重要内容。基于此，从可持续发展"以人为本"的本质出发，结合特色小镇新的时代发展背景，本书认为特色小镇复杂适应系统可持续发展能力的决策动力就在于"原始"张力、"智慧"弹力以及聚合力量。在二级指标上，国内外可持续发展能力指标体系的建构都不同程度地涉及经济、资金、科学技术、自然系统供给、生态环境、政策制度、管理组织（或机构）与人力、社会与文化方面内容。基于此，本书认为特色小镇复杂适应系统可持续发展的"原始"张力反映的是未经人类改造利用、系统既有的要素禀赋，包括自然系统供给（自然资源、区位优势）、文化、生态环境等；"智慧"弹力反映的是源自人类智慧的创造性成果，包括科学技术、政策制度、管理组织（或机构）与人力以及先进的社会生产生活方式等；聚合力呈现的是一种集聚效应或是"智慧"的涌现，是发展程度的一种呈现，包括高度发展的经济、高度密集的资金、高度集中的产业等方面。通过"原始"张力、"智慧"弹力以及聚合力量三大宏观牵动力，营造出一个生产空间集约高效、生活空间和谐宜居、生态空间山清水秀的"三生"空间，实现经济、社会、生态的综合平衡和可持续发展。如图3.8所示。

二 特色小镇复杂适应系统可持续能力的结构解构

尽管前文已经明确了特色小镇复杂适应系统的可持续发展目标和可持续发展能力建设，但是这些目标和能力建设维度均略显宏观和抽象。为了能够把这些目标落到实处，本书将进一步对特色小镇复杂适应系统的可持续发展结构进行解构。通过前文分析可知，特色小镇复杂适应系统的可持续发展能力可由原始张力、智慧弹力以及聚合力量三者构成。其中，"原始张力"包括自然供给能力、文化、生态环境三个方面；"智慧弹力"包括科学技术、政策制度、管理组织、人力结构、社会五方面；"聚合力量"包括经济、资金、产业三个方面。但由于特色小镇是在新时代背景下产生的新生事物，要深入分析特色小镇复杂适应系统的可持续发展因子，有必要对特色小镇的认定标准和评估指标进行探讨，对典型案例进行较深入分析。

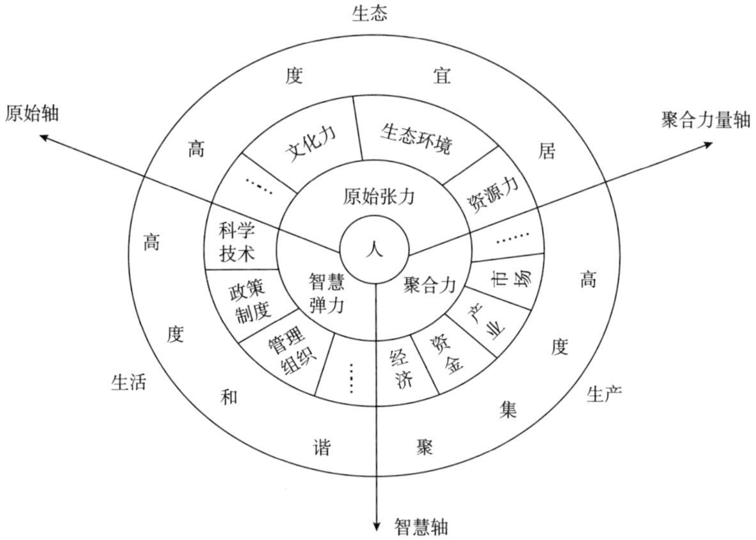

图 3.8　特色小镇复杂适应系统可持续发展能力的建设维度

这里首先采用政策文本研究与文献统计的方式对特色小镇系统认定及评估指标体系的不同方面进行归纳总结（见表 3.5）。

表 3.5　关于特色小镇系统认定及评估指标体系的主要政策与文献研究成果汇总

机构/作者	特色小镇系统认定及评估指标体系
《关于促进特色小镇规范健康发展意见的通知》（国办发〔2020〕33 号）	产业特而强、功能聚而合、形态小而美、机制新而活
《关于印发全国特色小镇规范健康发展导则的通知》（发改规划〔2021〕1383 号）	特色小镇重在培育发展主导产业，吸引人才、技术、资金等先进要素集聚，具有细分高端的鲜明产业特色、产城人文融合的多元功能特征、集约高效的空间利用特点，是产业特而强、功能聚而合、形态小而美、机制新而活的新型发展空间。同时，在质量效益上的要求：特色产业投资占总投资比例原则上不低于60%，建设期内建设用地亩均累计投资额原则上不低于200万元/亩；全员劳动生产率原则上不低于20万元/人，单个特色小镇吸纳就业人数原则上不少于2000人，建设用地亩均缴纳税收额原则上不低于10万元/年，文化旅游类特色小镇接待游客人数原则上不少于50万人次/年；"三新"经济增加值占生产总值比重原则上不低于20%，先进制造、科技创新、创意设计、数字经济类特色小镇研发经费投入强度原则上不低于2.5%等

续表

机构/作者	特色小镇系统认定及评估指标体系
国家标准《特色小镇发展水平评价指标体系》（GB/T 41410—2022）	1. 基础概况指标：时间（创建时长）、产业（特色产业类型、入驻专业企业数）、投资（建设期内建设用地亩均累计投资额、完成特色产业投资额）、面积（已建成区域的用地面积）、区位（距所属城市群或都市圈中心城市的距离）、人口（已建成区域常住人口数、从业人员数） 2. 风险控制指标：债务风险（主要投资运营商资产负债率）、房地产化（建设用地中住宅用地占比）、节约集约用地、文化遗产保护、耕地保护红线、生态保护红线、安全生产底线 3. 发展质效指标： 1）产业：规模结构（规模以上企业数、特色产业产值、特色产业产值占比、绿色产业产值占比）、要素集聚（特色产业投资额占比、特色产业产值国内或省内同行业占比、中高级专业技术人员数、创新创业平台数量）、创新能力（已入驻企业知识产权拥有量、创新创业团队数量、高新技术企业数占比、研发经费投入强度）、产出效益（建设用地亩均缴纳税收额、全员劳动生产率、已吸纳就业人数、特色产业产值增长率、"三新"经济增加值占生产总值比重） 2）功能：社区营造（一刻钟便民生活圈覆盖率、职住平衡率）、公共服务（公共文化服务设施建筑面积占比、公共卫生机构数量、公共区域WiFi覆盖率）、休闲旅游（公共体育休闲用地面积占比、特色景点数量、景区质量等级、年接待客商或游客人数） 3）形态：人居环境（绿化覆盖率、环境噪声达标区覆盖率、环境空气质量优良率）、街区风貌（特色风貌建筑面积占比、街区尺度、绿色建筑覆盖率、慢行系统覆盖率） 4）机制：市场运作（社会资本投资额占比、外商直接投资额占比、公共服务运营市场化率）、政务效能（企业开办审批时间、数字化管理覆盖面积比例）、企业主体（入驻企业政务服务满意度、入驻企业公共事务管理参与度）
《浙江省特色小镇创建导则》（浙特镇办〔2015〕9号）	提出了包括产业定位、建设空间（原则上布局在城乡接合部）、投入资金（完成固定资产投资50亿元以上，特色产业投资占比不低于70%等）、建设内涵（以集聚特色产业高端要素为核心）、功能定位（要实现产业、文化、旅游和一定的社区功能有机融合）、运行方式（政府引导、企业主体、市场化运作）、建设进度（原则上3年内完成投资）、综合效益（新增税收、新增就业岗位、新增游客，集聚工商户、中小企业、中高级人才等）在内的申报条件

第三章 复杂适应系统视角下的特色小镇系统研究

续表

机构/作者	特色小镇系统认定及评估指标体系
四川省文化和旅游厅《四川省文化旅游特色小镇评分细则》（2020年3月20日）	资源禀赋：资源丰度、文化艺术活动、非物质文化遗产、资源影响力 规划管理：规划编制、规划实施 产业发展：产业特色、产业融合发展、社区融合发展、特色住宿、特色美食、特色旅游商品 基础设施与公共服务：文化设施、旅游交通、污水垃圾等市政设施、特色游道、游客咨询服务中心、导视系统、旅游厕所、智慧旅游 综合管理：市场监督、安全监管、人才培养 形象推广：网站、IP、旅游地图、App、网红植入等 综合效益：旅游收入和游客人次、省（境）外过夜游客占比、社会效益
《江苏省级特色小镇验收命名办法（试行）》（苏发改经改发〔2020〕753号）	共性指标：由特色的小镇客厅（空间明确、功能配套、形象景观、特色分）、便捷完善的功能（社区功能［服务配套、智慧化建设、就业人口］、旅游功能［景区建设］、文化功能［文化挖掘］）、和谐宜居的环境（核心区形象魅力［小镇形态、景区特色］、生态建设［绿色发展、美化洁化］）、充满活力的机制（由政府引导［规划编制、小镇镇长、政策扶持机制］、企业主体［非政府投资主导、企业为龙头、建设主体］、市场运作［投资建设多元化］、营商环境［审批服务、准入门槛］、宣传推广［多媒体网络宣传］）指标构成。 特色指标：由促进产业发展、集聚高端要素、推动创新创业或旅游风情指数（适用于旅游风情类小镇）、投入产出效益4个一级指标构成。根据产业类型不同，设置不同分值、不同评定内容的二级指标。如高端制造类，包括专业企业入驻、产业技术领先、智能制造应用、特色产业比重、高精人才集聚、科研机构支撑、土地集约利用、科技创新集孵化水平、投入水平、产出效益、辐射带动等二级指标
《河南省林业局关于印发河南省黄河流域森林特色小镇、森林乡村建设工作方案（2020—2025年）的通知》（2020年7月）	立足于森林资源、自然风光和历史人文资源优势，突出地方特色，统筹区分不同类型：以森林资源或温泉、地热、水域资源为依托，着力打造森林休闲度假、森林运动体验、森林养生养老等为主导产业的森林康养小镇；以区域内森林群落优势、独特的自然风貌和历史文化底蕴为依托，大力建设森林生态观光为主导产业的森林旅游特色小镇；以特色经济林、花卉苗木、林下经济为依托，大力培育桃、苹果、核桃、花椒、林苗花木和林菌、林药、林蜂及木材生产加工等产业特色小镇；以高标准造林绿化、多功能林业生态服务为依托，着力打造生态绿化特色小镇

121

续表

机构/作者	特色小镇系统认定及评估指标体系
《贵州省体育特色小镇评定规范》（DB52T 1640—2021）	明确了基础指标、特色指标和加分指标3个一级类别，涵盖了基础设施、配套服务、体育场所、经营管理等10项二级指标和37项三级指标
陕西省发改委印发《陕西省特色小镇培育创建方案（试行）》（陕发改规划〔2021〕1412号）	提出了陕西省特色小镇入库培育评定标准和陕西省特色小镇年度考核评定标准。 入库培育评定标准，包含总体规划、目标定位、投资运营、基础条件、建设规划、产业发展、功能融合、机制和政策、统筹发展与安全。 年度考核评定标准，包含产业特色鲜明、基础设施完善、多元功能聚合、生态环境优美、质效稳步提升
中国特色小镇发展指数课题组《中国特色小镇2021年发展指数报告》[①]	围绕"宜业、宜居、宜游"三个模块提出了特色小镇发展指数的评价指标体系（19个指标）。 宜业：特色产业产出占比、国地税总收入、科技相关投入占总产出比重、特色产业固定资产投资额占比、已入驻企业数、大专以上学历人员数占比、当年孵化并转移小镇外生产经营的企业数 宜居：占地面积、小镇内常住人口数、人均可支配收入、小镇公共区域免费WiFi（5G）覆盖率、小镇内各类酒店宾馆数、小镇内餐饮服务点数、小镇及周边1千米教育机构数 宜游：绿化覆盖率、年接待游客人数、旅游产业增加值、网络美誉度、绿地面积
王宏等（2021）	基于序关系分析法提出特色小镇成熟度评价指标体系如下[②]： 经济发展成熟度：产业实力、产业集聚、投资集聚、产业创新 社会保障成熟度：区位优势、交通便利、人口结构、生活配套 生态环保成熟度：环境治理、低碳生活、生态环境 政策制度成熟度：政策保障、政府效能、体制活力、小镇规划
文海漓、夏惟怡（2021）	构建特色小镇的评价指标层次模型[③]：特色小镇内涵认知程度、规划编制时效性、投融资效果、产业形态针对性、基础设施完善度、土地利用度、乡镇管理人员专业化程度

---

① 蒋剑辉、张晓欢：《中国特色小镇2021年发展指数报告》，人民出版社2021年版，第25页。

② 王宏等：《基于序关系分析法的特色小镇成熟度评价指标体系的构建研究》，《城市发展研究》2021年第9期。

③ 文海漓、夏惟怡：《广西国家级特色小镇建设模式——基于VIKOR的研究》，《社会科学家》2021年第6期。

续表

机构/作者	特色小镇系统认定及评估指标体系
王长松、贾世奇（2019）	从产业特色、创新创业环境、文化资源、品牌影响力、文化特色、文化自信、历史文化传承、生态环境、公共文化服务能力方面构建中国特色小镇的特色指标体系[①]
陈炎兵、姚永玲（2017）	构建了发展基础、发展潜力、知名度、达标度、融合度和高端化的特色小镇评估指标体系。其中，发展基础分为小镇本身（经济、社会、基础设施）和小镇腹地（资源禀赋、规模）两个方面；发展潜力包括增长潜力、结构潜力、可持续发展潜力（集约化程度、能源消耗强度）；知名度，即互联网指数；达标度，即荣誉称号数量；融合度包括产业融合、产城融合、产人融合、人城融合；高端化包括产业高端化和城镇发展高端化[②]

从表3.5中的统计内容和频次可以看出，现有政策和学者主要从经济、资金、产业、社会、科学技术、创业创新、政策制度、管理能力、人力结构、资源、设施服务、生态环境、文化、开发主体、城乡联动、规模、知名度、达标度、融合度等不同方面对特色小镇系统和评估指标体系进行认定和评估。

从附表一国外发达国家特色小镇的特色标识和特色主体、附表二国内特色小镇的特色主体和特色标识（正在实施建设的典型案例）和表3.4国内外典型特色小镇的自然演进过程可以看出，特色小镇复杂适应系统的可持续发展能力主要体现在以下几个方面。

（1）具备优越的地理位置、良好的经济社会以及政策发展环境。如美国格林尼治对冲基金小镇位于康涅狄格州黄金海岸，地理位置优越，距离世界金融中心纽约40分钟车程，距离海底光缆近，经济社会发展环境良好，加上当地政府提供的优惠税收政策吸引了500多家对冲基金落户，才铸就出今天全球对冲基金大本营。

（2）得天独厚的资源禀赋，如自然资源、生态、历史文化以及优势产业等。如法国依云小镇以依云水为核心资源，打造含疗养、度

---

① 王长松、贾世奇：《中国特色小镇的特色指标体系与评价》，《南京社会科学》2019年第2期。

② 陈炎兵、姚永玲：《特色小镇——中国城镇化的创新之路》，中国致公出版社2017年版，第249—250页。

假、运动和高端会议在内的一体化产业链。英国铁桥峡依托工业革命的发源地，发展以工业遗迹型博物馆群为核心的文化旅游产业链。德国的雷根斯堡以中世纪老城（世界文化遗产）为核心资源，打造历史文化旅游产业链。新西兰的皇后镇利用当地地势险峻又富刺激性的地区开发探险、户外运动等体育活动，使小镇成为世界著名的"探险之都"。我国湖南热水氡泉小镇利用"氡泉"和生态资源（全镇森林覆盖率78.5%）打造养生旅游产业链。

（3）产业基础深厚。深厚的产业基础有利于形成高度专业化产业集聚地，从而成为"小而精"的产业小镇。如作为全球纺织品企业总部的瑞士朗根塔尔小镇位于伯尔尼到苏黎世的途中，并且在瑞士中央铁路线上，历史上是重要集镇和亚麻生产中心，拥有专业技术熟练的劳动力和生产经营能力。在政府规划和资金支持下，不断延伸产业链，聚集了多家巨头企业，成为高端纺织产业高度专业化、集群化的产业小镇。

（4）市场活力足。活跃的市场加快了人流、物流、资金流、信息流等要素的流动，延展了特色小镇生命的可持续性。如瑞士达沃斯小镇是世界经济论坛的永久举办地，至今已有51年的历史，每年会聚集来自全球2400多位各国政界、商界重量级人物研讨世界经济领域存在问题。法国依云小镇依靠依云水在全球饮用水市场的高占有率，拓展出温泉疗养、旅游度假、商务会议等潜力市场。

（5）强大运营管理与创新能力。植入书籍、壁画、电影、动漫等文化要素，从无到有创新思维打造特色小镇，抵消区位等其他因素的不利影响。如英国海伊小镇、日本柯南小镇、马耳他大力水手镇以及加拿大倩美纳斯壁画小镇等。其中，英国海伊小镇地处英格兰和威尔士边境山区，远离英伦三岛的文化中心，但通过搜罗全世界的旧书打造二手书店并进行集聚，使得依赖农业的边陲小镇发展成为"世界旧书之都"和威尔士第四大旅游目的地，年游客量超百万。

此外，无论是何种类别的特色小镇都需要配备完善的基础设施建设和较高的公共服务水平，才能营造出高效、和谐美好的发展环境，保障小镇的可持续发展。

第三章 复杂适应系统视角下的特色小镇系统研究

综上所述，基于特色小镇高度宜居、高度和谐、高度集聚的"三高"特点和新时代下"生产""生活""生态"的"三生"空间目标，结合"原始—智慧—聚合力量"的可持续发展能力结构，本书首先将基础设施建设和公共服务合为设施服务，与资源禀赋一起并入"原始张力"子系统，由于自然供给包括了资源、自然环境等，因此，将自然供给因素删除。需要强调的是，从广义上看，虽然文化与生态环境属于资源禀赋范畴，但由于文化和生态环境因素是文化旅游类小镇的特色标识和主体，因此，有必要进行单独划分。同时，将资源禀赋的内涵界定为狭义层面，即不包含文化与生态环境，而更侧重于自然资源、地理区位等方面。其次，将创业创新、运营管理与创新归入"智慧弹力"子系统，创业创新与科学技术、人力结构合并为创新力要素，运营管理与原有的管理组织要素更新为管理能力。最后，将产业基础、市场活力归入"聚合力量"子系统。同时，由于城乡联动、规模、知名度、达标度、融合度、市场运作等关键词更多体现的是市场规模、市场结构以及竞争力，因此，将"聚合力量"子系统在原有结构上调整为经济、资金、产业及市场四个方面。基于此，本书构建出特色小镇复杂适应系统的可持续发展结构。如图3.9所示。

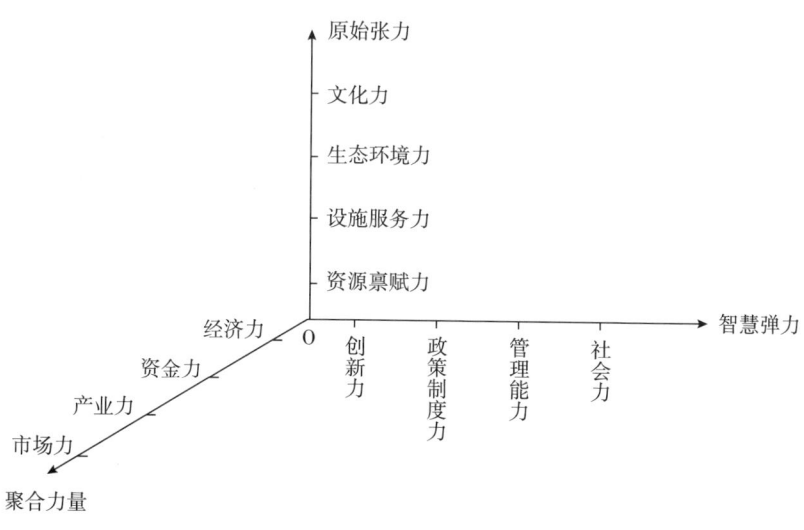

图 3.9　特色小镇复杂适应系统可持续发展的结构解构

总之，特色小镇复杂适应系统的可持续发展主要受文化力、生态环境力、设施服务力和资源禀赋力组成的"原始张力"，创新力、政策制度力、管理能力和社会力组成的"智慧弹力"，以及经济力、资金力、产业力、市场力组成的"聚合力量"三种主要作用力的影响。任何一个角度的力量的不充分发展，都可能成为特色小镇未来发展的桎梏。特别是目前诸多特色小镇表现出的交通不便、基础设施落后方面的重要缺陷，会使特色小镇的整体活力大大减弱。

第六节　本章小结

本章从复杂适应系统视角对特色小镇系统进行深入分析。首先，运用复杂适应系统理论的基本特征属性，判定了特色小镇是一个由大量相互联系、相互作用的适应性主体所构成的复杂适应系统，并探讨了该系统的复杂性根源，即适应性是系统复杂性的根源。其次，采集了500余个国内外特色小镇案例资料，分析了特色小镇复杂适应系统的特色标识和特色主体，识别出国外特色小镇的特色主体一般表现在旅游与文化、体育产业、教育产业、康养产业、新兴信息产业、清洁能源、金融产业、高端装备制造产业、时尚产业和其他特色产业；国内特色小镇特色主体一般表现在主题文化旅游、历史经典产业、高端制造、特色生态农业、康养产业、商贸物流、特色产品、科技创新与创业、金融创新、新能源新材料与节能环保、体育与教育产业十一个类别。在此基础上，建立了特色小镇复杂适应系统的目标体系，并结合典型案例，分析了特色小镇复杂适应系统的结构与功能。最后，构建了特色小镇复杂适应系统可持续能力建设的维度以及结构，即由文化力、生态环境力、设施服务力和资源禀赋力组成的原始张力，由创新力、政策制度力、管理能力和社会力组成的智慧弹力，以及由经济力、资金力、产业力、市场力组成的聚合力量，为下文开展复杂适应系统视角下的特色小镇自适应演化研究做好铺垫。

第四章

复杂适应系统视角下的特色小镇演化过程研究

根据复杂适应系统理论,特色小镇复杂适应系统是一个围绕特色主体和特色标识发展的动态演化系统。这一动态演化过程有机地将微观和宏观联系起来,即是特色主体与其他一般主体和外部环境的交互作用力作为系统宏观演化的牵动力,不断推动着系统有序演变发展。本章主要结合前文研究结论,探讨复杂适应系统视角下的特色小镇演化过程,即特色小镇复杂适应系统的自适应演化(下文简称"特色小镇自适应演化")。要研究特色小镇自适应演化的过程,有必要探讨其自适应演化如何生成?也需要探究其演化的层次结构?基于此,本章首先对特色小镇自适应演化的内在生成机理进行探讨。其次,对特色小镇自适应演化的层次进行深入剖析,包括微观基本主体—中观动力—宏观演化三个层级。最后,从主体适应性学习与适应性能力的视角,引入适应度景观和NK模型,构建了特色小镇自适应演化的NK景观模型,探讨了特色小镇自适应演化的主要过程,总结出特色小镇自适应演化的主要特性和核心机制。

第一节 特色小镇自适应演化的生成机理

适应性主体是研究复杂适应系统自适应演化规律的必然起点。根据复杂适应系统理论，适应性主体能够主动探测外部变化，不断调整自己的行为规则，并在其发展过程中积累经验，形成学习记忆。无论是作为基本主体的人，还是其他载体构成的特色主体，抑或其他一般主体，都是特色小镇复杂适应系统的适应性主体的范畴。虽然他们的相互影响程度不同，但其基本属性和规律则是相同的。本节是对其机理进行的研究，因此仅以一般适应性主体作为研究对象，其内涵均包括了活体（人）、特色主体和一般主体。本节首先分析特色小镇适应性主体行为规则的产生；其次，探讨了特色小镇适应性主体行为规则的交叉机制和变异机制；最后，利用数学建模初步构建了特色小镇适应性主体自适应演化的动态模型。

一　主体行为规则的产生

（一）主体行为规则产生的机制

根据复杂适应系统理论，刺激—反应规则确定了特色小镇主体的行为。特色小镇主体通过自身的主动适应性学习，不断积累经验，调整行为规则，适应外部变化（见图4.1）。

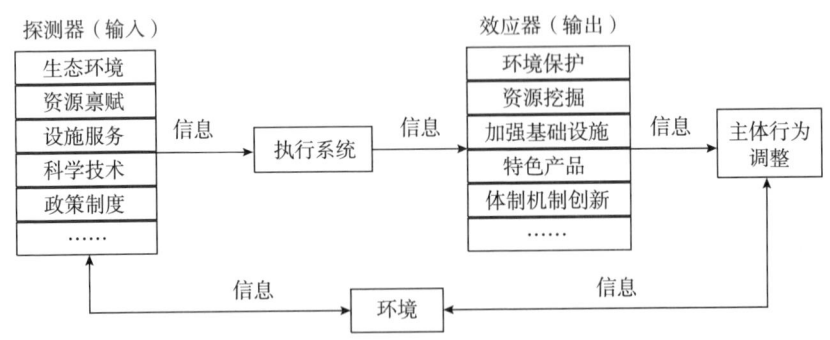

图4.1　特色小镇主体行为规则的产生

输入：其他主体或周边环境的刺激。

输出：主体的反应（一般是动作）。

规则：一般采取"刺激—反应"形式，即感知信息条件，采取相应行动。在复杂适应系统中，这些规则被看成是有待检验和认证的假设，演化的过程正是要提供多种多样的选择。

探测器：主体通过探测器感知外部各种变化。如历史文化、生态环境、设施服务、管理能力、经济发展、市场供需、技术创新、政策环境等发展情况以及其他主体的反馈信息等。

效应器：运用规则库中的条件规则，将来源于探测器中的反应类信息直接映射为动作，使主体能根据输入信息和当前状态实时处理一些常规情况和突发事件等。

显然，特色小镇主体通过"刺激—反应"来感知外部变化，过滤外部大量信息。在过滤信息时，外部变化通过探测器将信息传递给主体，主体通过加工有用信息，产生相应的输出行为。如企业主体，通过国家相关利好政策（探测器）感知特色小镇、美丽乡村或特色产业、特色产品发展的信息，再经过加工这个信息，得知一旦错失发展的政策契机，企业产品将极易被迫挤出市场，市场占有率下降，那么，这个主体就可能进行战略转型，定位于特色小镇，培育特色产品，实现产业转型升级。显然这一规则是作用于探测器产生的信息。那么如果要实现企业战略转型，定位特色小镇，发展特色产品，则由于自身能力不够而寻求政府、研究机构等其他主体的合作。这一规则是效应器发出作用于环境的信息。由此可见，主体规则的形成是极其复杂的，它不仅与外部环境、其他主体有关，还与主体自身历史行为有关。

（二）信息对主体行为规则的影响

从上面的讨论可知，信息是启动刺激—反应规则的重要前提。从认识论的角度看，信息是指具有意识的人对物质的普遍属性的反映。[1] 科学技术、知识、管理经验、政策制度、体制机制、生态环境、市场信息、经济发展、社会文化等都是最常见的信息。信息具有转移性与可转化性，能够为人们所共享。但是，信息具有两面性。只有那些能够促使系统演化的信息，才能够有助于推动特色小镇的自适应演化。

---

[1] 丁堃：《基于复杂适应系统理论的绿色创新系统研究》，博士学位论文，大连理工大学，2005年。

结合前文的案例研究，本书认为经济发展情况，资金情况，产业发展导向，市场信息，科技、人才与创新，户籍、土地、投融资、企业转入、人才引进等政策制度，社会管理水平，设施服务情况，生态环境情况、社会文化发展，自然资源禀赋等是推进特色小镇形成与可持续发展的重要信息因素。

特别地，标识类信息对于主体规则的形成起着决定性作用。由于标识具有聚集作用，能够把不同的主体聚集起来，形成更高级别的聚集体，如企业联盟、产学研合作组织、发展共同体等。这些聚集体相互作用再升级为另一个更高级别的智能体，不断推动系统的演化与发展。在特色小镇复杂适应系统中，科技与创新、人才集聚、产业项目、生态环境、独特的自然资源禀赋、城乡一体化以及美丽乡村战略等都是标识。其中，特色产业、独特自然资源禀赋等往往为特色标识。特色标识是特色主体形成的关键，是特色小镇系统演化的核心。如在首只对冲基金的特色标识指引下形成了对冲基金特色产业主体，在政府利好税后政策的推动下形成了具有全球影响力的美国格林尼治对冲基金小镇。

（三）主体适应性行为规则的生成：竞争与信用分派

系统持续的信息反馈刺激着新规则和积木的不断生成。那么，在主体的一组规则中，哪些规则可以产生适应行为规则？如何确定这些规则？其根本在于规则间的竞争与信用分派。Holland认为规则可以看成是待检验的假设。这些假设之间存在相互竞争关系。每个假设根据其在系统中的有用性被系统以经验为基础分派一个竞争强度。那么，竞争强度则成为其参与检验的依据。若一个假设被检验失败，其他假设将进行补充。若一个假设被检验通过，其竞争强度将被增强。这种在经验的基础上，根据规则的有用性修改其竞争强度的过程称为信用分派。在系统进行竞争与信用分派的过程中，通过多次检验的规则可以被认为是有利于主体自身生存和可持续发展的规则。这一规则一旦被发现，主体就会创造条件去加强这一规则的强度，即适应性行为产生，主体状态随之改变。可见，信用分派是对规则进行度量的一种定量方法，通过定量的累积经验的过程，实现筛选定性规则的目标。

图 4.2 演示了信用分派改变规则强度的过程。其中，圆圈表示规则的信用强度。需要强调两点：一是规则 R 不仅受前面规则所发出消息的影响，自身加工后的消息还对后面的规则产生影响；二是在一组竞争规则中，只有 IF 部分得到满足的规则才有资格产生新的适应性行为动作。基于此，通过比较 IF 部分得到满足的规则的信用强度可知，规则 R 的强度为 75 比另一规则的强度 70 大，规则 R 获胜，此时需给付强度 6 给前面的规则，同时发送消息给下一规则；下一规则接收消息，若能匹配，则下一规则需给付规则 R 强度 8 作为奖励，整个过程中的规则强度均得到增强。反之，规则 R 因无回报强度会下降。由此可见，在系统与环境相互作用的过程中，有的规则会加强，有的规则会退化。竞争强度高的规则有较大机会保存下来而进入下一代，而竞争强度低的仅有较小的生存机会，不过这有利于保持系统多样性，在与环境的后续作用过程中，有机会从局部极值点跳出，最后达到全局最优解。复杂适应系统就是以此种方式不断向更高的适应性阶段持续演进。

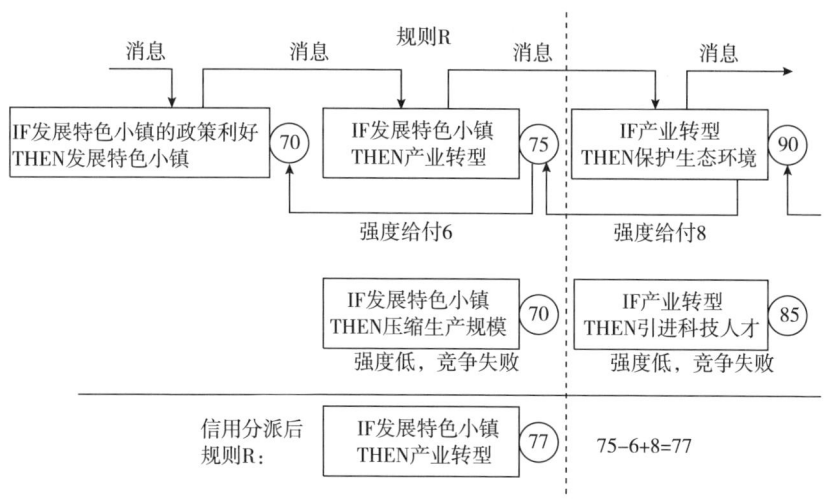

图 4.2 信用分派改变规则强度

综上所述，通过信用分派改变规则强度，有利于发现系统规则集中最有效的规则，从而带动系统演变发展。就特色小镇复杂适应系统而言，当小镇系统探测到外部的一个刺激时，发出一个消息，系统中各个主体响应此消息随之产生行为。同时发生竞争，竞争胜利的规则又再发出消息。消息被一层一层持续传递，不断产生新的行为。在这个循环反复的行为更替过程中，特色主体和其他辅助主体逐渐形成。此外，复杂适应系统适应能力的提升需要发现或形成新规则。而新规则是主体在根据规则的强度来重组和取代规则以改善系统主体的运行状态中发现或形成的。特色小镇复杂适应系统能够通过适应性学习增强其适应能力，使其达到适应环境的最佳效果。新规则的发现将在第五章适应性学习机制的研究中详细阐述，这里不再赘述。

二 主体行为规则的交叉机制

交叉机制在复杂适应系统的演化中普遍存在。Holland 在他的著作《隐秩序：适应性造就复杂性》中指出："后代一般与父母共同生存，通常会取代环境中弱小的竞争者。在竞争的情况下，较强的规则通常决定主体的行为，因此他们是主体内部模型的核心。而后代与父母不完全等同，所以这是一个真正的发现过程。在遗传学中，一种称为交换的相互作用会引起父母的特性在后代身上的重新组合。从规则发现的观点来看，正是这种基因集合的重组才最有意义。"[1] 可见，一个主体在产生了适应性行为以后，会对行为规则中的积木进行重组，产生新规则和新主体，这是复杂适应系统自适应演化的关键。

为更清晰地表达此观点，可用图来表达特色小镇复杂适应系统主体行为规则积木的交叉机制。假设文化域，生态环境域，设施服务域，资源禀赋域，创新域，政策制度域，管理能力域，社会域，经济域，资金域，产业域，市场域，分别用 Ω_a，Ω_b，Ω_c，Ω_d，Ω_e，Ω_f，Ω_g，Ω_h，Ω_i，Ω_j，Ω_k，Ω_l 表示。

其中，Ω_a = (As)，As 为文化积木，s = 1，2，3，4，…

---

[1] [美] 约翰·H. 霍兰：《隐秩序：适应性造就复杂性》，周晓枚、韩晖译，上海科技教育出版社 2011 年版，第 79 页。

$\Omega_b = (Bs)$，Bs 为生态环境积木，s=1，2，3，4，…

$\Omega_c = (Cs)$，Cs 为设施服务积木，s=1，2，3，4，…

$\Omega_d = (Ds)$，Ds 为资源禀赋积木，s=1，2，3，4，…

$\Omega_e = (Es)$，Es 为创新积木，s=1，2，3，4，…

$\Omega_f = (Fs)$，Fs 为政策制度积木，s=1，2，3，4，…

$\Omega_g = (Gs)$，Gs 为管理能力积木，s=1，2，3，4，…

$\Omega_h = (Hs)$，Hs 为社会积木，s=1，2，3，4，…

$\Omega_i = (Is)$，Is 为经济积木，s=1，2，3，4，…

$\Omega_j = (Js)$，Js 为资金积木，s=1，2，3，4，…

$\Omega_k = (Ks)$，Ks 为产业积木，s=1，2，3，4，…

$\Omega_l = (Ls)$，Ls 为市场积木，s=1，2，3，4，…

于是，对于特色小镇系统适应性主体的规则就可以写成：

IF（S_1，S_2，S_3，S_4，…），THEN（As，Bs，Cs，Ds，Es，Fs，Gs，Hs，Is，Js，Ks，Ls）。

其中，S_1，S_2，S_3，S_4，…为刺激，As，Bs，Cs，Ds，Es，Fs，Gs，Hs，Is，Js，Ks，Ls 为积木，适应度与积木的关系可以用如下函数表示：

Fit（Y）= f（As，Bs，Cs，Ds，Es，Fs，Gs，Hs，Is，Js，Ks，Ls），由复杂适应系统理论的特征可知，Fit（Y）为非线性函数。

由于积木交叉重组的方式多种多样[①]，在此选择一种作一般说明。

假设两个规则的积木分别为｛A_1，B_1，C_1，D_1，E_1，F_1，G_1，H_1，I_1，J_1，K_1，L_1｝，｛A_2，B_2，C_2，D_2，E_2，F_2，G_2，H_2，I_2，J_2，K_2，L_2｝，其中 A_1，A_2 为文化域中的等位积木（等位基因），其他域的情况类似。

则：

R_1：

A_1	B_1	C_1	D_1	E_1	F_1	G_1	H_1	I_1	J_1	K_1	L_1

---

① 丁堃：《基于复杂适应系统理论的绿色创新系统研究》，博士学位论文，大连理工大学，2005 年。

复杂适应系统视角下的特色小镇演化研究

R_2:

| A_2 | B_2 | C_2 | D_2 | E_2 | F_2 | G_2 | H_2 | I_2 | J_2 | K_2 | L_2 |

交叉后,两个新规则的积木为:

R_3:

| A_2 | B_1 | C_2 | D_1 | E_2 | F_1 | G_2 | H_1 | I_2 | J_1 | K_2 | L_1 |

R_4:

| A_1 | B_2 | C_1 | D_2 | E_1 | F_2 | G_1 | H_2 | I_1 | J_2 | K_1 | L_2 |

由此可见,系统积木的交叉可产生出比前一代规则的适应度更高的新规则。但这种新规则将需继续接受环境的检验。

三 等位积木的变异机制

在生物学中,细胞在复制过程中可能会出现某些小概率差错而发生变异,产生具有新特征的染色体。借用生物学变异的概念,探讨特色小镇复杂适应系统的等位积木变异。它是指特色小镇复杂适应系统在与环境相互作用中,系统积木集中的某个等位积木发生变异,导致其自身行为规则发生变化,从而表现出新的行为特点。以创新域的积木为例,受科研成果或人才影响,使得创新域的等位积木发生变异,从而展现出新的创新积木块以取代原有的创新块,产生新的主体行为规则。而 Ω_a,Ω_b,Ω_c,Ω_d,Ω_e,Ω_f,Ω_g,Ω_h,Ω_i,Ω_j,Ω_k,Ω_l 中每个都可能发生变异产生新的积木,而新的积木与原有的积木的组合就形成了新规则。如图 4.3 所示。

从图 4.3 可知,规则 IF(S_1,S_2,S_3,S_4,…),THEN(As,Bs,Cs,Ds,Es,Fs,Gs,Hs,Is,Js,Ks,Ls)中的任一积木在演化中都可能以一定的概率发生一定的变化(用 P 表示)。当某一积木的概率 P 达到一定的值 M 时,就产生了变异。如图 4.3 的积木 Es,变异后变为 Es^*,Ω_e 变为 Ω_e^*,从而产生新规则 R_2,改变主体行为。

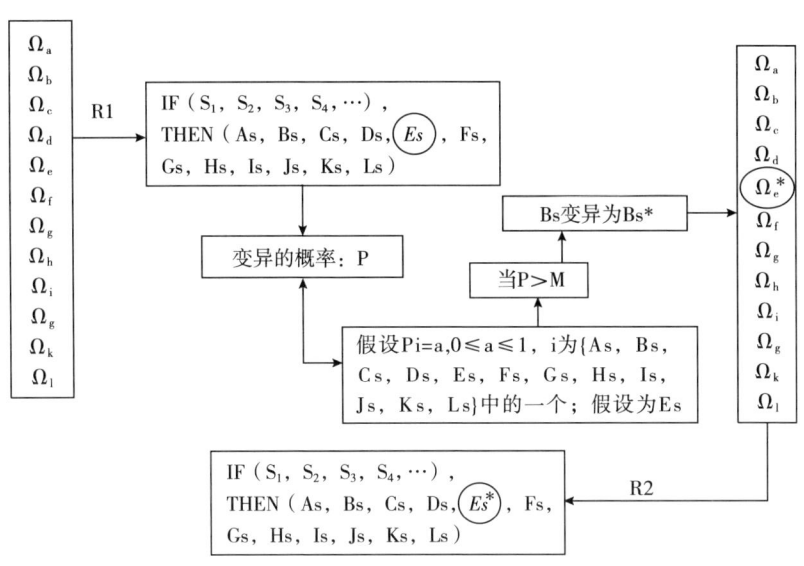

图 4.3　特色小镇复杂适应系统的等位积木变异机制模型

四　主体的自适应动态演化

特色小镇复杂适应系统是由大量相互联系相互作用的适应性主体构成。单个主体的行为改变，仅仅代表特色小镇系统从一般载体系统向特色小镇系统转化的开始。因而，系统必须通过多主体之间的相互作用才能形成多主体复杂适应系统，进而涌现出新特质，实现通过特色小镇不断促进经济、社会和生态可持续发展的复杂适应系统自适应演化的终极目标。利用复杂适应系统理论和前面已经得到的结论，可初步描述出特色小镇复杂适应系统自适应演化的动态模型。

（一）单主体自适应演化的动态模型

特色小镇复杂适应系统中任一适应性主体的状态均是由该适应性主体在上一时刻的状态和 t 时刻的输入共同决定。用状态函数 S 来定义适应性主体的状态，S_1，S_2，S_3，…，S_n 表示状态集合；$I_i(t)$ 表示 t 时刻的输入（i 表示输入的数量，$\{I_i\}$ 为输入的集合）。那么，t+1 时刻适应性主体的状态 S（t+1）由其转换函数 F：S（t）×I（t）来表示。即：

$$F[S(t+1)] = F[I_1(t), I_2(t), \cdots, I_i(t), S(t)] \qquad (4.1)$$

如果给出 t+1 时刻的输入 $\{I_1(t+1), I_2(t+1), \cdots, I_i(t+1)\}$，可以利用函数 F 推导出机制在状态 t+2 时刻的状态 S(t+2)。在组合序列 I(t)，I(t+1)，I(t+2)，…影响下，反复使用函数 F 可生成连续状态。设 Aj 为特色小镇复杂适应系统中某个单主体，j=1，2，3，…，则特色小镇复杂适应系统中单主体自适应演化模型如图 4.4 所示。

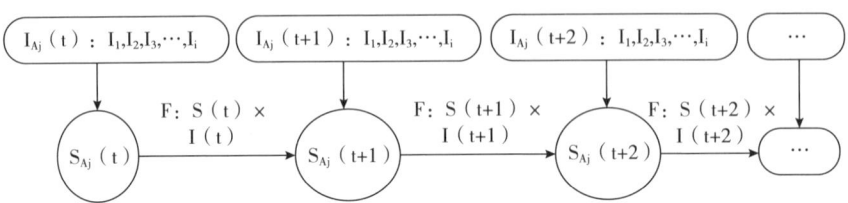

图 4.4　特色小镇复杂适应系统的单主体自适应演化模型

如果引入主体形成的部分微观机制，就可以得到一个扩展模型，如图 4.5 所示。而当信用分派达到一定程度时，就会产生适应性行为，从而引起特色小镇复杂适应系统主体的状态、属性和功能的变化。

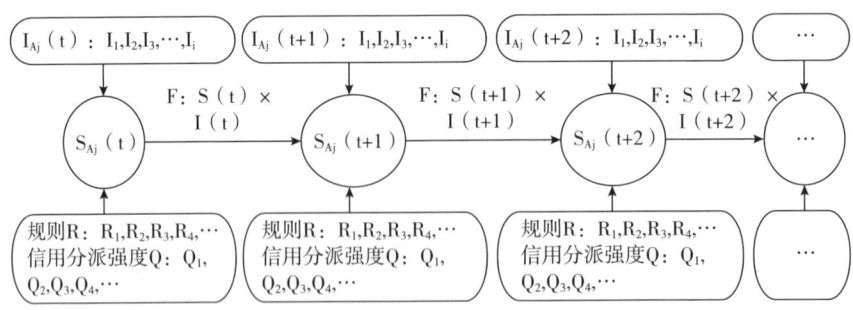

图 4.5　特色小镇复杂适应系统自适应演化的扩展模型

（二）多主体自适应演化的动态模型

从图 4.5 可知，一个主体行为规则的产生会建立起一个新的主体状态。特色小镇复杂适应系统主体众多，需要把单主体演化过程推广到多主体系统的演化过程中。特色小镇复杂适应系统的主体之间通过限制性输入和输出产生相互作用，引起主体行为规则的变化，受限产生具有新标识的主体，从而使特色小镇复杂适应系统的状态、属性和功能发生变化。这是一个受限生成的过程，如图4.6所示。特色小镇的不同特色主体，具有不同特色标识，用T_1，T_2，T_3…表示；S_{ATi}（其中，$i=1$，2，3，…）表示不同标识下的特色小镇的主体集，O表示系统输出。

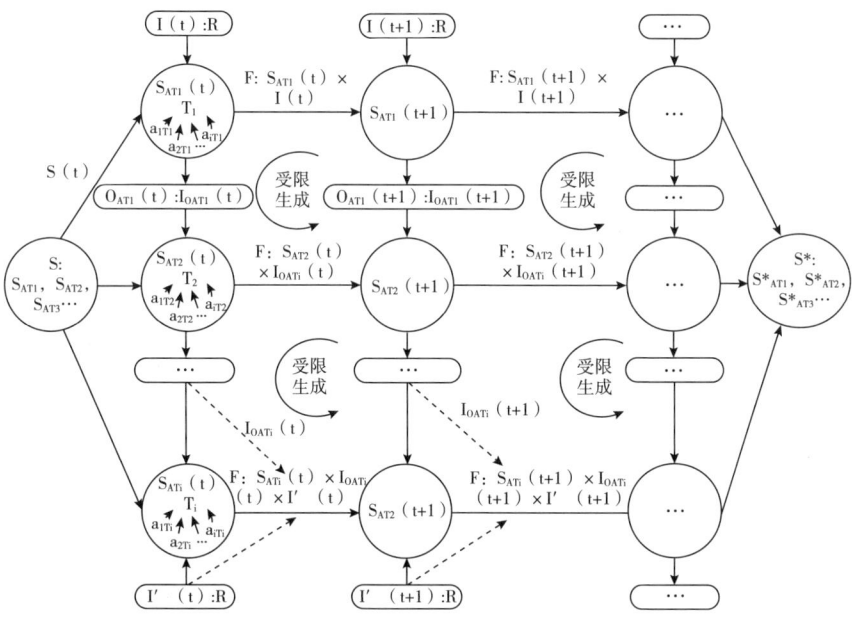

图4.6　特色小镇复杂适应系统的多主体自适应演化模型

第二节　特色小镇自适应演化的层次

一　多层次演化结构

从复杂适应系统理论的宏微观逻辑关系来看，特色小镇复杂适应系统是在微观主体、主体与外部环境交互作用的共同推动下发生自适应演化的，其自适应演化是一个多层级的不断递进的动态演化过程。

这种多层次体现在：微观基本主体层、中观动力层以及宏观系统演化层。其中，人是复杂适应系统微观层的最基本主体，是系统中最大的、最为活跃、最为复杂的随机因素，可通过不同的"标识"聚集为政府、企业、机构、社会等异质性主体。这些异质性主体的生存与发展环境是其他主体提供的，同时他们也参与到为其他主体提供环境的过程中。正是主体与外部环境的这种相互作用才在空间与时间之间建立了联系，形成推动特色小镇复杂适应系统自适应演化的中观动力。在微观基本主体、中观动力的共同影响下，特色小镇复杂适应系统发生宏观的动态演化。基于此，可以构建出特色小镇自适应演化的多层次结构，如图4.7所示。

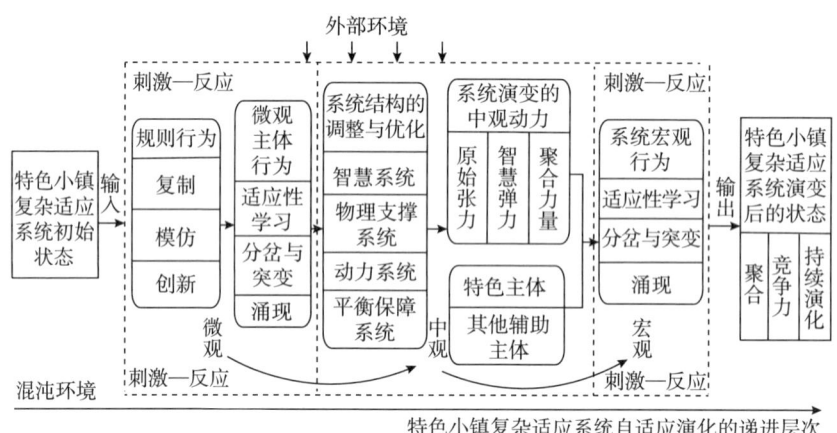

图4.7 特色小镇复杂适应系统自适应演化的多层次结构

从图4.7可知，特色小镇复杂系统的自适应演化是一种自适应、自组织、自学习的智能活动。在混沌的环境中，特色小镇复杂适应系统主体感知外部环境变化，采取相应行动，调控中观主动力，引起系统宏观的分岔、突变和涌现，向更高级的形态发展。特色小镇复杂适应系统经过上述一系列的反应与适应过程，逐渐达到稳定状态。由于特色小镇是新时代背景下的新生事物，发展尚不成熟，因此，特色小镇复杂适应系统处于高度敏感的环境之中，外部环境时时变化，迫使特色小镇复杂适应系统不断感知外部变化，适应性主体对变化因素进行综合解析，并调整自身行为。可见，特色小镇复杂适应系统自适应演化是循环递进的动态过程。在自适应演化的每一个动态阶段，如果采用了不适应环境的规则与策略，都将会导致特色小镇复杂适应系统的崩溃与瓦解。

二 微观基本主体：主体及主体一般行为规则

根据第三章第四节的分析可知，特色小镇复杂适应系统的微观主体一般包括政府、企业、金融机构、专业服务机构、小镇居民五大基本主体。特色小镇复杂适应系统微观基本主体的构成如图4.8所示。

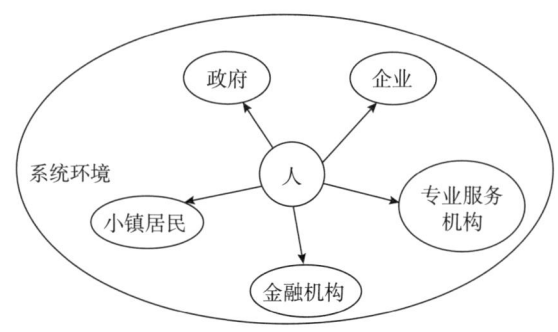

图4.8 特色小镇复杂适应系统微观基本主体的构成

这五大微观基本主体对自身适应能力的持续性追求是特色小镇复杂适应系统演化的原动力，是特色小镇复杂适应系统拥有自适应能力的内在原因。特色小镇各主体提升各自适应能力，力争在特色小镇复杂适应系统中占据分工网络中的势能较高节点。特色小镇复杂适应系统各主体之间的趋同策略和行为在宏观层面呈现出自组织、自适应的特征。根据复杂适应系统理论，复杂适应系统中各类主体的属性、结构、功能等均不同，在系统中扮演的角色和地位也存在较大的差异。具体来看，特色小镇复杂适应系统的主要微观主体的责任和一般行为规则如下。

（一）政府的一般责任和行为规则

特色小镇是市场经济发展到一定程度后差异化发展的必然产物。

但市场的作用是有限的，会出现"市场失灵"的现象，特别是对于可持续发展所面临的如生态环境污染、自然资源浪费以及"城市病"等诸多问题。这需要依靠政府的"有形之手"的作用。同时，我国特色小镇发展仍在初步阶段，在体制机制创新、产业发展、文化传承等方面都需要政府的引导。从纵向级别上看，政府包括了从中央到地方各个层级；从横向上看，它涵盖财政、土地、计生、民政、文化办等各相关职能部门，负责大量基础设施、产业整合等工作。政府旨在通过特色小镇，推进城镇化进程、探索经济增长新模式、打造特色产业集群、解决社会就业、提高人民收入和生活质量、解决财政收入、推进城乡一体化建设、探索新型养老模式、促进外来游客重复消费等。因此，政府搭建成熟的发展平台，提供政策创新支持以及高效的行政服务，是特色小镇实施的重要保障。由于我国特殊的国情，地方政府培育特色小镇的能力不足，因此，选择以省级政府为研究对象。政府在特色小镇自适应演化中的职责突出表现在以下几个方面：

第一，激发系统其他参与适应性主体的需求。政府根据各类适应性主体的特点，在了解其动力机制的基础上，通过特殊的政策制度等激励手段，激发他们参与特色小镇的建设与可持续发展活动。

第二，消除障碍，引导特色小镇的可持续发展方向。政府要创新体制机制，消除发展障碍，通过制定包括产业发展规划、户籍制度、土地制度、投融资制度、企业准入制度、人才引进制度、运营管理制度等，推动特色产业的发展，促进就地就近城镇化，提高空间的集约度，创新投融资机制，加快企业集群，引进人才，打造发展品牌，以引导特色小镇系统的可持续发展。

第三，搭建创业创新平台。政府应从可持续发展要求出发，以经济效益、社会效益、生态效益三者相统一为原则，以提高服务效率为目标。一方面，提高基础设施和公共服务水平。基础设施包括水电路气信、垃圾处理、物流等方面，公共服务包括教育、医疗卫生、文化体育、社区服务等方面。通过完善的基础设施和公共服务，留住人才，支持特色小镇系统的可持续发展。另一方面，引导科技创新，提高资源等发展要素的利用率。

根据省级政府的职责,在特色小镇复杂适应系统中,政府的刺激—反应规则和模型如图4.9所示。

规则1:如果小镇的发展动力不足,则制定产业发展规划,以培育与发展主导产业,形成发展动力。

规则2:如果小镇的基础设施不完善,公共服务水平不高,则制定相应政策,完善基础设施建设,提高公共服务水平。

规则3:如果小镇需要攻克科技或创新领域问题,则制定科技与创新战略和政策,搭建创新平台。

规则4:如果系统其他主体动力不足,则运用经济杠杆或行政手段建立相应激励机制。

规则5:如果存在户籍、土地、投融资等制度障碍,则进行体制机制的创新。

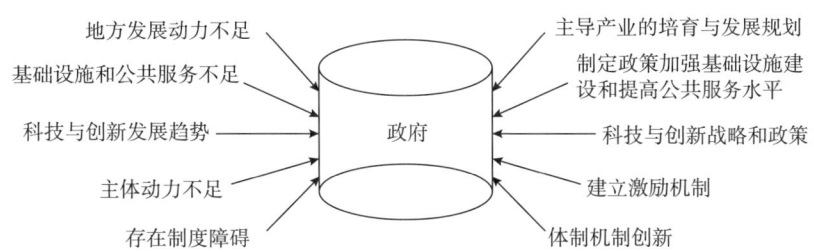

图4.9 政府主体的刺激—反应模型(以省级政府为例)

(二)企业的一般责任和行为规则

特色小镇系统是一个复杂系统工程。它涵盖了特色产业的选择与培育、旅游项目开发、土地开发、房产开发、产业链整合开发、文化建设以及城镇建设开发,涉及城镇、文化、旅游、产业、投融资、项目建设、招商、运营管理等各个领域,是一个需要综合开发与运营的复杂系统。它要求产业形态特色鲜明、生态环境美丽宜居、传统文化彰显特色、设施服务便捷完善以及体制机制充满活力等。企业是践行这一美好蓝图的重要实施主体。企业一般是指以营利为目的,运用土地、劳动力、资本、技术和企业家才能等生产要素,向市场提供商品或服务，实行自主经营、自负盈亏、独立核算的法人或其他社会经济组织，是市场经济活动的主要参与者。企业作为特色小镇复杂适应系统演化的一大主体，是市场化运作体制下弥补政府短板、激发市场活力的重要角色。它可以以强大的资本能力以及融资手段解决政府建设资金不足的问题。它有着敏锐的市场观察力、较强的风险管控能力以及强大的运营能力，能很好地弥补政府在小镇运营上的缺陷。它可以有效解决就业，创造财富，增加收入，并参与公益项目等，履行好企业的社会责任。

特色小镇复杂适应系统的企业主体的构成类型众多，如投资企业、房地产开发企业、建筑施工企业以及从事农业、工业、服务业等在内的其他企业。本书这里所指的企业主要是指在地域内对其他企业具有很深的影响、号召力和一定示范引导作用，并对该地区、该行业或者国家做出突出贡献的龙头企业。它不同于其他一般企业，肩负有开拓市场、创新科技、带动农户和促进地域经济发展等重任，能够优化经济结构和促进产业转型，带动产品参与国内或全球的市场分工与竞争，推动农业增效和农民增收等。可见，企业作为一种资源配置的机制，能够实现整个地域社会经济资源的优化配置，是特色小镇复杂适应系统自适应演化的重要动力，在自适应演化中的职责突出表现在以下几个方面：

第一，协同发展，形成特色鲜明的产业形态，引导地域经济发展。企业集聚了资源、技术、资金、管理、文化、人才等方面的优势，有能力、有资格参与到国内或全球的市场竞争中。根据本地要素禀赋的实际，打造特色产品，形成特色鲜明的产业形态，引导地域经济发展。

第二，科技创新。科技创新是企业持续发展的动力之源。企业在发展中会不可避免地面临各种问题，要科学探索出现的问题，积极引入科学技术，创新发展新模式，走科技强企之路。

第三，履行社会责任，弥补政府短板，解决就业，强化基础设施和公共服务设施建设，集聚人口，加快新型城镇化步伐。

根据上述龙头企业的主要职责，在特色小镇复杂适应系统自适应演化中,企业主体的刺激—反应规则和模型如图4.10所示。

规则1:如果政策或制度变化,则调整发展战略和策略。

规则2:如果新技术出现,则进行技术改造或开发新产品。

规则3:如果辨析市场经济或产业发展新方向,则拓展市场或产业链。

规则4:如果产品比较优势明显,则抢占市场份额。

规则5:如果产品滞销,则退出市场或进行转型。

规则6:如果进行技术研发,则引进人才或采取与其他主体的合作策略。

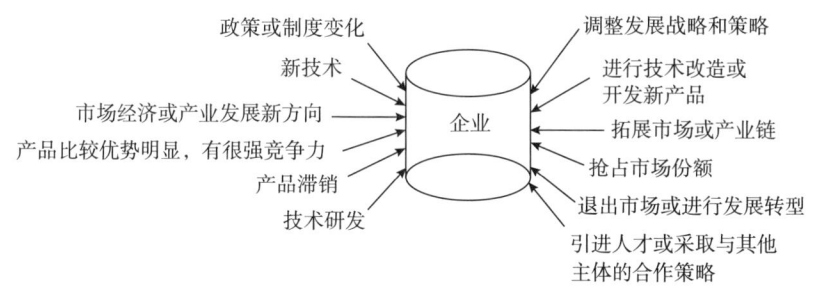

图4.10　企业主体的刺激—反应模型(以龙头企业为例)

(三)金融机构的一般责任和行为规则

特色小镇集聚高端要素,常常以完善的基础设施和公共服务配套为前提,需要大量资金投入。因此,持续稳定的资金来源是特色小镇自适应演化的重要约束条件,金融机构的支持至关重要。金融机构具有广泛的含义,本书从狭义层面主要讨论政策性银行,如国家开发银行、中国农业发展银行等,以及处于我国金融中介体系中主体地位的国有商业银行,如中国工商银行、中国农业银行、中国建设银行等。其中,前者根据政府的决策和意向专门从事政策性金融业务,不以营利为目的,并且根据具体分工不同,服务于特定的领域。总体上,金融机构通过资源配置和金融调控,起到了融通资金、促进效率和分散风险的作用。从利益相关者来看,金融机构一般对国家履行着促进经济发展和维护经济金融稳定运行的责任，对社会承担促进社会和谐发展、提高社会保障水平的责任，对政府金融机构肩负着创造税收、提供更多就业机会的责任，对股东承担保持资产保值增值责任，以及对资源环境承担减少资源消耗和促进可持续发展的责任。此外，还有对投资的风险管控责任。这里我们简析其经济责任与社会责任。

（1）经济责任：推动现代市场经济健康、稳定、持续发展。由于其在经济中的核心地位和高杠杆性，传导效应非常强，对整个国民经济稳健运行的影响越来越大。通过发挥金融机构主体的资源配置功能和金融调控作用，促进经济增长方式转变和产业结构优化升级。

（2）社会责任：金融机构作为特殊的公众性、社会性很强的企业，是现代经济的核心和资源配置的枢纽。由于行业特性，要求其对环境和社会承担更多的责任。发挥桥梁作用，推动各利益方和谐互动，实现经济、环境、社会三大目标有机统一与持续发展。

根据上述金融机构的主要职责，在特色小镇复杂适应系统自适应演化中，金融机构主体的刺激—反应规则和模型如图4.11所示。

规则1：如果区域发展动力不足，则设立专项资金支持主导产业的培育与发展。

规则2：如果出现资源环境问题，则提高金融资源的配置和利用效率，发展绿色金融促进资源环境可持续发展。

规则3：如果出现经济问题，如区域受到经济结构与增长方式的路径依赖约束，则不断进行业务创新，进行新兴项目融资，以促进经济增长方式转变和产业结构的优化。

规则4：如果出现基础设施不足、公共服务落后、就业不足等社会问题，则履行社会责任，如积极支持地区城镇建设，参与公益事业，提供就业机会等。

规则5：如果国家重点战略改变，则延伸和拓展服务领域，促进经济社会薄弱环节和滞后领域的发展。

规则6：如果国家政策导向变化，则调整政策性金融业务。

规则7：如果受其他不确定风险因素的刺激，则加强潜在风险管控。

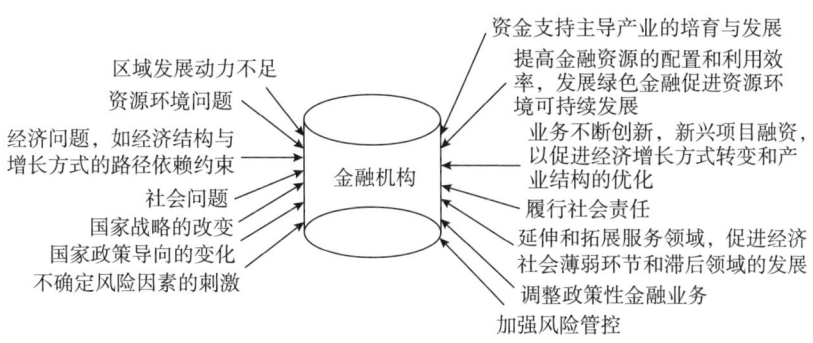

图 4.11　金融机构主体的刺激—反应模型（以银行为例）

（四）专业服务机构的一般责任和行为规则

纵观人类发展史，科学技术与创新、知识与智慧已经使社会有了快速的发展。特色小镇作为新时代下的新生事物，其规划、策略、定位、建设以及开发运营管理（包括土地一级开发、二级房产开发、产业项目开发及产业链整合开发、城镇建设与公共服务开发以及品牌的建立）等都需要专业化服务机构的智力支持。同时，由于投融资主体能力受限、资金需求量大、投资见效期长、收益回收不稳定、不确定因素多、风险难度高等，都对特色小镇的培育、建设及运营提出了很高的要求，急需一套科学性强、可操作性强的服务体系。一般地，专业服务机构是由组织或个人应用某些专业知识和专门知识或者大量的实践经验来为客户或消费者提供某一领域的特殊服务。它是知识和科技含量很高的服务。这里的专业服务机构主要针对地域特色产业服务以及小镇运营层面，主要包括了专业的运营管理机构、咨询机构、研究机构等，为特色小镇的全方面发展提供智力支持。总之，专业服务机构作为专家智库，能够输入科学技术和知识，有效实现地域社会经济资源的优化配置，是特色小镇复杂适应系统自适应演化的智力保障。专业服务机构的职责除了提供相应支持和服务以外，突出职责还表现在以下几个方面。

（1）为特色小镇自适应演化提供科学技术、创新知识等为核心的"知识库"。

（2）提供专业化的服务，实现面向可持续发展的科学技术和知识成果的产业化、资源资本化的重要手段，起着孵化器的作用。

（3）为特色小镇的运营管理输送和培训人才。在新时代发展的背景下，创新人才的作用，特别是具有现代意识和观念，同时又具有专业素质和技能的复合型人才，在提高特色小镇的创新能力，促进小镇可持续发展的作用越来越突出，也是系统竞争力的突出表现。

根据上述专业服务机构的主要职责描述，在特色小镇复杂适应系统自适应演化中，专业服务机构主体的刺激—反应规则和模型如图4.12所示。

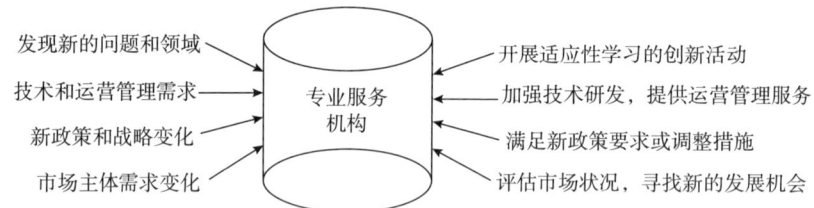

图 4.12　专业服务机构主体刺激—反应模型

规则1：如果发现新的问题和领域，则开展适应性学习的创新活动。

规则2：如果有技术和运营、管理需求，则加强技术研发，提供运营管理服务。

规则3：如果有新政策和战略变化，则满足新政策要求或对实施措施进行调整。

规则4：如果发现市场需求的变化，则评估市场状况，并寻找新的发展机会。

（五）小镇居民的一般责任和行为规则

要分析特色小镇居民的一般责任和行为规则，我们需要知道小镇居民的结构。由于特色小镇是在经济转型、新型城镇化转型、产业升级以及创新创业等新时代背景下的产物，因此，特色小镇居民主要来

第四章 复杂适应系统视角下的特色小镇演化过程研究

源于以下四个方面：一是当地居民；二是邻近村镇的村民；三是创新创业人才；四是旅居人员（流动消费者）。特色小镇居民有主动适应的属性，具有来源复杂、文化多元、需求多样等特点。因此，小镇建设时刻都以多样化的人本需求为目标，强化各种人群的地域认同感和文化认知感，形成一种自然融合、独具个性的生活形态。①

以创新创业人才为例，其诉求在于要求小镇具有高度宜居、宜业的环境，公共配套比大城市完善、交通不拥堵、教育优质等。因此，新时代下的特色小镇为居民提供了满意的就业，多样化的公共服务配套设施（完善的居住配套环境、公寓、餐饮、公园、学校、医疗以及交通等基础设施），生态环境优美的居住环境，便捷化的公共管理服务，塑造出文化精神领地和创新创业氛围，打造出高度宜居、高度和谐、高度集聚的"三生"空间，旨在提升居民的幸福感。特色小镇的自适应演化要求居民与时俱进，履行以下主要责任：一是承担参与社会监督的责任；二是参与小镇发展的责任；三是构建社区文明，推进现代公共文化服务体系建设，进行社会创新管理；四是传统文化的传承责任；五是环境保护和治理的责任。

根据上述特色小镇居民的主要职责描述，在特色小镇复杂适应系统自适应演化中，小镇居民主体的刺激—反应规则和模型如图4.13所示。

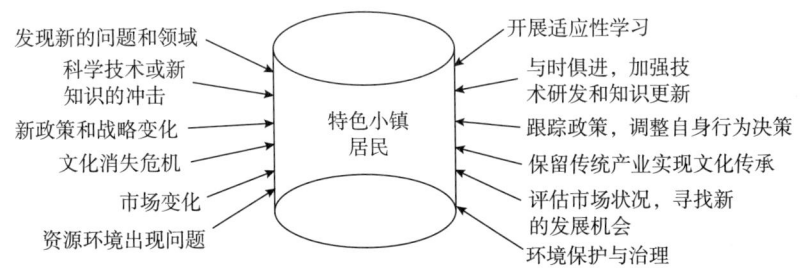

图4.13 特色小镇居民主体的刺激—反应模型（以创新创业人才为例）

---

① 陈炎兵、姚永玲：《特色小镇——中国城镇化的创新之路》，中国致公出版社2017年版，第43页。

规则1：如果发现新的问题和领域，则开展适应性学习。

规则2：如果受到科学技术或新知识的冲击，则加强技术研发和更新知识。

规则3：如果感知新政策和战略的变化，则实时跟踪政策，调整自身行为决策。

规则4：如果感知文化消失危机，则保留传统文化产业实现文明传承。

规则5：如果感知市场变化，则评估市场状况，寻找新的发展机会，进行创业创新。

规则6：如果出现资源环境问题，则实施环境保护与治理。

综上所述，在特色小镇复杂适应系统自适应演化中，为完成系统目标，每个主体都在相对确定位置上相互依存、相互支撑。其中，政府是政策保障，企业是重要动力，金融机构是资金保障，专业服务机构是智库支持，小镇居民是基础支撑。如图4.14所示。

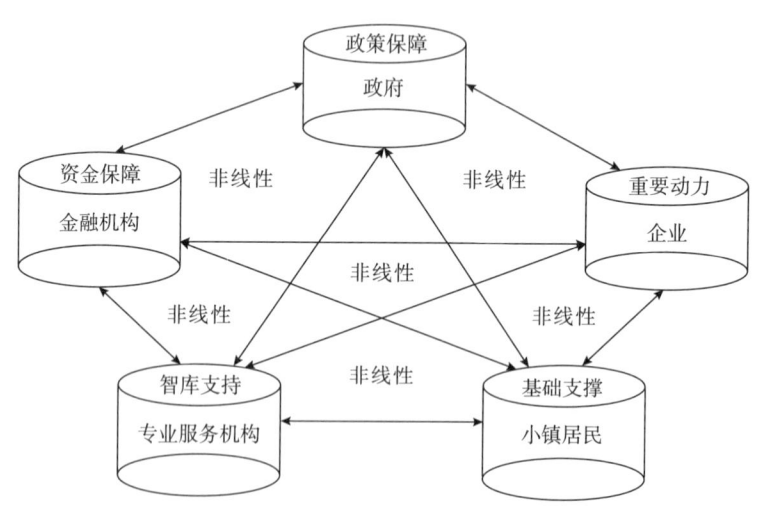

图4.14 特色小镇复杂适应系统主体的关系

三 中观动力："原始张力—智慧弹力—聚合力量"交互作用

复杂适应系统主体与外部环境之间的相互作用形成了推动复杂适

第四章 复杂适应系统视角下的特色小镇演化过程研究

应系统自适应演化的中观动力。由于特色小镇复杂适应系统自适应演化的牵动力源泉是经济、社会和生态复杂巨系统的可持续发展。更确切地说是为培育和提高可持续发展能力而对特色小镇的生成、发育、发展等产生各种需求，成为特色小镇复杂适应系统自适应演化的主要动力。那么，在由经济、社会和生态所构成的可持续发展复合巨系统中，哪些作用因子能够刺激特色小镇复杂适应系统微观主体行为规则的产生和改变，决策特色小镇复杂适应系统未来演化方向呢？基于此，需要对主体之间以及主体与外部环境的交互作用内容进行系统分析，以便更好地揭示特色小镇复杂适应系统自适应演化发展的规律。因此，本小节在前文第三章第五节特色小镇复杂适应系统可持续能力建设的基础上，深入分析特色小镇复杂适应系统结构指标，构建出特色小镇复杂适应系统自适应演化的主要作用因子体系，为后文深入研究特色小镇复杂适应系统的分岔与突变演化奠定坚实的基础。

因此，本节将表3.5关于特色小镇系统认定及评估指标体系的主要研究成果汇总中的具体评价指标散落在各个维度之下，归纳整理，得出特色小镇复杂适应系统各个主要作用力维度的主要作用因子。

（一）特色小镇复杂适应系统自适应演化之原始张力

《辞海》对"原始"的解释有三层意思：第一层意思为最初的、开始的、第一手的、未经破坏的，如原始自然环境；第二层意思为古老的、未开发的，如原始森林；第三层意思为推究本始，如原始要终。事实上，自然孕育了人类，人类改造着自然，诞生了文化。而人类社会的演进可以看成是以人的行为为主导、自然环境为依托、资源流动为命脉的过程。时至今日，"原始"，即积累的文化、自然、资源、生态等将形成一种由内而外的"张力"引起经济社会的发展。原始张力是特色小镇复杂适应系统自适应演化的重要基础力量。"原始"理念，凸显生态的基底作用，强调高度宜居的一面，体现一种人与自然的和谐发展，是特色小镇系统生存与可持续发展之本。

这种"原始张力"由文化力、生态环境力、设施服务力与资源禀赋力四个方面组成。具体来看：

（1）文化力。文化有着历史延续性、地域独特性和传承性以及开拓性、创新性。作为一种"力",通过文化感染力和凝聚力表现出来。主要表现在能对各种要素和各利益相关者的凝聚力产生作用,是一种软实力,更多体现的是文化自身的资源价值和效用,在这里更强调的是地域性。[①] 特色小镇的文化由文化资源、文化设施、文化活动、带有地域文化特征的生产方式和生活方式组成[②],如历史文化、民族文化、建筑风貌、生活节奏等。通过文化力的作用,有利于地域特色文化的挖掘、传承与传播,有利于形成共生的文化生态系统,增强"原始"张力,推动特色小镇自适应演化。

(2) 生态环境力,是指与人类密切相关的,影响人类生活和生产活动的各种自然力量的总和,具体包括影响人类生存与发展的水资源、土地资源、生物资源和气候资源数量与质量的总称。生态环境力是可持续发展的重要屏障,通过生态植被绿化率,水、空气等生态质量以及人们对生态环境的利用和保护状况来衡量。

(3) 设施服务力,是可持续发展的重要保障,主要包含了基础设施和公共服务两方面。前者主要包括市政、信息、交通、能源以及休闲服务设施、生活环境设施等;后者主要包括教育、医疗卫生、社会保障、社区服务等。

(4) 资源禀赋力,是系统自适应演化和发展的要素,是区域内的一种比较优势力,决定了特色化发展的方向和道路。它包括自然资源、土地、旅游资源、区位优势等。

(二) 特色小镇复杂适应系统自适应演化之"智慧"弹力

"智慧"体现了一种高级的综合能力。如狮群以群体的力量围歼猎物,增大捕猎的成功率。群居为彼此进行思想交流提供了可能,孕育了智慧的产生。智慧让人深刻地理解人、事、物、社会以及过去、现在与未来,智慧的聚集与涌现,为人类发展提供了巨大的推动力,推动自适应演化的可持续性。

[①] Chen Mingman., et al., "Application of Regional Cultural Elements in Urban Complex-Illustrated by Guizhou, China", *Open House International*, 41 (3), 2016: 12–19.

[②] 陈炎兵、姚永玲:《特色小镇——中国城镇化的创新之路》,中国致公出版社 2017 年版,第 81—82 页。

第四章　复杂适应系统视角下的特色小镇演化过程研究

"智慧弹力"是特色小镇复杂适应系统自适应演化的重要推动力量。与传统单一小镇相比，特色小镇是要求更高层次运营管理能力的综合性产品，突出"智慧"理念，强调一种高度和谐的状态，体现一种人与自然的和谐、人与历史的和谐，人与文化的和谐，人与人的和谐，是特色小镇系统生存与可持续发展之本。这种"智慧"弹力由科学技术、人才与创新力，政策制度力，管理能力与社会力四个方面组成。具体来看：

（1）科学技术、人才与创新力旨在营造一种创新氛围，是自适应演化的动力。特色小镇复杂适应系统作为创新实验田，通过创新力可推动产业升级、社会转型、空间优化，增强发展的"弹力"。它可通过科研经费、专利、高级人才比例、科研院校、创业企业增长率以及创业人数等来衡量。

（2）政策制度力，是自适应演化的制度保障。特色小镇作为新时代下的新生事物，其发展仍在持续探索中，需要政策制度来引导发展。特别是在户籍、土地、投融资、产业发展、企业准入、人才引进、运营管理等方面。通过扶持优惠政策以增强特色小镇的活力，形成良好的供需关系。

（3）管理能力，是指系统组织管理技能、领导能力等的总称，能有效提高系统组织效率，是自适应演化的运营保障。特色小镇的管理能力通过政府的行政效率、劳动力数量和素质等衡量。

（4）社会力，强调的是一种以人和社会为核心的综合发展能力。通过人的思想观念和生活水平、城镇发展理念以及社会和谐度等来体现。

（三）特色小镇复杂适应系统自适应演化之聚合力量

智慧的"涌现"，产生集聚力量，呈现出非凡的意义。正如群居聚集了彼此的力量而使之更为强大。人类智慧的聚集使城市成了人类资源、财富的聚集地。集聚力量，能使生产更加高效，逐步形成一种可持续的生存、生产和生活方式。

"聚合力量"是特色小镇复杂适应系统自适应演化的重要支撑和发展力量。特色小镇是城市发展到一定阶段的自然产物，是我国经济发展、产业转型的新引擎，强调一种高度集聚和高度融合的生产发展方式。这种集聚力量由经济力、资金力、产业力与市场力四个方面组成。具体来看：

（1）经济力，是自适应演化的重要拉力。经济的发展产生了创建特色小镇的条件，以及对特色小镇的需求。经济力为特色小镇的演化奠定了坚实的物质基础。它可以通过GDP、人均GDP、税收总额等指标衡量。

（2）资金力，是自适应演化的必要条件。资金力是创造特色小镇的必要条件。特色小镇与传统小镇建设不同，约束条件多，服务性和公益性强，社会资本进入难。特色小镇的土地开发投资、房地产开发建设资金、运营资本、产业投资以及特色品牌的打造都需要大量资金。它可通过固定资产投资额、特色产业投资额、民间资本活跃度等来衡量。

（3）产业力。产业是人口合理聚集、城镇健康发展的基础。产业力，表现在产业集聚力、产业带动力、产业竞争力、产业创新力等方面，是自适应演化的原发性动力。特色产业的根植性形成了特色小镇（小镇的首要作用是区域分工带来的产业聚集）。它可通过优势主导产业、相关企业规模、就业吸纳率等指标来衡量。

（4）市场力，是自适应演化的关键。市场力决定了小镇的优势度和独特性的辐射范围，形成了特色产业的竞争力和特色小镇的生命力。它可通过知名度、产业规模、市场需求、吸引力以及旅游接待量等指标衡量。

通过以上分析，本节从中观层面，构建了特色小镇复杂适应系统自适应演化的主要作用因子体系（见图4.15），为后面研究特色小镇复杂适应系统的演化及机制研究奠定基础。

四 宏观：混沌到有序—单核到集群—简单到复杂—混乱到再生

特色小镇系统的宏观演化是微观主体不断学习、不断调整自身行为，以及主体与外部环境的相互作用下形成的。这种宏观演化表现出特色小镇复杂适应系统是一个系统内部和外部各个子系统通过矛盾斗争而达到稳态的一种运动形式。由于复杂适应系统非线性关系的存在，

第四章 复杂适应系统视角下的特色小镇演化过程研究

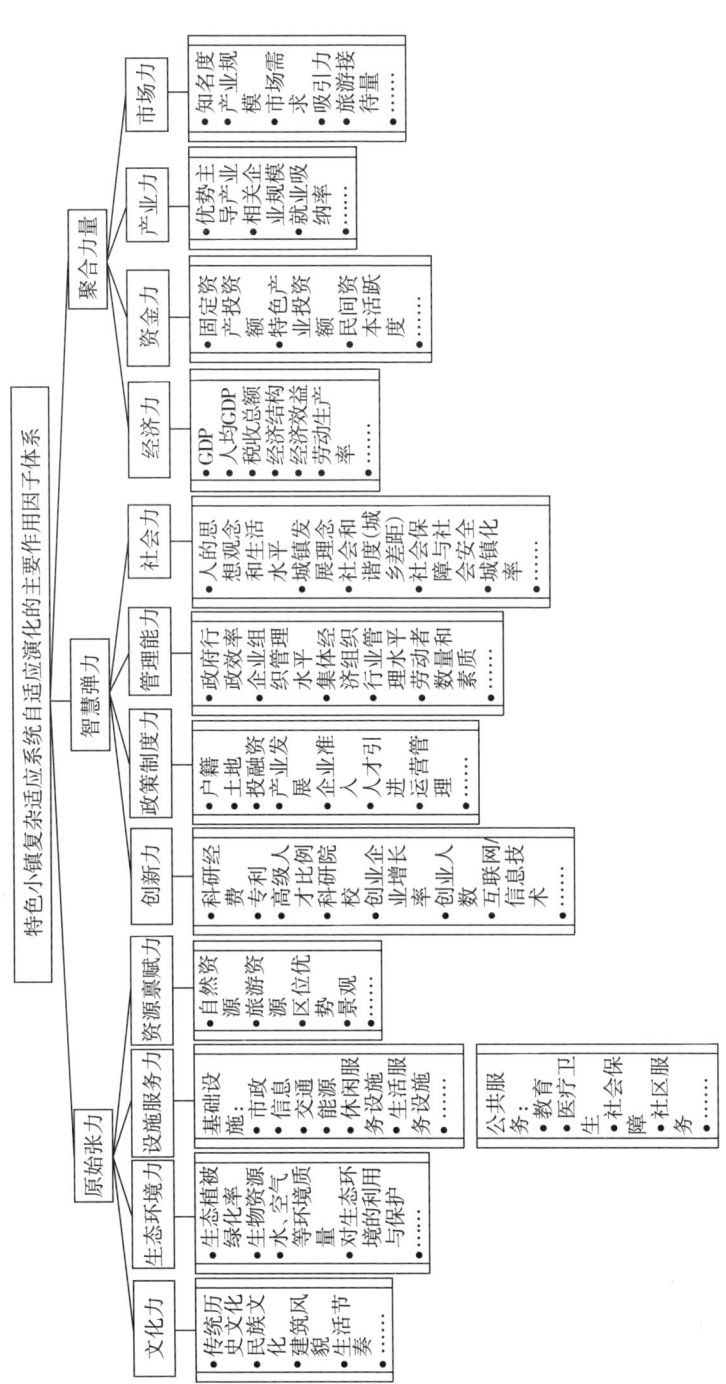

图 4.15 特色小镇复杂适应系统自适应演化的主要作用因子体系

当系统主体以及他们的属性发生变化时，便会促使系统从一种状态向另一种状态转变。在转变的临界点上，主体面临着多种可能状态的选择，每一种选择都将引起系统定性性质的动态改变，出现分岔，产生突变，并涌现出越来越复杂的系统结构。可以说，特色小镇复杂适应系统自适应的宏观演化的本质是主体性能和结构分岔、突变以及新特征逐渐涌现的结果，表现出从混沌到有序、从单核到集群、从简单到复杂、从混乱到再生的一系列过程。从国内外特色小镇的历史演化脉络来看，特色小镇具有生命周期，占据一定"生态位"。就我国特色小镇而言，大体经历了从"小镇+一村一品""小镇+企业集群""小镇+服务业"，再到"小镇+新经济体"的演化过程。① 因此，本小节引入全生命周期理论和生态位理论初步分析特色小镇系统作为复杂适应系统的宏观演化轨迹。

（一）萌芽期：从混沌到有序

特色小镇受自然环境、资源、区位、历史文化、市场、经济等众多因素影响。这些影响因素相互交织，共同塑造特色小镇复杂适应系统从混沌走向有序。在特色小镇演化初期的混沌系统内，各因素之间存在强烈的非线性作用，某一微小的扰动通过非线性作用机制放大后，都会对某些要素产生强有力的作用。② 这种扰动可能是市场需求、政府政策等因素引起的。随着扰动的增强，在特色小镇复杂适应系统内形成"吸引子"，即特色小镇的特色主体，特色小镇的雏形诞生。具体来看，当受市场需求的扰动，小镇的比较优势被日益放大，带动市场化建设，打造出市场潜力大、区域特色明显、附加值高的特色产品或主导产业。

（二）形成期：从单核到集群

特色小镇复杂适应系统的"吸引子"促使其他要素围绕吸引子作有序共振运动，逐渐演变为助推特色小镇自适应演化的动力核，往往形成"小镇+企业集群"格局，特色小镇基本形成。特色小镇形成

---

① 仇保兴：《特色小镇的"特色"要有广度与深度》，《现代城市》2017年第1期。
② 陈喆等：《基于复杂适应系统理论（CAS）的中国传统村落演化适应发展策略研究》，《建筑学报》2014年第S1期。

后，政府政策增强"扰动"，继续放大"吸引子"的比较优势，通过吸附作用，吸引企业、专业服务机构、高科技人才、研发机构等主体聚集，形成产业集群。另外，各主体之间相互作用，保持特色小镇复杂适应系统可持续发展的供需动态平衡，提高特色小镇复杂适应系统运转效率和竞争优势。正如特色小镇的发源地浙江省，大多数小镇都有一个企业集群，且企业所产产品可进入全球产业链①，市场竞争力强，特色鲜明。

(三) 成长与成熟期：从简单到复杂

随着产业集聚日益扩大，特色小镇复杂适应系统内的主体、功能、结构的容量不断增大，特别是服务业的快速发展，尤其是旅游休闲、历史文化等产业逐渐叠加于小镇。各种力量的共同驱动逐步将特色小镇复杂适应系统由简单变为复杂。通过自组织，主体间的相互作用力沿同一方向形成合力，产生系统效应②，特色小镇复杂适应系统逐渐壮大。特色小镇复杂适应系统不断与外界环境进行能量、物质和信息等"流"的交换。当达到一定临界点时，系统会出现分岔、发生突变，从而涌现升级为更高级的复杂适应系统。在成熟期，特色小镇复杂适应系统主体之间通过相互作用、相互制约，在协同、交叉、突变等互动作用下促进知识、技术的转移和扩散，使各主体优势和潜力得到充分发挥，从而产生凝聚力，充分发挥出特色小镇复杂适应系统的整体效应。

(四) 衰退和跃升期：从混乱到复杂性再生

特色小镇复杂适应系统在这一阶段渐入平稳态，而处于平衡态的特色小镇复杂适应系统将因主体的可持续发展动力不足而逐渐丧失活力。在外界扰动下系统极易被破坏，最终进入停滞、衰退阶段。特色小镇复杂适应系统衰退时，系统极度混乱，被迫走向无序。若这时出现某一新的扰动，这种扰动可能是市场环境的变化，或政策的驱动，或因系统内出现新产业、新技术、新经济等，极易形成系统新的"吸

---

① 仇保兴：《特色小镇的"特色"要有广度与深度》，《现代城市》2017年第1期。
② 包彦明：《从复杂适应系统理论的角度探讨高新技术园区生命周期的演化》，《科学决策》2006年第4期。

引子",使特色小镇复杂适应系统获得新动能,摆脱发展的制约,阻止跌落,获得再生和发展,进入新一轮的远离平衡态的发展。新时代下,特色小镇复杂适应系统的再生依赖于新业态、新产业、新经济驱动,成为城市修补、生态修复、产业修缮的重要手段。

综上所述,特色小镇复杂适应系统能主动调整自身结构以应对外部变化。在远离平衡态的条件下,特色小镇复杂适应系统自组织进化成耗散结构,通过系统的随机涨落推动系统以平缓、渐进的自稳方式向突变、混沌的方向发展。如图4.16所示。

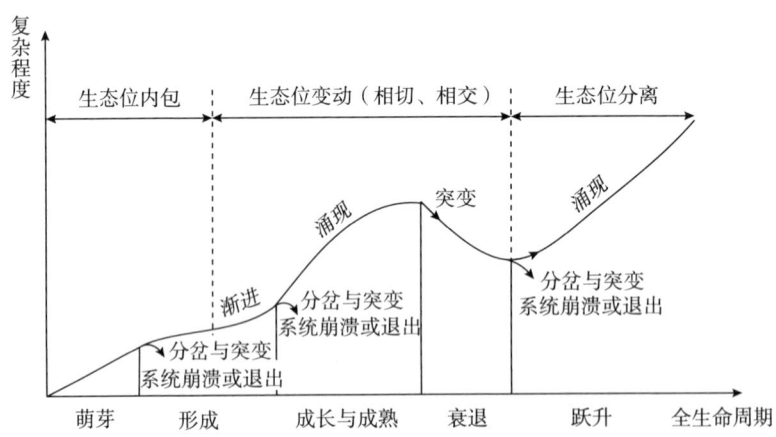

图 4.16 特色小镇复杂适应系统全生命周期自适应演化和生态位变化

从图4.16可知,特色小镇在全生命周期的不同发展阶段展现出不同的生态位特征。特色小镇复杂适应系统生态位的本质是特色小镇各个主体综合利用内外部资源寻求生存与可持续发展的竞争过程。在整个过程中,不断发生分岔、突变、涌现,实现状态转换。特色小镇复杂适应系统在不同生命周期阶段的生态位集中反映了特色小镇系统的地位、功能、作用以及发展模式,从历史的角度剖析出特色小镇复杂适应系统自适应演化的惯性轨迹。一般分为内包、内切、相交、外切和分离五个竞争过程,如图4.17所示。在特色小镇复杂适应系统的萌芽阶段,小镇各个主体以及主体与外部环境的相互影响和相互作用力较小,生态位内包于一般小镇系统中。随着系统不断发展,生态位竞争力增强,并开始移动,逐渐内切。根据高斯竞争排斥原理,生态位上相同的物种不可能在同一区域内共存①,小镇的生态位内切(重叠)导致竞争力弱化,原本内切(重叠)的生态位模式逐渐偏移,生态位不断变动直至外切点,达到受限极限,迫使小镇必须思考经济发展方式的转变,新经济、新产业等新动能成为新的发展点,由"量"到"质",实现飞跃。纵观特色小镇复杂适应系统全生命周期的生态位竞争过程,生态位越低,离心力越大,对外部的获取能力越小;生态位越高,集聚力越大,对外部的获取能力越强。

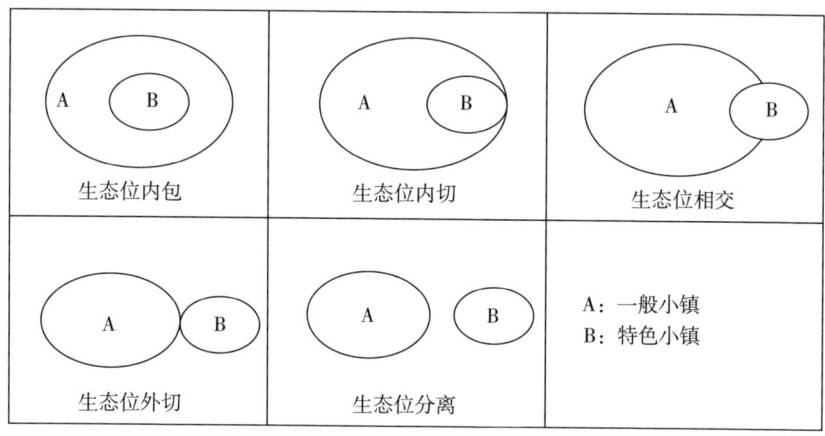

图 4.17 特色小镇复杂适应系统自适应演化中生态位演进竞争过程

第三节 特色小镇自适应演化的模型

特色小镇是通过主体适应性学习来获取自适应演化的适应性能力。因此,要构建特色小镇自适应演化的模型,必须要认清特色小镇

---

① 许爱萍:《创新型城市发展模式及路径研究》,博士学位论文,河北工业大学,2013 年。

自适应演化的适应性学习与适应性能力。同时，由于遗传算法在分析主体的适应性学习方面仍然存在局限性，所以本节引入了当前在系统行为研究中应用较为广泛的适应度景观和 NK 模型，构建特色小镇自适应演化的 NK 景观模型，分析特色小镇自适应演化的主要基因型态，探究特色小镇适应演化的主要过程和特点。

一 适应性学习与适应性能力

根据 Holland 提出的复杂适应系统理论可知，适应性学习是指：适应性主体能够主动感知外界信息刺激，进行自主学习，调整自身行为，更好地适应外界变化。通过这种持续地自主学习获取系统自适应演化的适应性能力。一般地，城市具有自生长的隐秩序，是自适应系统。[1] 城市的自适应表现在：城市通过动态适应外界环境变化来优化自身的功能并为生活在其中的人们提供有力的环境支撑。[2] 而城市的这种自适应的特征是城镇系统赖以存在和生长的前提，也是城镇系统自组织行为的结果。[3] 其动力来自城市的自组织行为，对城市的功能性缺失起调节作用。资源基础理论认为，城镇系统演化发展的比较优势来源于城镇拥有的独特资源要素和系统在特定环境中对这些资源要素的配置方式。基于此，本书认为特色小镇复杂适应系统的适应性学习是指特色小镇系统主体能够感知外界信息刺激，通过主动的学习调整自身行为，以适应外部变化，从而推动自身的生存与自适应发展。特色小镇复杂适应系统的适应性能力是指系统通过上述的适应性学习机制，关注环境变化，不断调整自身规则，挖潜力，激动力，添活力，努力创造和获得比较优势的能力，以推动自身的生存与自适应演化。这种适应性能力是一种提高特色小镇复杂适应系统的"原始张力—智慧弹力—集聚力量"的自适应演化的能力，如图 4.18 所示。

---

[1] 刘春成：《城市隐秩序：复杂适应系统理论的城市应用》，《经济学动态》2017 年第 4 期。

[2] 左龄：《城市中的自适应性空间》，《规划师》2007 年第 12 期。

[3] 杨新华、陈小丽：《城镇生长的自组织微观动力分析——基于行为自主体自适应的视角》，《人文地理》2012 年第 4 期。

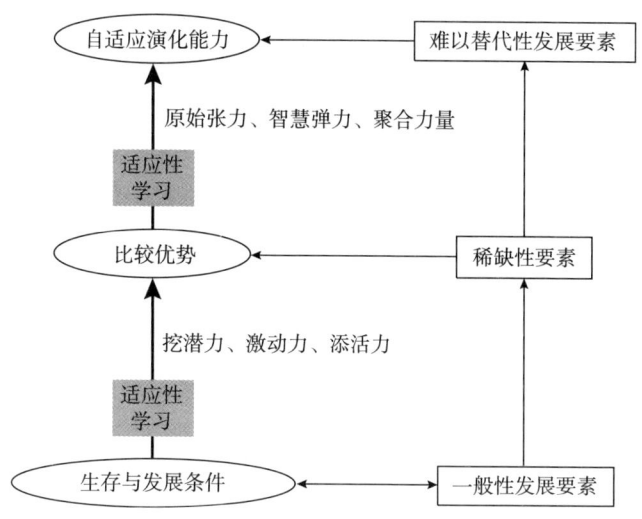

图 4.18　特色小镇复杂适应系统自适应演化的适应性学习与适应性能力

二　构建系统自适应演化的 NK 景观模型

根据 NK 模型的基本思想，本书认为适应度景观和 NK 模型适用于特色小镇自适应演化研究。聚焦到特色小镇复杂适应系统主体本身，涉及的主体包括政府、企业、中介服务等都是非常典型的经济管理组织，它们相互关联互动而又相互依赖，并伴随外部环境共同演化，所以可以利用适应度景观和 NK 模型进行系统适应性学习的研究。特色小镇自适应演化的适应度景观是对特色小镇复杂适应系统主体之间、主体与外部环境之间的配置状态的一种形象描述，各主体的状态、与外部的互动程度共同作用于特色小镇复杂适应系统的自适应演化，各主体之间的相互关联和依赖性程度就形成了特色小镇自适应演化的适应度景观。而适应度景观的结构可以利用 NK 模型生成。这里我们将特色小镇复杂适应系统看作是一个进化的生物体，将系统对外部变化的适应能力大小视为生物体的不同基因，而单个构成要素的状态数量则视作单个基因拥有的等位基因数量。具体对应关系如图 4.19 所示。

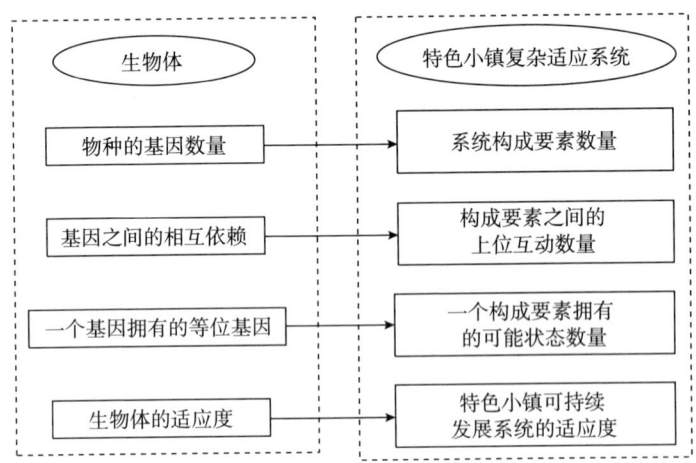

图 4.19　生物体和特色小镇复杂适应系统的类比

NK 模型构建的基础是确定系统构成要素的数量 N。侯汉坡等将城市复杂适应系统解构为以规划为核心的智慧系统、以基础设施为核心的支撑系统、以基本公共服务为核心的平衡系统和以产业为核心的动力系统四大系统。① 王卫华和赵冬梅应用自组织系统原理,从开放性、非线性、反馈机制、失稳性、支配变量以及环境选择六个方面对小城镇自组织功能进行了分析。② 贾晓辉提出了创新意愿、创新能力、流动知识、支撑环境四方面是产业集群创新主体适应性的核心要素。③ 具体到特色小镇自适应演化的研究中,需要从特色小镇自适应演化的本质和结构入手。根据前文研究结果,本书认为特色小镇复杂适应系统由系统微观基本主体和原始张力、智慧弹力以及聚合力量的可持续发展的动力结构构成,如图 4.20 所示。

---

① 侯汉坡等:《城市系统理论:基于复杂适应系统的认识》,《管理世界》2013 年第 5 期。
② 王卫华、赵冬梅:《小城镇发展的自组织机理分析》,《中国农业大学学报》(社会科学版) 2000 年第 4 期。
③ 贾晓辉:《基于复杂适应系统理论的产业集群创新主体行为研究》,博士学位论文,哈尔滨工业大学,2016 年。

第四章　复杂适应系统视角下的特色小镇演化过程研究

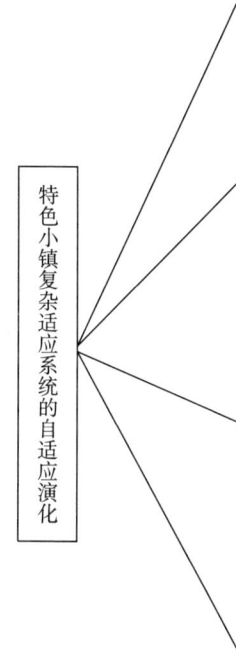

图 4.20　特色小镇复杂适应系统自适应演化的构成要素

正是这四大系统主体之间的相互制约和相互作用，形成形态各异的状态组合，构成特色小镇系统自适应演化的主要基因形态空间，最终产生高低各异的适应度景观。在特色小镇自适应演化的适应度景观上，系统不断变革内部构成要素的状态，每进行一次改变，它就从一个地方游走到了另一个地方。系统借助不同要素的状态替代提升相互依赖水平，最终推动特色小镇复杂适应系统从低层次向更高层次状态自适应演进，这体现在景观地貌上就是不断攀爬并努力保持较高的适应度，而这正是特色小镇复杂适应系统自适应演化的本质。结合图 4.19 生物体和特色小镇复杂适应系统的类比、图 4.20 特色小镇复杂适应系统自适应演化的构成要素和 NK 模型的基本原理,可得图 4.21 所示的特色小镇复杂适应系统自适应演化与生物体进化的对应关系。

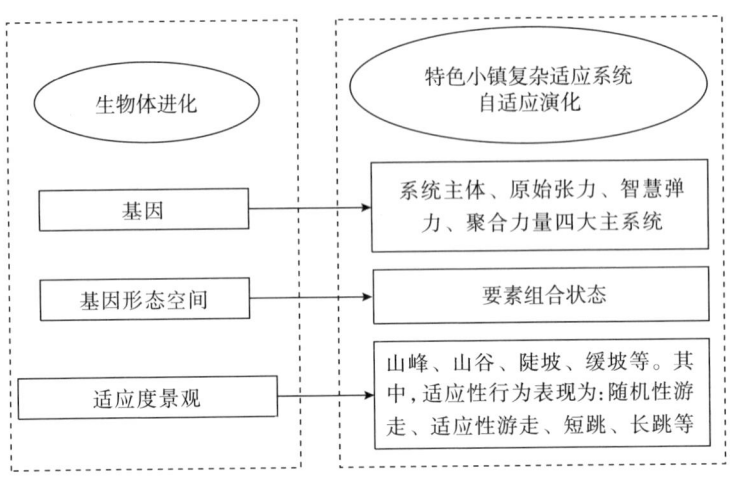

图 4.21　特色小镇复杂适应系统自适应演化与生物体进化的对应关系

本书将特色小镇复杂适应系统自适应演化的适应度定义为系统微观基本主体、原始张力、智慧弹力和聚合力量四大系统主体要素对系统整体演化贡献度的平均值。此时,特色小镇复杂适应系统自适应演化的整体适应度表示为:

$$F = \frac{1}{N}\sum_{i=1}^{N} f_i \qquad (4.2)$$

式（4.2）中,F 为特色小镇复杂适应系统自适应演化的总适应度;N 为特色小镇复杂适应系统的构成要素数量;f_i 为构成要素对特色小镇复杂适应系统自适应演化的贡献,该值取决于第 i 个基因本身的等位基因状态以及影响这个基因的 K 个其他基因的等位基因状态。

三　NK 景观模型的应用分析

参照前文提出的特色小镇复杂适应系统自适应演化的 NK 模型框架,对相关参数设定如下,将系统微观基本主体（S）、原始张力（R）、智慧弹力（W）和聚合力量（A）作为特色小镇复杂适应系统的构成要素,即 N=4。同时,设定特色小镇复杂适应系统的构成要素

第四章 复杂适应系统视角下的特色小镇演化过程研究

具有两种状态，其状态值用0或1表示，这里的0、1不代表要素的实际取值，仅仅看作是一种标识。由此，本书得出特色小镇复杂适应系统各构成要素的状态组合共有 $2^4=16$ 种可能。根据S-R-W-A的顺序，用4位二进制编码所组成的集合 Ω 来表示特色小镇复杂适应系统构成要素的状态空间：

$\Omega = \{S_S S_R S_W S_A | S_S = 0, 1; S_R = 0, 1; S_W = 0, 1; S_A = 0, 1\}$

其中，$S_S=0$ 表示独立发展模式，$S_S=1$ 表示合作发展模式；$S_R=0$ 表示有限的原始张力，$S_R=1$ 表示潜力巨大的原始张力；$S_W=0$ 表示有限的智慧弹力，$S_W=1$ 表示很高的智慧弹力；$S_A=0$ 表示低集聚程度，$S_A=1$ 表示高集聚程度。

其次，系统构成要素之间相互作用关系的数量K（$0 \leq K \leq 3$）。

最后，根据Kauffman确定适应度值的方法，即从（0，1）均匀分布的随机变量中抽取一个随机数，作为该基因状态发生改变时的适应度值。

通常情况下，利用NK模型能够刻画出事物在自适应演进过程中的适应度景观，只要设置相同的关键参数，所得出的适应度景观应具有相同的规律。因此，选择其中一种就能够说明此种条件设置下的适应度结果。这里仅计算一种适应度景观作为代表性实例。

根据上述参数设定，以K=0为例，对特色小镇复杂适应系统适应性演化的NK模型的具体应用过程进行阐述：

（1）数据获取。根据适应度景观的NK模型基本原理，利用R软件编写NK模型仿真程序，可得到S、R、W以及A四个主要构成要素的适应度数据。该数据是指特色小镇复杂适应系统主体获得自身适应度局部最优的组合结果。本书选取了其中50组数据，如表4.1所示。

表 4.1　　S-R-W-A 构成要素的适应度模拟结果

编号 \ 要素	S	R	W	A
1	0.3738	0.3881	0.9066	0.0368
2	0.4716	0.5368	0.7606	0.7099

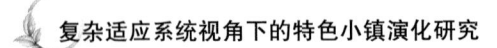

续表

编号\要素	S	R	W	A
3	0.5175	0.5174	0.5184	0.8519
4	0.2389	0.1095	0.6329	0.0914
5	0.4467	0.8775	0.1621	0.2859
6	0.0899	0.3693	0.3013	0.6880
7	0.3795	0.5908	0.5162	0.8961
8	0.4474	0.6342	0.1402	0.5385
9	0.5998	0.9930	0.6271	0.2496
10	0.0147	0.3153	0.4528	0.3007
11	0.9324	0.3015	0.1954	0.8651
12	0.4255	0.3621	0.1588	0.2182
13	0.8690	0.3059	0.6356	0.5213
14	0.8695	0.1012	0.5782	0.6578
15	0.5824	0.2619	0.0417	0.0626
16	0.5499	0.0923	0.4513	0.4525
17	0.1341	0.0887	0.4793	0.0723
18	0.5162	0.9993	0.0069	0.5960
19	0.0551	0.3538	0.4346	0.4095
20	0.9811	0.6496	0.4315	0.7161
21	0.8892	0.7958	0.5794	0.1355
22	0.1652	0.9993	0.5694	0.9995
23	0.5921	0.9482	0.8157	0.6058
24	0.3639	0.2133	0.5011	0.0867
25	0.2667	0.2442	0.1471	0.7183
26	0.9654	0.6649	0.9428	0.9728
27	0.6995	0.8682	0.0884	0.5531
28	0.8417	0.3488	0.0326	0.6724
29	0.2679	0.6737	0.7936	0.6866
30	0.4569	0.1753	0.9092	0.9031
31	0.6456	0.1633	0.3477	0.7029
32	0.2213	0.7569	0.7380	0.9392

续表

要素 编号	S	R	W	A
33	0.9240	0.7286	0.7210	0.7538
34	0.4974	0.0680	0.0143	0.9196
35	0.0785	0.0051	0.6138	0.4744
36	0.8250	0.4741	0.0967	0.2000
37	0.3791	0.1854	0.0600	0.4807
38	0.4094	0.7912	0.8125	0.9468
39	0.6751	0.7593	0.1972	0.6268
40	0.1709	0.7468	0.5217	0.6052
41	0.7519	0.2759	0.4145	0.4640
42	0.1396	0.4956	0.8675	0.3822
43	0.3699	0.6303	0.2111	0.2617
44	0.7480	0.0865	0.1694	0.6922
45	0.7058	0.0435	0.6298	0.1830
46	0.5449	0.9805	0.3923	0.9024
47	0.6178	0.9040	0.0655	0.0199
48	0.0910	0.1485	0.1350	0.3723
49	0.4499	0.1377	0.2828	0.2606
50	0.4355	0.1569	0.2279	0.8524

（2）标准化处理。运用统计方法，计算每个构成要素的均值。同时，把均值和原始数据进行对比，若得分低于平均值，则标记为0；若高于平均值，则标记为1，具体结果如表4.2所示。

表4.2　　　　　　　S-R-W-A 数据的标准化处理结果

要素 编号	S	R	W	A
1	0	0	1	0
2	0	1	1	1
3	1	1	1	1

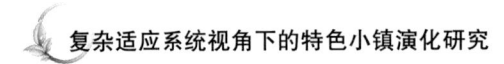

续表

编号\要素	S	R	W	A
4	0	0	1	0
5	0	1	0	0
6	0	0	0	1
7	0	1	1	1
8	0	1	0	1
9	1	1	1	0
10	0	0	1	0
11	1	0	0	1
12	0	0	0	0
13	1	0	1	0
14	1	0	1	1
15	1	0	0	0
16	1	0	1	0
17	0	0	1	0
18	1	1	0	1
19	0	0	1	0
20	1	1	1	1
21	1	1	1	0
22	0	1	1	1
23	1	1	1	1
24	0	0	1	0
25	0	0	0	1
26	1	1	1	1
27	1	1	0	1
28	1	0	0	1
29	0	1	1	1
30	0	0	1	1
31	1	0	0	1
32	0	1	1	1
33	1	1	1	1

续表

要素 编号	S	R	W	A
34	1	0	0	1
35	0	0	1	0
36	1	1	0	0
37	0	0	0	0
38	0	1	1	1
39	1	1	0	1
40	0	1	1	1
41	1	0	0	0
42	0	1	1	0
43	0	1	0	0
44	1	0	0	1
45	1	0	1	0
46	1	1	0	1
47	1	1	0	0
48	0	0	0	0
49	0	0	0	0
50	0	0	0	1

（3）适应度求解。根据前文分析，当 N=4 时，系统存在 16 种状态组合空间。据此，对表 4.2 中的组合状态进行归类，并对各个组合的适应度作平均值处理，得到的结果即为该组合状态条件下的特色小镇复杂适应系统自适应演化的适应度值，如表 4.3 所示。

表 4.3　　　　　　　不同组合状态的适应度值结果

要素 组合状态	S	R	W	A	$F=\frac{1}{4}\sum_{i=1}^{4}f_i$
1	0	0	0	0	0.2592
2	0	0	0	1	0.3748
3	0	0	1	0	0.2938

续表

要素 组合状态	S	R	W	A	$F=\frac{1}{4}\sum_{i=1}^{4}f_i$
4	0	1	0	0	0.4056
5	1	0	0	0	0.3569
6	1	1	0	0	0.4004
7	0	1	1	0	0.4712
8	0	0	1	1	0.6111
9	1	1	0	0	0.4622
10	1	0	1	0	0.4533
11	0	1	0	1	0.4401
12	1	1	1	0	0.6087
13	0	1	1	1	0.6313
14	1	1	0	1	0.5879
15	1	0	1	1	0.5517
16	1	1	1	1	0.7409

综上所述，利用 NK 模型能够刻画出事物演化过程中的适应度景观，这里仅针对 K=0 时的适应度景观进行分析。由于通常情况下，只要关键参数设置相同，所得的适应度景观都具有相同的规律，因此 K 还可以取 1、2、3 三种情况，具体分析过程相同，此处不再做过多赘述。K 值表示了不同构成要素之间的上位程度，其值越大，则表明特色小镇复杂适应系统自适应演化过程越复杂，适应度景观的崎岖程度也就越大。

第四节 特色小镇自适应演化的主要过程

根据第四章第三节构建的特色小镇复杂适应系统自适应演化的 NK 景观模型，本小节结合特色小镇自适应演化的主要过程，更深入

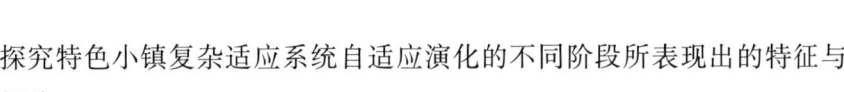

探究特色小镇复杂适应系统自适应演化的不同阶段所表现出的特征与规律。

一 萌芽产生期:"随机性游走"——从混沌到有序,再到单核

这一时期,特色小镇复杂适应系统的要素整合能力和对外部变化掌握的信息量有限,无法确定外部新奇、新规则的作用方向,只能随机地变革系统中各构成要素的状态来适应周围的环境。这反映在适应度景观上就呈现出"随机性游走"的演化特征。在特色小镇复杂适应系统"随机性游走"的状态下,系统只能被动接受环境,无法预知游走的后果。这往往表现在特色小镇复杂适应系统自适应演化的萌芽产生期,这一时期系统的生存能力和抗风险能力很弱,系统常常会遭遇失败。如前文 $K=0$ 分析所述,当四个构成要素的状态都为 1 时,特色小镇复杂适应系统具有最高适应度,从最低点 0000 到最高点 1111 的演化方式有很多,但能够保证系统每一步都有最大适应度的路线是 0000(0.2592)→0100(0.4056)→0110(0.4712)→0111(0.6313)→1111(0.7409),其他演化线路的适应度在不同阶段的演化过程中均有不同程度的降低,面临极大的退出风险。随着 K 值的增加,波动性愈加明显,适应度景观地形也越来越崎岖,这表明要素之间的关联程度和自适应演化过程的复杂性增加。当 $K=N-1=3$ 时,波动性达到最大,适应度景观地形最为崎岖,这表明特色小镇复杂适应系统自适应演化的不同要素之间有着非常广泛的联系。

可见,特色小镇复杂适应系统必然通过"随机性的游走"从混沌中找到有序。当系统中要素间存在越多的关联,则系统需付出更大的努力和代价才能爬上高峰,同时被淘汰的概率也大。因此,在随机性游走中,只有那些能够正确把握规则搜寻方向的主体才能够逐步壮大,形成系统发展的单核,带动系统自适应演化而进入到成长期。

二 成长期:"适应性游走"——从单核到集群

进入成长期后,特色小镇复杂适应系统不断加强适应性学习,总结"随机性游走"阶段中的经验,适时更新系统在自适应演化过程中的规则集,以增强对外部变化的适应能力,因此,在成长期,特色小镇适应性主体可以在有限理性的范围内做出相对"正确"的行为决策，这体现在适应度景观上就是有目标的且循序渐进地攀爬到更高山峰的"适应性游走"，即所谓的"短跳"过程。"短跳"在一定程度上大大提高了自身寻求更高适应度值的效率。

由于主体受"有限理性"的影响，因此，"适应性游走"是在一定范围内实现的。假设系统在作出变革时每次只改变一个要素的状态，而保持其他 N-1 个要素的状态不变，因此系统每次都是选取适应度值最大的状态组合作为下一轮的搜索起点，否则停止搜索。由于"适应性游走"的存在，适应度较高的规则会被多次重复选择，这在一定程度上削弱了系统规则的多样性，可能导致系统陷入"局部最优陷阱"，如图 4.22 所示。

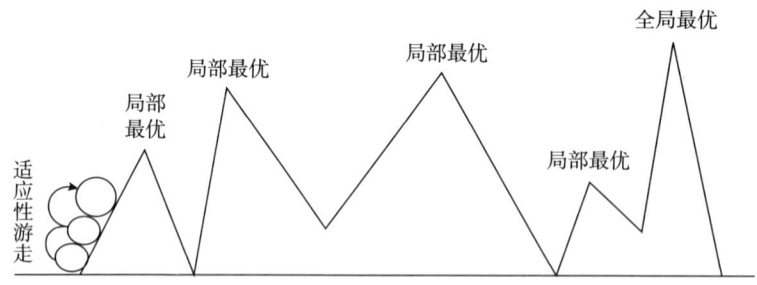

图 4.22 适应性游走和局部最优陷阱

以 K=0 和 K=3 的适应度景观仿真为例，结果如图 4.23 和图 4.24 所示。图中的框内数字代表特色小镇复杂适应系统要素的状态组合以及相应的适应度值（上排数字为状态组合，下排数值为该种状态组合的适应度值）。图中方框代表特色小镇复杂适应系统要素的一般状态组合以及相应的适应度值，椭圆框代表特色小镇复杂适应系统的全局最优组合状态及相应的最优值，虚框代表特色小镇复杂适应系统的局部最优组合状态及局部最优值。实线代表特色小镇复杂适应系统的全局最优演化路径，虚线代表特色小镇复杂适应系统的局部最优演化路径。

第四章 复杂适应系统视角下的特色小镇演化过程研究

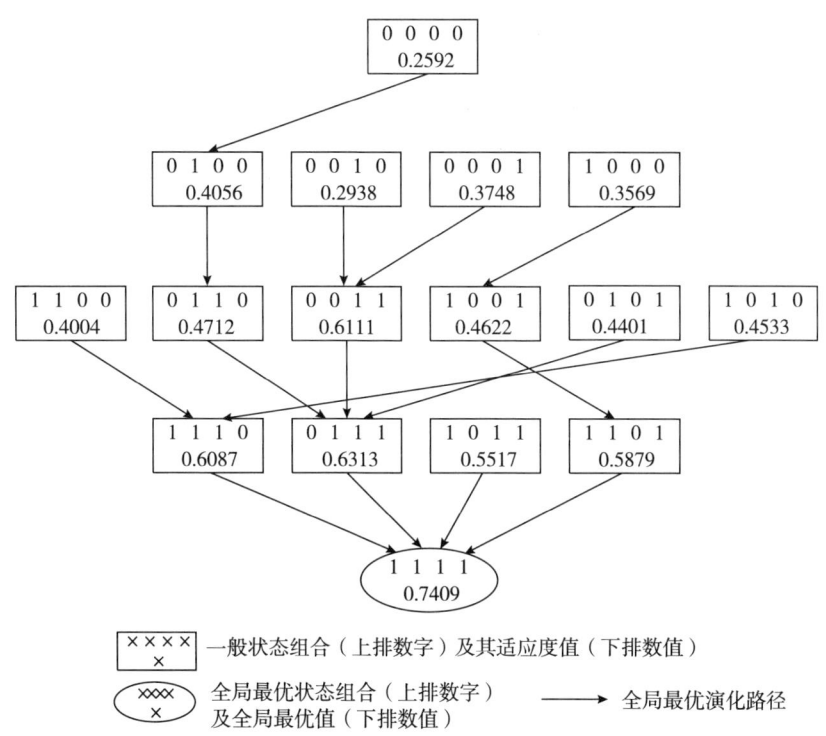

图 4.23 特色小镇复杂适应系统"适应性游走"的演化景观（K=0）

从图 4.23 可以看出，当 K=0 时，特色小镇复杂适应系统构成要素相互独立，要素之间没有关联，因此不管演化起点定于何种位置，系统各要素通过"适应性游走"均可攀爬至最高峰。如当演化起点在 0011 时，通过"0011→0111→1111"即可到达最高峰，适应度值也被提高到全局最优值 0.7409。在适应度景观上表现为从盆地逐步攀爬至最高峰。在该种情况下，由于系统要素间关联数量较少，因此通过"适应性游走"减少了因"随机性游走"而产生的不确定性和随机性，从而保证了系统各要素在较长一段时间内总是趋向于适应度值更高的山峰。但当 K=3 时，如图 4.24 所示，特色小镇复杂适应系统出现了两个局部最优值 0.669 和 0.717，此时演化起点的选择决定了系统能否攀爬到最高峰。若演化起点在 1001 的状态组合时，通过局部搜索最终只能达到 0.717，而无法到达全局最优值 0.790。而当演化起点在0001时，则可以达到全局最优值。

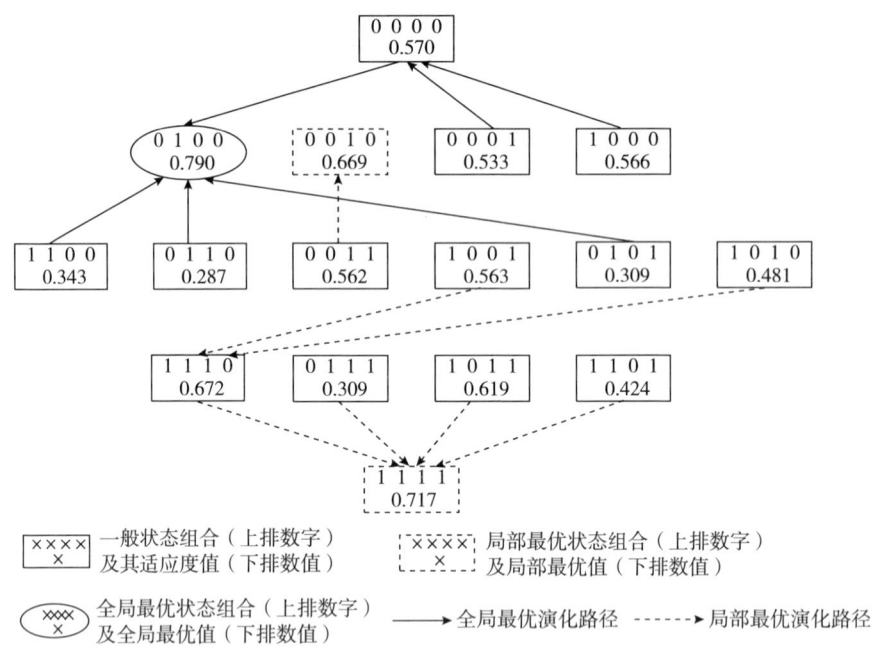

图4.24 特色小镇复杂适应系统"适应性游走"的演化景观（K=3）

三 成熟跃升期："短跳"与"长跳"结合——从集群到复杂性再生

经过成长期的"适应性游走"，即"短跳"之后，特色小镇复杂适应系统构成要素之间已经形成了较为稳定的网络结构，抵御风险的能力较高。但由于系统在长期的发展过程中形成的惯例往往是根据主观经验决策形成的，因此在长期适应性演化过程中就很容易陷于"相对黏性"之中。随着构成要素数量的不断增多，"复杂性灾难"必然会出现。如果系统不能及时调整各要素的实际状态来降低"复杂性"，就有可能被迫出局。因此，系统只有通过"长跳"摆脱惯有的演化路径依赖，跃升到新的发展阶段。一方面，成熟期的特色小镇复杂适应系统要主动加强适应性学习，构建创新制度，树立追求可持续发展的共同目标或战略，改善系统固有的发展模式。另一方面，特色小镇复杂适应系统要不断创造并拓宽自身适应度空间，即适时地通过"长跳"对系统各构成要素进行"突变式变革"，并通过适当的"创造性破坏"来打破原有的旧规则与惯例，从而创造出新的规则。如图4.25所示。

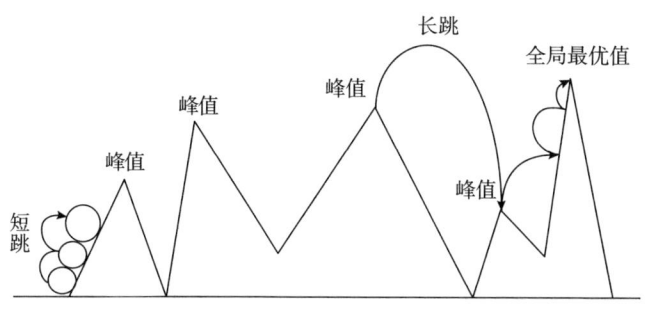

图 4.25 "短跳"和"长跳"相结合

第五节　特色小镇自适应演化的主要特性和核心机制

一　主要特性

自适应是特色小镇复杂适应系统的基本特征。适应性特征主要表现在两方面：一是主体具有主观能动性，能自适应学习；二是主体之间以及主体与外部环境之间相互适应。此外，特色小镇复杂适应系统的自适应演化还具有动态性、随机性与不确定性、路径依赖性、不可逆性、开放性和非线性、迅速均衡等特性。

（一）动态性

特色小镇借助规则搜寻和经验积累提升自身的适应度，并通过等位基因交换和变异方式发现新的规则。从本质上看，特色小镇复杂适应系统自适应演化是通过新规则对惯例进行时时改进和修正的动态过程。特色小镇作为高度聚合的独立发展有机载体，通过要素的高度聚合使系统自适应演化的主要基因形态时时改变,最终产生功能、性质、结构、状态等性状的动态改变。

(二) 随机性与不确定性

由于新奇、新规则的作用方向不确定,特色小镇自适应演化过程如同生物进化过程一样充满了随机性和不确定性。只有正确把握规则搜寻方向才能推动系统逐步壮大,而这一过程的完成存在一定的概率。同时,特色小镇复杂适应系统的自适应演化受系统主体、原始张力、智慧弹力以及聚合力量等构成要素影响,极易出现分岔和突变,使系统呈现复杂性和不稳定性特征,演化轨迹也并不是唯一确定的,沿着不同的演化线路,最终结果也会千差万别。

(三) 路径依赖性

由于"选择"机制的作用,特色小镇复杂适应系统会对适应度较高的规则进行多次重复选择,极易导致特色小镇复杂适应系统的自适应演化存在"路径依赖性"。这种路径依赖具有双面性:一是产生协同效应和正向涌现效应,对系统演化起正向作用;二是系统被锁定在某种无效率的状态而一直停滞直至退出,这是负向作用。

(四) 不可逆性

复杂系统演化过程的最显著特征就是不可逆性,特色小镇复杂适应系统同样具有不可逆性,主要表现在:一是由于系统的运动在时间上显示出对称性的破缺,因此特色小镇复杂适应系统的自适应演化过程不可反演。二是复杂适应系统在空间结构中的活动使特色小镇复杂适应系统的宏观行为呈现出一系列不可逆的过程。三是特色小镇复杂适应系统在时间上和空间上的演化具有非局域性。

(五) 开放性和非线性

特色小镇复杂适应系统的自适应演化是一个开放、非线性的动态演化过程。系统适应性主体主动调整自身结构以应对外部复杂变化,在远离平衡态的条件下,特色小镇复杂适应系统自组织进化成耗散结构,通过系统的随机涨落,系统将经历平缓、渐进的自稳阶段,逐级分岔与突变以及涌现阶段。

（六）系统具有迅速均衡的趋势

这反映出特色小镇复杂适应系统自适应演化的阶段性特征，即在相当长的时间内，系统都保持稳定模式，然后在一个短暂的过渡时间内迅速转变成另一种活动模式，然后又经历一次转变，如此循环反复。

二 核心机制

由于特色小镇复杂适应系统是一个由"活体"构成的具有主观能动性和适应性的复杂系统。特色小镇系统的自适应演化是主体不断学习、不断调整自身行为和路径，推动旧的规则向新的规则变迁的动态演化过程。同时，由于复杂适应系统强调系统的非线性关系，当系统主体以及它们的属性发生变化时，便会促使系统从一种状态向另一种状态转变。而在转变的临界点上，系统主体面临着多种可能状态的选择，每一种选择都将引起动态系统定性性质的改变，出现分岔，产生突变，涌现出越来越复杂的系统结构。可以说，系统的分岔和突变是特色小镇系统演化、层次提升的重要前提和基本机制。与传统的理论方法不同，复杂适应系统将宏观与微观联系起来，而这层联系的本质就是涌现。涌现是微观主体在宏观演化上的系统性能和结构突变的结果。特色小镇复杂适应系统自适应演化的展开在本质上是系统新特征逐渐涌现的结果。综上所述，适应性学习机制、分岔与突变机制以及涌现机制是特色小镇复杂适应系统自适应演化的核心机制。

本书将在第五章中分别对特色小镇复杂适应系统的自适应演化的三个核心机制进行较深入的探讨。

第六节　本章小结

本章首先利用复杂适应系统理论的刺激—反应模型和竞争、信用分派机制等，研究了特色小镇复杂适应系统自适应演化的生成机理。其次，研究了特色小镇复杂适应系统的"微观基本主体层—中观动力层—宏观演化层"三个演化层次。在微观基本主体层上，提出特色小镇复杂适应系统的微观基本主体包括政府、企业、金融机构、专业服务机构以及小镇居民，粗略分析了各微观主体以及主体一般行为规则。在中观动力层上，通过文献分析，进一步解构了特色小镇复杂适应系统自适应演变的三个主要作用力，建立了特色小镇复杂适应系统自适应演化的主要作用因子体系，即由文化力、生态环境力、设施服务力和资源禀赋力组成的原始张力，由创新力、政策制度力、管理能力和社会力组成的智慧弹力，以及由经济力、资金力、产业力、市场力组成的聚合力量三种主要作用因子构成。在宏观演化层上，引入全生命周期理论，探究了特色小镇复杂适应系统的宏观自适应演变，即萌芽期的混沌到有序、形成期的单核到集群、成长与成熟期的简单到复杂，以及衰退和跃升期的混乱到复杂性再生；同时，引入生态位理论，简析了系统自适应演化中生态位演进的竞争过程。再次，基于适应度景观和 NK 模型，构建了特色小镇自适应演化的 NK 景观模型，并通过 R 软件编程探讨了特色小镇自适应演化的主要过程和特点，即"随机性游走""适应性游走"以及"短跳"与"长跳"。最后，总结了特色小镇自适应演化的主要特性，包括了动态性、随机性、开放性、不可逆性和迅速均衡的趋势等主要特性，提出推动特色小镇复杂适应系统自适应演化的核心机制，即适应性学习机制、分岔与突变机制以及涌现机制。

第五章

特色小镇自适应演化的核心机制研究

特色小镇的自适应演化具有自适应、自组织、自学习的特性。根据前文所析,特色小镇复杂适应系统主体感知外部变化,并对外部变化进行信息过滤,进而调控"原始张力—智慧弹力—聚合力量"三个主要中观动力,引起系统在宏观上的渐进、分岔与突变以及涌现行为,促使特色小镇复杂适应系统逐渐从混沌向更高级形态自适应演变。基于此,本章研究了特色小镇自适应演化的适应性学习机制、分岔与突变机制以及涌现机制,以探寻特色小镇复杂适应系统如何自适应学习、何时分岔与突变、涌现出怎样的结构与层次等一系列演化问题,揭示出特色小镇自适应演化的内在规律。

第一节 特色小镇自适应演化的适应性学习机制

特色小镇在瞬息万变的复杂环境中演化遵循"适者生存"这个不变法则。适应性学习机制是特色小镇复杂适应系统自适应演化的一个重要基础机制,是维持系统独特性和适应外部变化的重要手段。通过适应性学习,才能推动特色小镇复杂适应系统的新奇和新规则产生。其中,新奇是规则变化的前提。基于此,本节首先分析特色小镇复杂适应系统新奇的内涵与产生路径；其次，分析了特色小镇复杂适应系统主体的适应性学习的过程与层次；最后，探讨了主体自适应学习的动力模型和学习方式。

一 新奇的内涵与产生

南朝刘勰《文心雕龙·体性》中提出，"新奇者，摈古竞今，危侧趣诡者也。"新奇，含新颖奇妙、意想不到的意思。新奇来源于复杂适应系统主体对内外部环境变化的认知，凸显出系统的多样性和恒新性。在复杂适应系统的自适应演化过程中，新奇能促使新规则的产生，形成记忆，进而成为主体层级间的一个惯例。可见，复杂适应系统的自适应演化就是在新奇推动新旧规则的替换过程中进行的。新奇的产生大大增强了复杂适应系统的灵活性和对不确定环境变化的反应能力。

特色小镇复杂适应系统中新奇的产生依赖于主体对系统内外部变化的感知。在新时代背景下，特色小镇感知着瞬息万变的经济社会发展环境，不断产生新奇。这主要是由特色小镇复杂适应系统主体的层级结构和特色小镇复杂适应系统主体自主的适应性学习能力共同决定。在特色小镇复杂适应系统主体层级与主体自主的适应学习能力的共同作用下，新奇产生。特色小镇复杂适应系统的新奇可以指瞬息万变的外部环境，也可以指某一主体生产出的一种新的产品或服务，一种新的系统或程序，一种新的管理方式、思想、经验或创新等。这里的创新包含了产品与工艺创新、技术创新、市场创新、组织创新、体制机制创新、制度管理创新等具体的内容。总之，特色小镇复杂适应系统中出现的新奇，打破了复杂适应系统原有相对稳定的状态，促使各主体之间不断地发生交流、碰撞等非线性相互作用，推动特色小镇复杂适应系统的自适应演化。

具体来看，新奇的产生关键在于系统主体的学习整合能力。这种能力通常通过"融合—磨合—调整"的路径获得。其中，融合，即综合融合系统外界信息、系统内各主体拥有的信息、集体信息以及个人和旧规则系统中的信息。磨合是对信息进行试错的过程。行为主体需要进行试错学习来选择新奇。成功的新奇会被保留，并被作为一种可适用的规则应用于实践中。调整是对与原来构筑的信息体系不适应的地方进行进一步的完善。由此可见，特色小镇复杂适应系统主体是在不断融合、不断试错和不断调适的适应学习过程中自适应演化的。

二 主体适应性学习的过程与层次

复杂适应系统的适应性学习过程是主体新旧行为规则的交替过程。从演化的角度看，当特色小镇复杂适应系统的主体接受到外部变化的刺激后，会根据外部变化来调整自身的行为和状态，并累积经验，形成新的行为规则，促使自身发生适应性变化。可见，特色小镇复杂适应系统内部规则的自适应演化是通过"刺激—适应性学习—反应"的适应性学习过程实现的。在特色小镇复杂适应系统主体与外部变化的相互作用下，特色小镇复杂适应系统主体通过"刺激—原规则—新奇—试错学习—新规则（惯例）—反应"途径来实现系统自适应演化，如图 5.1 所示。

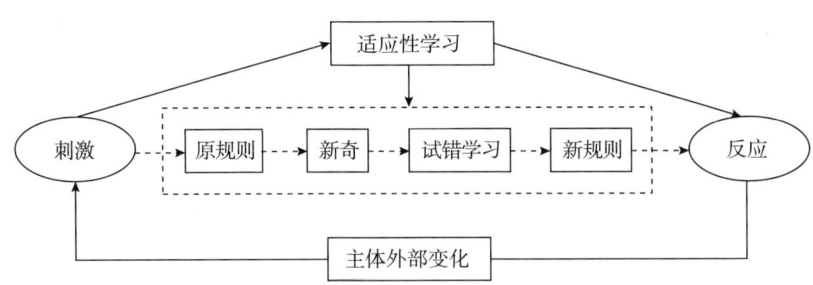

图 5.1 特色小镇复杂适应系统的适应性学习过程

特色小镇复杂适应系统的这种"适应性学习"是多层次的。第一层为个体适应学习层，是复杂适应系统中最基本的学习单元。当个体感知外部变化，会主动产生自主学习，在既有学习能力的基础上，产生了个人适应学习的成果并将其存储。这一过程达到了个体自适应能力的自我强化的目的。第二层为特色小镇系统主体的适应学习层，即由相同标识的个体聚集而成的主体的适应学习能力，是基于群体层面（团体或组织）的适应性学习过程。通过与外部变化的交互，累积经验，消除障碍，如新方法的应用，形成记忆的推广。第三层为特色小镇复杂适应系统主体之间的相互适应学习，是不同标识群体之间的适应性学习，即系统主体之间的竞合过程或相互适应学习的过程。在竞合的过程中，特色小镇复杂适应系统主体不仅可以得到其他主体的显性信息，还可以得到其他主体的隐性信息。特色小镇复杂适应系统主体之间可以相互学习，实现优势互补，产生主体之间的新奇。特色小镇复杂适应系统主体感知外部变化而输出新奇，并反馈系统，使选择后的新奇形成记忆并成为主体适应性行为决策的惯例，增强特色小镇复杂适应系统的灵活性和对不确定环境变化的反应能力。第四层为特色小镇宏观系统的适应性学习，即基于前三个学习层次产生涌现而输出一系列新奇，维持系统的恒新性和动态性，从而推动整个特色小镇系统的自适应演化。20世纪末日本学者Nonaka[①]对知识创造流程作了经典解释，提出了知识创造的SECI过程模型。本书在此基础上把特色小镇复杂适应系统的适应性学习看作是各主体对隐性信息与显性信息的持续互动、永无休止的适应学习过程。螺旋式发展则成为特色小镇复杂适应系统适应性学习过程的特点。当特色小镇复杂适应系统主体的规模扩大时，系统会涌现出大量新奇，主体相互适应性学习的螺旋也会相应变大，同时触发新奇而涌现出新层次和结构。基于此，构建出特色小镇复杂适应系统主体的适应性学习流程模型，即主体的螺旋式适应性学习，如图5.2所示。

综上所述，特色小镇复杂适应系统多层次的适应性学习过程，强调从微观自适应学习个体的维度来考察宏观整体的学习现象，学习主体在个人、企业、政府、机构、经济、产业、社会、文化、系统等不同层级上相互作用。这样，适应性学习形成螺旋式的可持续发展结构。其中，个体层次的适应性学习是特色小镇复杂适应系统适应性学习的基础。通过个体适应学习加快系统主体间的相互适应性学习，进而推动特色小镇复杂适应系统的持续自适应演化。

---

① Nonaka I., "A Dynamic Theory of Organizational Knowledge Creation", *Organization Science*, 5 (1), 1994: 14-37.

第五章　特色小镇自适应演化的核心机制研究

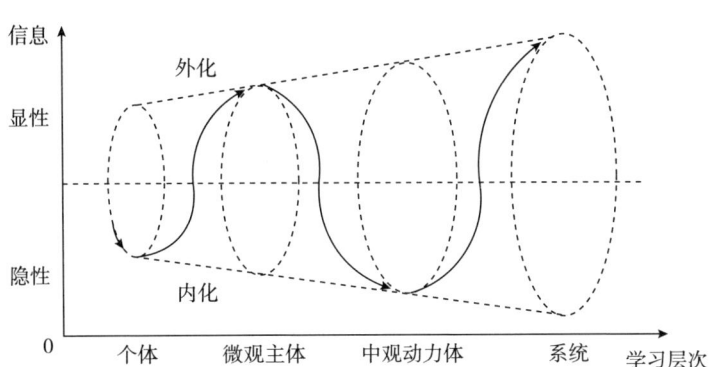

图 5.2　特色小镇复杂适应系统主体的螺旋式适应性学习流程模型

三　主体适应性学习的动力和方式

（一）主体适应性学习的动力

特色小镇复杂适应系统主体适应性学习行为的动力源于主体的动机和外在相关激励两个方面。其中，动机的产生与适应性主体的需要和主体之间的相互作用力有关。具体来看，如特色小镇政府主体的基本任务是增加人民收入，解决就业，提高人民生活质量，旨在满足人民对日益增长的美好生活需求，代表人民的根本利益和基本价值取向，推动经济社会的可持续发展；特色小镇居民主体的需要是满足生存与发展的需要等。通过适应性主体的需要驱动，特色小镇系统的适应性主体会主动学习，确立自己的学习目标与计划，并控制好自己的学习节奏。另外，在主体之间的相互作用力方面，某一主体的动机与系统其他主体的动机密切相关，即与发展势能有关。势能的作用是驱动物质运动的力从高势能点指向低势能点。特色小镇主体自适应学习的势能可以表述为：

$$dH = f(dF, dG) \tag{5.1}$$

式（5.1）中，dH 为势能的变化；dF 为主体利益势能的变化，效益越低，主体利益势能越低；dG 为管理势能的变化，即法律法规规定的主体参与权利越小，主体的管理势能越低。

此外，复杂适应系统的激励结构也是影响特色小镇系统主体学习的重要因素。如土地制度、户籍制度、创新创业政策、环保制度、产业发展政策、税收制度、财政制度、乡镇管理体制等一系列的政策制度等，激发了适应性主体的学习积极性。同时，创业创新、社会文化等外在基础环境也是影响适应性主体学习的重要外因。

（二）主体适应性学习的方式

前文已分析了特色小镇复杂适应系统的个体、特色主体、一般主体以及宏观系统都存在自适应性学习。而这样的学习表现在两个层面，一是自我学习；二是交互式学习。

1. 主体自我的适应性学习

主体自我的适应性学习是特色小镇复杂适应系统自适应演化的一种重要形式。主要作用在于为整体学习提供原动力和基本条件。通过主体的自我学习，不断提高主体自身的适应度，推动系统的宏观自适应演化。

根据本书第四章第一节研究可知，特色小镇复杂适应系统主体的状态是由主体的输入和主体在上一时刻的状态共同决定的。其中，主体的学习状态函数主要受适应性主体的需要（dK）、适应性主体的势能（dL）、适应性主体学习的激励（dM）、适应性主体既有的学习能力（dN）、适应性主体学习知识的难度（dO）以及适应性主体既有的知识基础（dP）六个因素影响。据此，可构建出特色小镇系统适应性主体自我的适应性学习函数（状态函数）S（t）为：

$$S(t) = g[A_{dk}(t), A_{dL}(t), A_{dM}(t), A_{dN}(t), A_{dO}(t), A_{dP}(t)]$$

(5.2)

在 t+1 时刻主体的学习状态 S（t+1）由其转换函数 F：S（t）×I（t）[I（t）为 t 时刻的输入]来决定，即：

$$F[S(t+1)] = g[A_{dk}(t), A_{dL}(t), A_{dM}(t), A_{dN}(t), A_{dO}(t), A_{dP}(t)] \times I(t)$$

(5.3)

综上所述，适应性主体的需要（dK）、适应性主体的势能（dL）、适应性主体学习的激励（dM）、适应性主体既有的学习能力（dN）、适应性主体学习知识的难度（dO）以及适应性主体既有的知识基础（dP）六个因素共同推动主体学习状态的变化。其中，知识的复杂度和难度与这种变化成反比。

2. 主体的交互式适应性学习

根据复杂适应系统理论的基本观点，系统主体除了进行自我学习外，还与系统中的其他主体相互作用、相互影响，进行交互式适应学习。因此，主体间相互作用的"交互式学习"也是促使特色小镇复杂适应系统演化的另一个重要内容。

在特色小镇复杂适应系统中，任意选定两个主体 A_i、A_j，两者相互作用关系或交互学习作用关系为 R_{ij}。R_{ij} 受到主体双方各自与对方建立相互作用关系的动力、主体双方各自的可选择范围以及主体双方建立交互作用关系的成本等因素的影响。则有：

$$R_{ij}=f(M_i,M_j,S_i,S_j,C_{ij}) \tag{5.4}$$

其中，M_i、M_j 分别为特色小镇复杂适应系统主体 A_i、A_j 建立关系的动力，$M_i \geq 1$，$M_j \geq 1$，M_i、M_j 越大，R_{ij} 越密切；S_i、S_j 分别为特色小镇复杂适应系统主体 A_i、A_j 的选择性，$S_i \geq 1$，$S_j \geq 1$，与主体 A_i 建立关系的主体越多，S_i 可能越大，与主体 A_j 建立关系的主体越多，S_j 可能越大；C_{ij} 表示特色小镇复杂适应系统主体 A_i、A_j 建立交互关系需要的成本，$C_{ij} \geq 0$。S_i、S_j、C_{ij} 为制约特色小镇复杂适应系统主体 A_i、A_j 交互学习的关键因素。当 S_i、S_j、C_{ij} 确定时，交互作用双方的关系 R_{ij} 就由 M_i、M_j 来决定了，即较短的空间距离、相近的语言文化、适当的政府干预等，会使 R_{ij} 变得较小，A_i、A_j 交互作用变得更加容易。则根据刘洪涛等的研究成果[①]有：

$$R_{ij}=q \times (M_i,M_j)/(S_i,S_j,C_{ij}) \tag{5.5}$$

其中，q 为一比例数。

对特色小镇复杂适应系统的任意两个主体 A_i、A_j 来说，在 t 时刻的状态函数为 $S(t)$，输入为 $I_{Ai}(t)$，输出为 $O_{Ai}(t)$，在主体间存在一个交互作用的动力因子 M_{Ai}，当另一个主体把 M_{Ai} 和 S_{Ai} 作为自己的输入并产生 M_{Aj} 和 S_{Aj} 时，就建立了一个有效的 R_{ij}，即产生了一个受

[①] 刘洪涛等：《国家创新系统（NIS）理论与中国的实践》，西安交通大学出版社1999年版，第78页。

限生成过程。总之，特色小镇复杂适应系统为了更好地适应环境的变化，要不断进行适应性学习。

第二节 特色小镇自适应演化的分岔与突变机制

分岔与突变是复杂适应系统自适应演化的一种基本形式。随着特色小镇复杂适应系统的日益扩大，子系统数目的不断增多，各个子系统之间的非线性作用促使特色小镇复杂适应系统从简单向更高、更复杂的层次逐步演化。特色小镇复杂适应系统在自适应演化的过程中，受各种因素的影响，会出现分岔与突变现象。其中，分岔是系统参数小而连续的变化，极易造成系统本质或是拓扑结构的突然改变；突变是突然发生意料之外或不可预测的改变，直接推动系统在结构、功能等方面都涌现出新的特征，推动系统进入更高层次的演化阶段。基于此，本节探索了特色小镇复杂适应系统分岔与突变现象、分岔与突变的类型、条件和流形等。

一 系统的分岔与突变

分岔机制是复杂适应系统从单一到多样、从简单到复杂自适应演化的重要根源。分岔通过"选择"促使复杂适应系统能够摆脱传统模式的稳定结构。由于分岔点交汇了多个路径选择。当选择有利于系统发展时，将会涌现出更大、更高层次的系统特性，推动系统层次的提升；反之，选择失误，系统就会面临退化危机。现在的路径是历史选择的结果，同时也会影响系统未来路径的选择。因此，分岔往往是不确定的高度敏感点。此时任一微小因素的扰动都极易导致系统的突变。可见，在复杂适应系统的自适应演化中，分岔总是伴随着突变。突变是复杂适应系统中各个子系统对系统稳定性的总体平均状态的偏离。一般情形下，复杂适应系统会出现一系列的分岔，并非一次分岔。[1] 特色小镇

---

[1] Kuznetsova A. Y., et al., "Catastrophe Theoretic Classification of Nonlinear Oscillators", *International Journal of Bifurcation & Chaos*, 14 (04), 2004: 1241-1266.

第五章 特色小镇自适应演化的核心机制研究

复杂适应系统自适应演化最终体现在惯例（积木/已有规则）和新规则或新奇的发现与选择上。随着时间的推移，特色小镇的演进是不断地退出某些传统的既有功能，而同时又进入某些新功能的过程，这一过程是特色小镇发展规则不断主动或被动发现和选择的过程。当特色小镇由单一功能不断专业化发展或向其他功能发展时，就演变为功能叠加。当特色小镇由多种功能叠加并融合为某一综合功能时，实施的是集中演化策略；当特色小镇强化优势功能或产业而剥离劣势功能时，就转为归核化演化策略。

演化经济学认为经济系统的演化过程存在路径依赖的重要特性[①]。特色小镇复杂适应系统的自适应演化也具有某种路径依赖性。这种依赖性表现在小镇对资源禀赋、生态环境、传统文化、主导产业以及核心技术等因子的依赖性上，即特色小镇发展的历史惯例。同时，路径依赖总是伴随着本地的局部搜寻，在自身的规则集中搜寻既有规则，当发现既有规则集不满足要求时，再进行更大范围的局部搜寻。基于上述分析，可以描述出特色小镇复杂适应系统自适应演化过程逐级分岔序列，如图5.3所示。

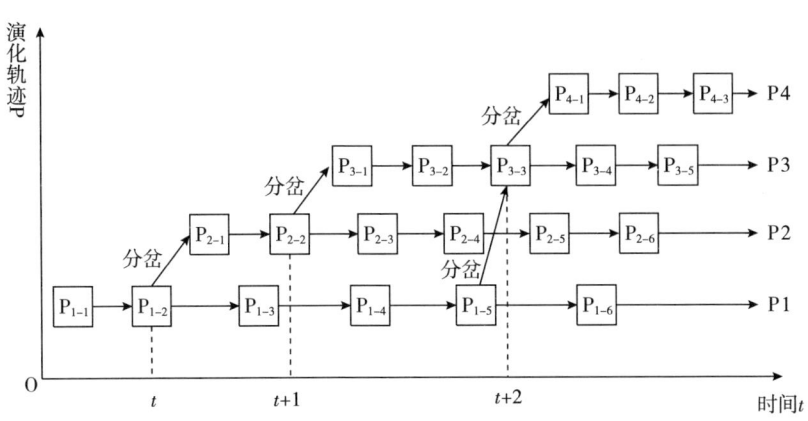

图5.3 特色小镇复杂适应系统自适应演化的逐级分岔

---

① ［美］理查德·R. 纳尔逊、悉尼·G. 温特：《经济变迁的演化理论》，商务印书馆1997年版，第168页。

特色小镇在自适应演化初期，功能单一，沿路线 P1 向前发展，随着时间点不断演进，当发展到 P_{1-2} 时，特色小镇复杂适应系统自适应演化的内外环境发生了相应变化，为适应系统内外部变化，特色小镇复杂适应系统各主体根据当前的演进状态，不断地"搜寻和选择"，在时间点 t+1、t+2 发生分岔，并产生新的演化轨迹。此时，在 t 时刻，特色小镇复杂适应系统面临 P1 和 P2 两种演化轨迹。如果特色小镇复杂适应系统同时选择两条路线继续发展，会出现功能的叠加。以此类推，当特色小镇复杂适应系统自适应演化到 P_{1-5} 和 P_{3-3} 时，又会遇到新的临界点，如果特色小镇复杂适应系统同时沿着多条路径向前演化发展，则其功能从叠加到聚合，空间集聚度会进一步加强。

从以上特色小镇复杂适应系统自适应演化的过程可以看出，特色小镇复杂适应系统自适应演化具有路径依赖性，根源来自特色小镇复杂适应系统内独特资源和经验发展的积累以及主体间的相互作用等的影响。但当特色小镇复杂适应系统感知新奇或新规则时，系统自适应演化会表现出分岔与突变特征。特色小镇复杂适应系统自适应演化过程中的突变对前序演化轨迹没有严格依赖，但却为其后序自适应演化设定了新的方向，即限定了一个新的演化空间。同时，特色小镇复杂适应系统突变式演化是综合考虑系统内外部多个参数变化时平衡点附近分岔情况的全面图像。因此，为了更好地认识特色小镇复杂适应系统突变式演化，本书重点对特色小镇复杂适应系统自适应演化的突变影响因子、加权熵模型、突变流形以及产生分岔与突变的条件等方面内容进行讨论。

二 系统分岔与突变的影响因子分析

特色小镇的自适应演化过程始终伴随着分岔、突变和渐变。当特色小镇系统环境适应能力较强、各因素处于缓慢集聚时期时，特色小镇处于渐变时期。但经过较长时期的积累，主体之间的矛盾逐步激化，则会引发分岔与突变。如在市场激烈竞争下，特色小镇系统主体着力培育主导产业以适应市场要求，其竞争力将越来越强，市场占有率将越来越高。当这一比较优势高于某一临界值时，特色小镇将出现跃迁，参与到国内或国际市场分工中去，实现突变式发展。

第五章 特色小镇自适应演化的核心机制研究

特色小镇是一个高度聚合的独立发展有机载体，作为一个高度敏感的新生事物，任何一种因素的扰动都有可能导致系统出现突变。从特色小镇复杂适应系统自适应演化的构成要素看，特色小镇的微观适应性主体包括政府、企业、金融机构、专业服务机构以及小镇多元居民等。同时，系统自适应演化还依赖于对原始张力、智慧弹力和聚合力量三个子系统的中观动力调控。因此，特色小镇的突变是文化、生态环境、设施服务、资源禀赋、创新、政策制度、管理能力、社会力、经济、资金、产业和市场等任一主体诱致的突变。具体作用因子见图4.15，此处不再赘述。

由于特色小镇复杂适应系统是一个非常复杂的自适应系统，突变均有可能发生在系统生命周期的任何一个阶段。同时，这些突变因子若符合经济社会发展规律，则将推动特色小镇的自适应演化；反之，则将阻滞特色小镇的自适应演化，被迫停滞或退出市场。结合全生命周期理论的思想，根据特色小镇自适应演化的过程与规律，在特色小镇自适应演化的萌芽阶段，系统主体的任何一个决策都极易诱发特色小镇的突变。同时，系统既有的资源基础，如文化、生态环境、设施服务、资源禀赋等也会影响系统主体决策进而诱发特色小镇的突变。在聚合发展和成熟阶段，管理能力，创新力，社会力，政策制度，资金，经济、产业和市场等也极有可能改变特色小镇自适应演化轨迹。特别地，由于我国特色小镇发展尚处于初步阶段，不能完全依靠市场调节，虽可实现帕累托最优，但会出现市场失灵现象，如市场的剧烈波动、资源的无效配置等。此外，互联网、大数据等科学信息技术的发展，对特色小镇自适应演化发挥着重要作用，促使系统主体发挥出最大的主动性和能动性，为特色小镇系统各要素参与信息和知识交流提供各种保证。

需要强调的是，复杂适应系统中的任何因子都具有两面性，因此，既存在阻滞系统自适应演化的熵增，也存在推动系统自适应演化的熵减。综上所述，特色小镇复杂适应系统演化的实质即是熵增与熵减的相互作用结果。

三 系统分岔与突变的加权熵模型

国内外众多学者将熵的思想引入系统管理科学中，认为在相对封闭的运动过程中系统均会慢慢变得陈旧，变得不再适用而失去活力，以致总是呈现出有效能量逐渐减少，而无效能量不断增加的一个不可逆的过程。同时，系统在不断地与外界进行能量交换的过程中，从外界环境持续汲取负熵流以降低内部的熵增。可见，任何系统都是熵的势函数。随着系统总熵流的变化，系统的无序程度和混乱程度不断变化。基于此，本书把熵理论引入特色小镇自适应演化这一问题中，以判定某一时刻特色小镇自适应演化的状态。

特色小镇作为一类开放的复杂系统，在自适应演化过程中，极易出现因惯性而致的熵，如战略定位、功能结构惯性，以及管理制度滞后、技术水平不足、竞争压力过大，社会文化因素的阻力等，即形成系统内部熵增。特色小镇系统在形成熵增的过程中，也在不断地与外界环境之间进行能量交换，产生负熵流。如良好的宏观经济社会环境和市场环境、管理制度的完善、科学技术的创新、积极型非正式聚集主体的形成与完善等。负熵有利于引导与帮助系统内各主体之间形成共同利益要求、行为准则和价值标准，避免利益冲突，增强合作意识。因此，特色小镇自适应演化的总熵变就是外部环境输入负熵克服内部熵增的一个不可逆过程，特色小镇系统的熵变公式如式（5.6）所示。

$$S_f = \sum_{i=1}^{n} S_{ai} + \sum_{j=1}^{m} S_{bj} \tag{5.6}$$

式（5.6）中，S_f 指特色小镇复杂适应系统的总熵变，S_{ai} 是特色小镇复杂适应系统的内部熵增，n 是影响内部熵增的因子个数，S_{bj} 是特色小镇复杂适应系统的外部负熵流，m 是影响外部负熵流的因子个数。

特色小镇复杂适应系统的内部熵增扩大了系统的建设运营风险，给系统的稳定性带来严重冲击；而通过科学技术创新、市场发展、管理制度的改善等负熵的流入，在一定程度上降低了特色小镇建设运营风险，增强了特色小镇复杂适应系统抵御外在风险的能力。在特色小

镇复杂适应系统总熵流变化的过程中，系统的无序和混乱程度不断变化。当 $|\sum_{i=1}^{n}S_{ai}| \geq |\sum_{j=1}^{m}S_{bj}|$ 时，即内部熵增大于等于外部负熵流，系统总熵 $S_f \geq 0$，表明特色小镇复杂适应系统混乱度增加，稳定性下降；反之，当 $|\sum_{i=1}^{n}S_{ai}| \leq |\sum_{j=1}^{m}S_{bj}|$ 时，特色小镇复杂适应系统内部熵增小于等于外部负熵流，系统总熵 $S_f \leq 0$，表明特色小镇复杂适应系统有序度增加，稳定性增强。由此可见，系统总熵增长是系统不稳定或远离平衡态的重要原因，而特色小镇复杂适应系统的稳定性取决于系统的总熵变。

1948 年 Shannon 把熵在信息理论中作为不确定性和信息量的量度定义为

$$S(P_1, P_2, \cdots, P_n) = -k_i \sum_{i=1}^{n} P_i \times \ln(P_i) \tag{5.7}$$

式（5.7）中，$S(P_1, P_2, \cdots, P_n)$ 是概率分布 P_i 的熵，k 是玻尔兹曼常数，P_i 是一个离散的概率分布。

由于特色小镇复杂适应系统内部熵增和外部负熵流的各个影响因素对特色小镇复杂适应系统自适应演化的作用程度是不同的，因此本书在式（5.7）的基础上引入权重来考察系统内部熵增和外部负熵流对特色小镇复杂适应系统自适应演化的影响。

根据以上分析，特色小镇复杂适应系统自适应演化的内部熵增公式如式（5.8）所示。

$$S_{ai}^* = -k_i \sum_{i=1}^{n} W_i \times P_i \times \ln(P_i) \tag{5.8}$$

式（5.8）中，S_{ai}^* 为影响特色小镇复杂适应系统内部熵增的各因子的总熵值，P_i 为每个因子在影响熵值变化中出现的概率，W_i 为该因子的权重，n 为影响特色小镇复杂适应系统产生内部熵增的因子个数。k_i 为一个正常数，由于是在同一条件下的对比，这里将 $k_i = 1$。

同理，特色小镇复杂适应系统自适应演化的外部负熵流的公式如式（5.9）所示。

$$S_{bj}^* = -k_j \sum_{j=1}^{m} W_j \times P_j \times \ln(P_j) \tag{5.9}$$

式（5.9）中，S_{bj}^* 为影响特色小镇复杂适应系统外部负熵流的各因子的总熵值，P_j 为每个因素在影响熵值变化中出现的概率，W_j 为该因子的权重，m 为影响特色小镇复杂适应系统产生外部负熵流的因子个数。k_j 为一个正常数，由于是在同一条件下的对比，这里将 $k_j = 1$。

因此，特色小镇复杂适应系统自适应演化的总熵变公式为：

$$S_f^* = S_{ai}^* + S_{bj}^* \tag{5.10}$$

复杂适应系统在远离平衡态的条件下，通过随机涨落自发形成新的稳定结构。因此，当特色小镇复杂适应系统因总熵增进入系统失稳的边缘状态时，任一微小因素的扰动都有可能引发系统巨大的变化。在非线性机制作用下，涨落急剧放大，促使系统发展到远离平衡态的高度，并孕育着新的分岔与突变。

四　系统分岔与突变的流形与条件分析

由上可知，特色小镇复杂适应系统因总熵增长到一定程度而进入系统失稳的边缘状态时，任一微小的扰动极易致使系统出现分岔与突变。那么，特色小镇复杂适应系统发生突变的流形是怎样的？当变量间处于何种关系时才能使特色小镇复杂适应系统自适应演化过程中发生分岔与突变？

突变理论的尖点模型适合于一个状态参量和两个控制参量的情况。根据前一节加权熵模型的分析，本书将特色小镇自适应演化的状态作为状态参量（V_3），用经济（x_1）、人口（x_2）、产业（x_3）等聚集要素衡量。将影响特色小镇自适应演化内部熵增的因子作为特色小镇复杂适应系统的内部控制参量（V_1），用 a_i 表示。将影响特色小镇复杂适应系统外部负熵流的因子作为特色小镇复杂适应系统的外部控制参量（V_2），用 b_j 表示。因此，特色小镇自适应演化的一般函数如式（5.11）所示。

$$\begin{cases} V = (V_1, V_2, V_3) \\ V_1 = (a_1, a_2, a_3, \cdots, a_i) \\ V_2 = (b_1, b_2, b_3, \cdots, b_j) \\ V_3 = (x_1, x_2, x_3, \cdots, x_m) \end{cases} \tag{5.11}$$

式（5.11）中，V 为特色小镇自适应演化的势函数。根据突变理论的尖点模型可知，特色小镇自适应演化模型的势函数为：

$$V(x) = x^4 + ax^2 + bx \tag{5.12}$$

式（5.12）中，a、b 分别为特色小镇自适应演化的内外部控制参量，x 为特色小镇自适应演化的状态参量。在特色小镇自适应演化中，控制参量是特色小镇复杂适应系统内部影响要素 V_1 和外部影响要素 V_2 的合成，状态参量为 V_3。

特色小镇自适应演化的不动点方程为：

$$\frac{\partial V(x)}{\partial x} = 0 \tag{5.13}$$

即，

$$4x^3 + 2ax + b = 0 \tag{5.14}$$

此时，特色小镇自适应演化模型可由轴 x 与平面 a-b 构成，即形成演化空间 a-b-x。全部不动点构成了空间的一张平衡曲面 M，其突变流形如图 5.4 所示。

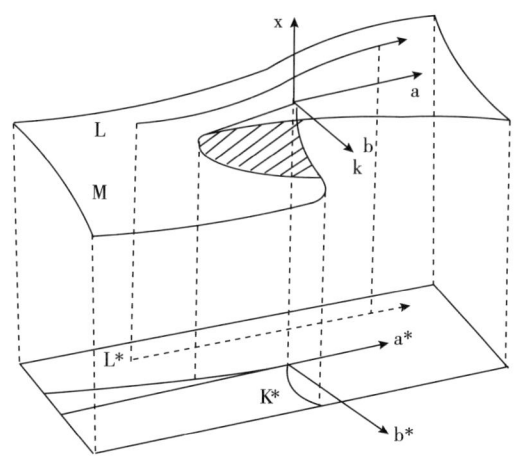

图 5.4 特色小镇自适应演化的突变流形与分岔曲线 k

图 5.4 中的突变流形 M 是一个有皱折的曲面。从初始点（0，0，0）开始，在 a≤0 的半空间中，曲面 M 上有一个三叶折叠区。控制参

数沿着（a，b）平面上的曲线变化时，可推出单参数的梯度系统。利用曲线在特色小镇自适应演化的突变流形 M 上对应的曲线，就可得到关于特色小镇自适应演化的平衡点分岔的分岔图。

当特色小镇复杂适应系统内部的控制参数 b 取一定值时，突变流形与分岔的动态变化如图 5.5 所示。

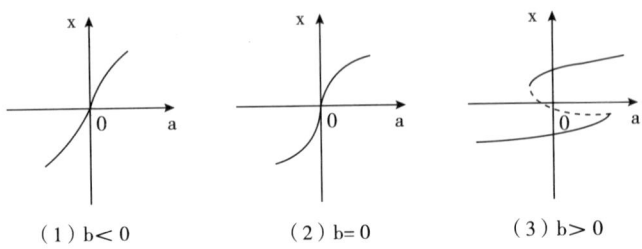

图 5.5 控制参数 b 取定值时系统自适应演化的轨迹与突变

图 5.5 中，当控制参数 b<0 和 b=0 时，控制参数 a 沿着突变流行曲面 M 作平滑的变动［见图 5.5（1）（2）］，此时，特色小镇自适应演化处于一个渐变过程；当控制参数 b>0 时，系统存在多重解，两个极点出现一个不稳定的区域，曲面 M 被分成两个不相连的部分，即双稳定区域，控制参数 a 的运动会使曲面 M 上产生不连续的变动［见图 5.5（3）］。此时，特色小镇自适应演化就呈现出一个突变过程。

当特色小镇复杂适应系统控制参数 a 取一定值时，突变流形与分岔的动态变化如图 5.6 所示。

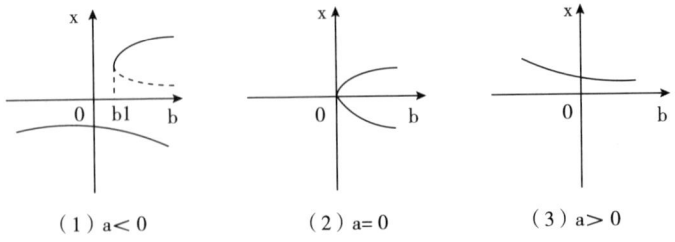

图 5.6 控制参数 a 取定值时系统自适应演化的轨迹与突变

图 5.6 中，当控制参数 a<0 时，控制参数 b 的运动会使突变流形曲面 M 产生不连续的变动［见图 5.6（1）］，系统存在多重解，b≥

b_1 时，曲面 M 被分成两个不相连的部分，出现折叠的奇异性，此时特色小镇自适应演化呈现出一个突变的过程，且有双稳解。当 $b<b_1$ 时，系统有唯一的稳定解，此时，特色小镇自适应演化是一个渐变过程；当 $a=0$ 时，控制参数 b 有双解，系统出现分岔；当 $a>0$ 时，控制参数 b 在突变流形曲面 M 上做平滑运动［见图5.6（2）（3）］，经历了分岔，进入一个渐进的自适应演变过程。

图5.4中曲面 M 于褶皱处可分为上叶、中叶和下叶。其中，叶与叶之间的分界线，即折叠曲面的两条棱，是特色小镇自适应演化的奇点集 K。特色小镇自适应演化的奇点集 K 为：

$$12x^2+2a=0 \tag{5.15}$$

求解式（5.14）和式（5.15）的联立方程组，得到棱上的所有点。分岔曲线 K* 是奇点集 K 在控制空间 a-b 上的投影，即控制参量平面中结构不稳定点的集合，从式（5.14）和式（5.15）中消去 x，得

$$8a^3+27b^2=0 \tag{5.16}$$

式（5.16）还可写成分解形式的分岔方程：

$$\begin{cases} a=-6x^2 \\ b=8x^3 \end{cases} \tag{5.17}$$

分岔曲线 K* 把特色小镇复杂适应系统的控制参数（a，b）所组成的控制空间分成两个区域：$\Delta>0$ 或 $\Delta<0$。令 $\Delta=8a^3+27b^2$，当 $\Delta>0$ 时，M 有唯一实根，控制变量 a 和 b 的连续变动引起系统的光滑变化，系统是稳定的，此时 a、b 值处在尖点区域外。当 $\Delta<0$ 时，M 有三个不相等的实根，此时 a、b 值处在尖点区域内，特色小镇复杂适应系统发生突变，系统将在非线性机制的作用下形成新的稳定结构状态。当 $\Delta=0$ 时，此时 $a=b=0$，M 有三个相等实根，这时系统处于临界状态。此时，可由式（5.16）确定突变区域的边界：

$$8a^3+27b^2=0 \text{ 或 } \left(\frac{a}{3}\right)^3=-\left(\frac{b}{2}\right)^2 \tag{5.18}$$

即满足式（5.18）的所有 a，b 点都在分岔曲线 K* 上。由于

$$b=\pm 2\sqrt{\left(-\frac{a}{3}\right)^3} \tag{5.19}$$

当 a<0，M 上出现一尖点形褶皱，即突变；当 a>0 时，呈光滑变化，即渐变。突变与渐变是完成特色小镇自适应演化的两种基本方式。在分岔点上，特色小镇自适应演化以突变形式发生，在两个质变点之间，特色小镇自适应演化以渐变的方式发生。

势函数值点处于折叠线上，即符合分岔方程（5.16）关系时，势函数的值从上叶直接越过中叶向下叶突跳，或者从下叶向上叶突跳，系统的性质与状态等也随之发生突变。分岔 K^* 表示特色小镇自适应演化过程发生突变的位置，如图 5.7 所示。

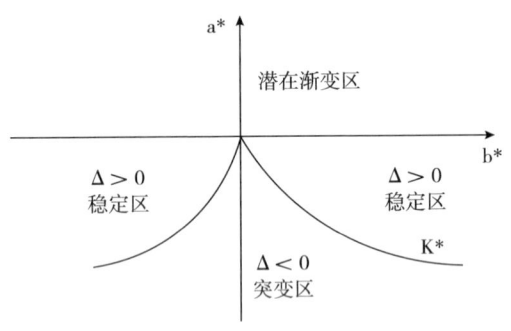

图 5.7 尖点突变区域

根据特色小镇复杂适应系统的基于加权熵的尖点突变模型，可得出以下结论：

第一，特色小镇复杂适应系统在一定范围内保持一种平稳态势。在推动特色小镇自适应演化方面，单纯的线性增长机制的效果并不会太明显，并容易引起逆向选择问题。如在唯经济的驱动下，有的地方简单模仿，塑造成千篇一律的"仿古一条街"，而真正具有特色文化底蕴的建筑反而被拆除。另外，从这个研究结论中可以得出一个解释是：在发达国家相对发达的外部环境下，可以理解为内部熵增的影响因子较少。相反，在新发展阶段的中国，即使是一些特大型城市周边小镇，它的基础设施建设等也并不完善，资源没能得到有效配置，其内部熵增的起点和速度会快。因此，一方面，需要借鉴发达国家先进经验，调整产业结构，补齐基础设施滞后等短板，发挥市场作用，调整特色小镇复杂适应系统的内部熵增因素;另一方面,加强创新驱动,实施有效政策制度,创造良好的演化环境,促进系统外部负熵流的形成,以克服系统发展所带来的熵增。

第二,特色小镇复杂适应系统在特定的条件下会出现分岔发生突变而进入高度敏感的临界状态,系统的任一微小扰动都会导致巨大变化。特色小镇复杂适应系统的目标在于优化配置要素资源,实现持续的自适应演化。特色小镇复杂适应系统在空间上是一个生产、生活、生态有机统一的"三生"空间,具备高度和谐、高度宜居、高度聚集的特点,以实现小空间的大聚集。但目标实现需要一定的触发条件,如文化的挖掘与保护、基础设施投入、生态环境改善、科技创新的发展、政策制度的保障、管理水平的提高、雄厚的资金保证以及良好的经济社会环境等。

第三,要加强特色小镇复杂适应系统的多样性。非线性机制是特色小镇复杂适应系统的一个重要机制,是维持系统多样性的关键环节。要根据我国国情和经济发展现状以及特色小镇实际情况,选择适当的发展路径维持系统的多样性。

特色小镇复杂适应系统使系统的内部结构趋向于自我完善和自我稳定,这反映出系统主体的自适应学习能力,促使凝聚力的形成,推动特色小镇复杂适应系统成为一个完整有机体。特色小镇复杂适应系统在不断的跳跃式发展过程中会逐渐形成适应环境变化的反馈机制,推动特色小镇复杂适应系统的结构、行为和功能的适时改变。

第三节 特色小镇自适应演化的涌现机制

涌现的存在是客观的、普遍的,系统往往会呈现出整体涌现性。[1]根据复杂适应系统理论,涌现机制推动系统从较低层次向较高层次自

---

[1] Johnson S., *Emergence-The Connected Lives of Ants, Brains, Cities and Software*, New York: Simon & Schuster, 2001, pp. 92-94.

适应演化。基于此,本节主要探讨特色小镇自适应演化的涌现现象和产生机制,建立特色小镇自适应演化的多层次涌现结构,并提出特色小镇自适应演进的一般路径。

一 涌现现象

涌现是复杂系统中的行为主体根据各自行为规则进行相互作用所产生的没有事先计划却实际发生的一种行为模式。① 特色小镇自适应演化的涌现是系统内部各主体、各子系统按照非线性的方式相互作用,从而引发系统在结构、功能等方面表现出来的各个子系统所不具有的整体特性与行为,推动着系统从简单、低级的小系统到复杂、高级的适应系统的不断进化。在这个过程中,涌现出系统的新特质,突出表现在结构和功能两方面。

(一)结构的涌现

在外界扰动的作用下,特色小镇复杂适应系统各主体围绕自己的职责和目标,不断调整自身行为,促使系统结构不断进化。如达沃斯小镇,瑞士商学院教授克劳斯·施瓦布在达沃斯小镇举办"欧洲管理论坛",并作为论坛永久地,后发展衍生为"世界经济论坛",为小镇的发展带来了更大的发展机遇。在克劳斯·施瓦布的行为决策扰动下,达沃斯小镇系统内各主体不断调整自身行为,以适应小镇新的使命和目标。此时,克劳斯·施瓦布的行为决策结果——"欧洲管理论坛",就是混沌系统某局部的吸引子,该局部也可能还存在其他吸引子,如优美的环境、特色产业、独特的建筑等。当论坛从"欧洲管理论坛"发展为"世界经济论坛",正反馈作用不断增强,品牌作用不断提升,小镇未来的轮廓日益清晰,小镇系统主体,如企业、政府、居民等便会围绕小镇发展目标在更大范围内搜寻生存与发展的信息,当各种要素的非线性相互作用达到一定值时,系统中各种要素流会突然朝着满足可持续的发展方向作有序的运动,不断涌现出新结构,促使系统从单一结构向复杂结构升级,其宏观外在表现为达沃斯小镇进

---

① 黄春萍:《基于 CAS 理论的企业系统演化机制研究》,博士学位论文,河北工业大学,2007 年。

入世界知名小镇行列,成为国家人口、经济、产业的主要载体。这个过程就是特色小镇复杂适应系统从混沌中涌现诞生的过程,系统结构从单一转向复杂。

特色小镇复杂适应系统由最初的一个主体吸引力,到多个聚集体,当规模增大到一定数量时,根据发展目标和运营需要,开始职能分工,又集聚形成了清晰的层级结构,实现要素的增长,生成特色小镇复杂适应系统。

(二) 功能的涌现

特色小镇复杂适应系统内部各子系统相互作用,涌现出新的功能,增强了系统的抗风险能力、内部管理协调能力、外部协同沟通能力、科技创新能力等,成为推动特色小镇系统自适应演化的重要动力。特色小镇复杂适应系统的功能包括载体功能、经济功能、社会功能以及疏解大城市功能、集聚创新功能、旅居功能等。举例来说,特色小镇复杂适应系统的疏解功能,特色小镇集中了大规模的人口,带来了人口的多种需求,如生产、生活、休闲娱乐、居住、教育、医疗等,进一步又带来了商业、住宅、学校、医院、银行等一系列服务设施和机构,形成了完善的基础设施配套、健全的社会公共服务、人性化的城市管理等的宜游、宜业、宜享、宜居的环境,涌现出旅居、集聚创新、载体等多样化功能。特色小镇复杂适应系统的涌现性包括两个方面:一是促使其与周边环境和市场相适应;二是促使特色小镇系统整体的功能弥补某些子系统的弱势地位,以此推动特色小镇复杂适应系统由低层次向高层次的自适应演化。

需要强调的是,特色小镇复杂适应系统满足涌现的非线性、自组织、吸引子和远离平衡四个条件。首先,特色小镇复杂适应系统的结构、功能、主体之间的关系、目标等都表现出强烈的非线性特征。其次,系统主体能根据其他主体的行为以及环境变化不断修正自身的行为规则,反映出特色小镇复杂适应系统的自组织特性。再次,特色小镇复杂适应系统自适应演化的根本动力在于其特色,如不可移动的特色资源,即为复杂适应系统进化的吸引子。随着系统的不断进化,各个层次之间的临界点往往被看作吸引子。最后,特色小镇复杂适应系统不断向更高层次涌现的过程就是新吸引子不断递进生长的过程。而临界点作为高度敏感地带，往往促使系统远离平衡。

二 涌现的产生机制

特色小镇复杂适应系统自适应演化的涌现特性受以下机制的共同作用。

（一）构材效应

涌现特性受限于复杂适应系统的构成单元或要素。从前文研究结果可知，特色小镇系统可划分为智慧系统、物理支撑系统、动力系统及平衡保障系统；特色小镇可持续发展系统主体包含了政府、专业服务机构、企业、金融机构、小镇居民或流动人口等众多主体；特色小镇可持续发展系统结构划分为原始张力、智慧弹力以及聚合力量三个主要子系统。这些子系统之间相互作用、相互制约，才使得特色小镇复杂适应系统具备了疏解大城市功能、集聚创新以及旅居等功能，才能承担起国家经济社会可持续发展的责任与义务。

（二）规模效应

从狭义来看，系统的整体涌现特性反映的是一种规模效应。特色小镇复杂适应系统涌现的规模效应主要体现在两个方面：一是"量"上，即规模的大小，只有达到一定数量的单个主体规模，才有可能产生系统整体功能、形态与结构的涌现现象。这主要体现在特色小镇容量或规模的扩大以及功能集聚方面，即经济转型，产业升级，市场规模等。二是"质"上，主要表现在特色小镇的结构优化上。具体来看，规模效应产生了复杂适应系统理论中的"聚集"，"聚集"加快了聚集体的产生，加速了系统中各要素的流动和结构的转型，推动了系统整体的涌现性和新层次的产生，促使特色小镇复杂适应系统从单一、低效、简单的小系统向高效、复杂的大系统发展。

（三）结构效应

结构效应主要是指系统不同的要素组成结构，将产生不同的整体涌现性。特色小镇复杂适应系统自适应演化的结构效应主要包括组织结构效应、战略结构效应以及资源结构效应。在组织结构方面，特色小镇复杂适应系统的组织结构与特色小镇的主导产业、规模、发展战略、政府效率、运营能力以及环境等因素的变化有着密切关系。特色小镇复杂适应系统的自由参与、自治组织以及学习性组织的模式，实现了组织结构的优化，保证了特色小镇复杂适应系统各主体能更加灵活、快速地捕捉有用信息。在战略结构方面，纵观国内外特色小镇的自然演进过程，现阶段特色小镇发展逐渐呈现出分工细化的趋势，战略结构涌现出新的特征。如当特色小镇的特色产品具备国内或国际比较优势时，将开始实施专业化战略，拓展产业链、扩大市场占有率、研发产品、延伸服务链条等，整体过程显示出"协同效应"。这种协同效应主要体现在：技术方面的协同效应、市场方面的协同效应、管理方面的协同效应。在资源结构上，主要表现在各种要素流的渠道是否通畅，流速快慢节奏如何。特色小镇复杂适应系统中资源流动的两个显著特征是乘数效应和再循环效应。前者主要指主体间的相互作用可以通过相互作用网进行传播从而产生扩大或加速的效应。后者是指资源在主体间的循环往复，有利于最大限度地利用有限的资源。

三 结构与层次的涌现

特色小镇自适应演化是通过系统不断涌现新质而实现的。每出现一个新的层次，就有一次新质的提升。这是一种既连贯又产生新质的向上发展过程。同时，特色小镇复杂适应系统的主体之间、层级之间均存在趋同效应，主要表现为各层主体间进行相近的适应学习。一方面，某一主体通过某种适应性学习而获得较好成果时，该适应性行为会被其他主体模仿，进而产生趋同效应。随着事物的发展，主体将丢失创新性而逐步失去活力。若要获得更大的生存和发展空间，则需进行新的适应性学习，从而开始更高层次的趋同效应学习。另一方面，相同层次的涌现也存在趋同效应，通过非线性机制的作用，形成更高层次的涌现。特色小镇复杂适应系统自适应演化的结构涌现的描述如图 5.8 所示。

特色小镇自适应演化是由低级向高级、由简单到复杂的递进式发展过程。但当受到外部干扰时，某些层次主体因无法与其他层次的主体耦合而被淘汰。当某一层次的主体有足够的多样性时，系统中空缺的"小生境"将被随时争夺。涌现新质会使系统进入到暂时相对稳定

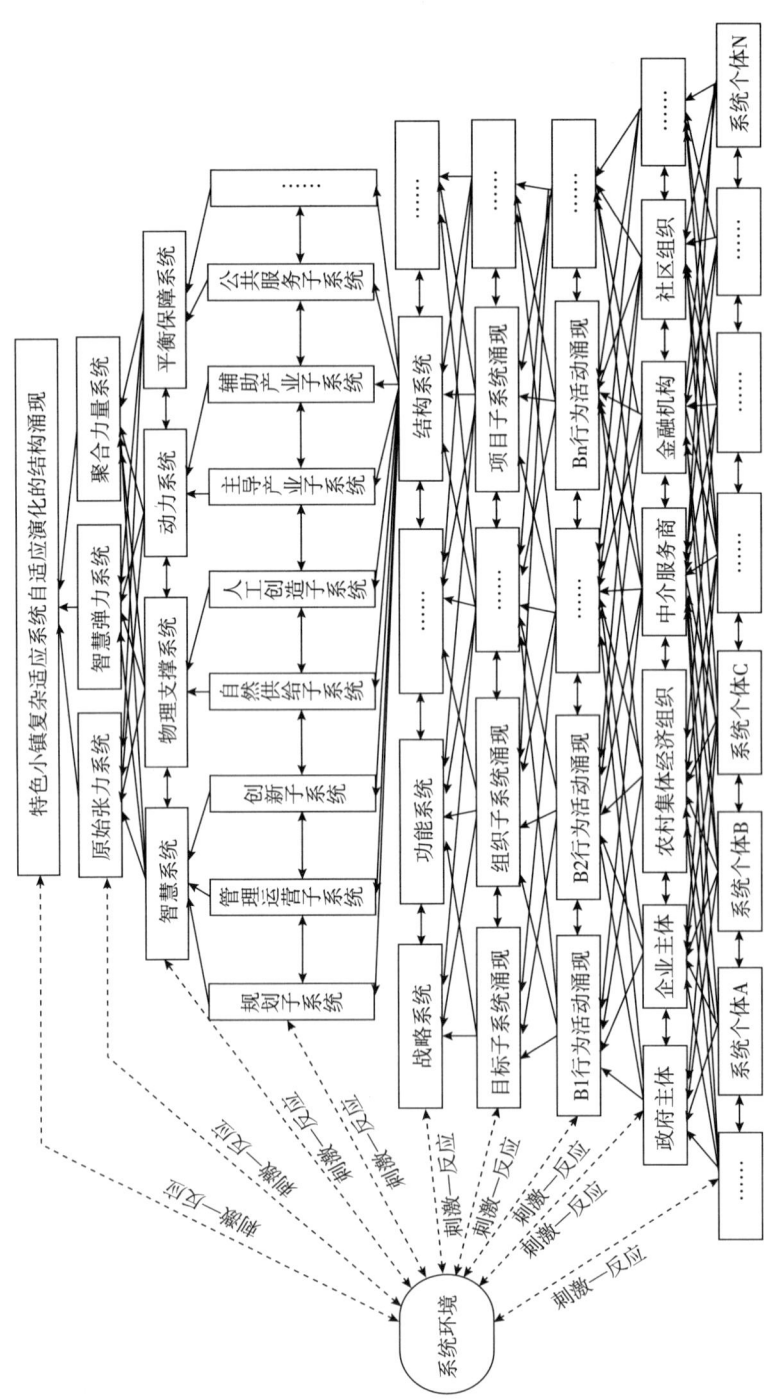

图 5.8 特色小镇复杂适应系统自适应演化的结构涌现

的状态，系统能在相对较长的一段时间内抵御外在随机性因素和风险，维持既有结构不变。但由于一个复杂适应系统普遍存在着一系列的"分岔点"或"突变点"，因此微小的扰动就会使其被不断地放大，打破系统原有结构的稳定性，此时可能产生两种不同的结果，即原有系统崩溃和涌现出新系统。可见，复杂适应系统自适应演化的过程往往表现为"断续平衡"的现象。

综上所述，特色小镇复杂适应系统自适应演化是一种渐进式上升的过程，其自适应演化大致会经过三个层次的涌现：一是依赖于地域稀缺要素，实现自身的自给自足式发展。通过本地搜寻，发现系统内有效规则后进行自我复制、自我发展，旨在将稀缺要素形成具有强吸引力的地域凝聚中心，即吸引子。二是打造发展聚集体，形成比较优势。通过较广泛的搜寻，围绕吸引子，在地理上相互接近的主体之间联合开发，形成具有规模化的聚集体。再逐步优化结构，使不同功能及周边各种发展要素不断发育壮大，在量与质上最大限度地发挥规模集聚效应，形成动力核。三是融合聚集，创新涌现。特色小镇复杂适应系统全局搜寻，不仅进行模仿与学习，而且在此基础上进行规则的优化重组，促使各发展要素的融合聚集，涌现出泛特色产业，形成综合型、立体网络的发展聚集体，即反磁力极。该极点涉及面广，聚集形式多样，具有一定的分散性，摆脱了其他聚集模式在空间上的聚集性，并仍可以通过产业链形成凝聚，产生集聚效应。它具有较强的竞争力，一方面资源组合度高，集群内部单元之间功能互补，能够满足多样化的市场需求，集群风险较小；另一方面集群内部分工明确，主体之间竞合协同效应好，彼此之间形成合力。同时聚合了宜居、宜业、宜游的复合功能。基于这三点，可把特色小镇复杂适应系统自适应演化过程的涌现功能状态层次归纳为吸引子、动力核及反磁力极。特色小镇复杂适应系统自适应演化的层次涌现如图 5.9 所示。

四 涌现的效应分析

特色小镇复杂适应系统自适应演化中的涌现效应划分为正效应和负效应。

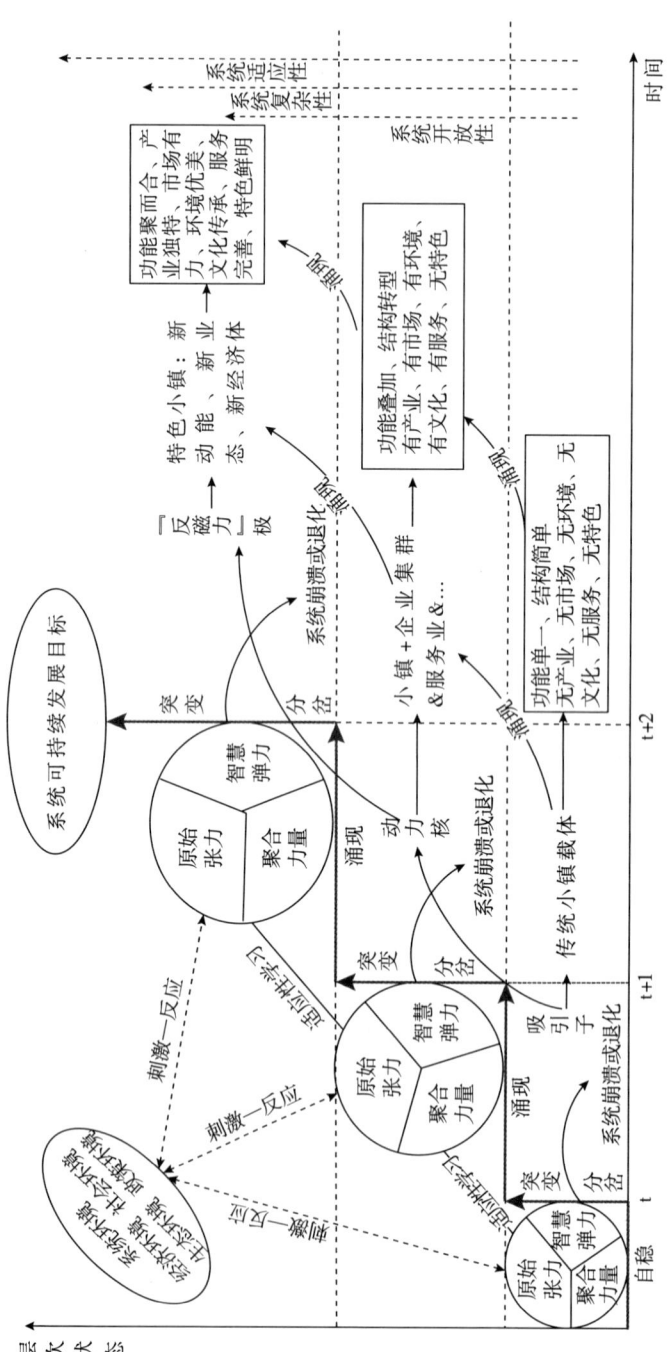

图 5.9 特色小镇复杂适应系统自适应演化的层次涌现

（一）特色小镇自适应演化中涌现的正效应

涌现正效应是指复杂适应系统在自适应演化中涌现出的新特质正向推动系统向更高级层次发展，即涌现的进化。这种新特质不会在系统各要素状态孤立时出现，也不是各要素状态的简单加总，而是通过整体激发部分各要素的潜能并将其融合在整体中而显现的。"三个臭皮匠，顶个诸葛亮"是对此的朴素理解。这显示出系统中各主体相互耦合，目标一致，结构优良的表征。它强调的是系统整体的配合，能形成良好的运作机制，促使整个系统进入一种更为灵活的状态，保证最适度机制和结构下组织机能以及潜力的充分发挥。总之，涌现的正效应强调在共同价值体系的培育下确保要素的相互关联，有利于用最小的成本代价培养系统新秩序的产生，实现整体空间的创新与延伸。可见，特色小镇复杂适应系统的涌现正效应是特色小镇系统各适应性主体相互作用涌现而成的新耦合空间、新耗散结构、新功能与层次，有利于构建一致性、有目的的整体状态，最大限度发挥系统整体以及个体能量，进而修正系统目标与运作方式，调整系统资源的优化配置，推动特色小镇正向调控经济、生态、社会各子系统，从整体上发挥特色小镇复杂适应系统的良性循环以及集体效能。

（二）特色小镇自适应演化中涌现的负效应

复杂适应系统的涌现负效应是指涌现不利于子系统整体目标的实现，整体状态的缺失弱化了整体对个体整合的功能，系统结构无法承受外部的复杂变化的状态，即涌现的退化。此时，系统的整体功能小于部分之和。"一个和尚挑水吃，三个和尚没水吃"是对此的朴素理解。这显示出随着系统规模增大，复杂性增加，系统要素之间关联成本增加，涌现负效应扩大，致使复杂适应系统的整体功能在部分的相互倾轧中受到耗损。特色小镇复杂适应系统的涌现负效应说明系统要素与整体目标、外部环境要求不一致，结构已无法支撑外部复杂变化，若缺少充分的协调就会加速系统结构的混乱和无序化，甚至导致系统崩溃。从整体和部分的相关性来看，由于整体是对部分的约束，在自适应演化过程中限制部分的优点和属性，使部分在孤立时的一些优秀品质逐步在系统中消失。可见，特色小镇复杂适应系统的涌现是以系统中某些部分可能性的缺失为代价,并将进一步限制部分潜能的发挥。

按照复杂适应系统理论思想,系统内部的互动平衡状态一旦被打破,系统自适应演化的模式就会被重新塑造。基于此,第一,需要深入研究特色小镇复杂适应系统的历史和现状,分析外部变化以及内部要素对主体行为的影响,构建一定的协调机制以防范涌现的负效应。第二,降低特色小镇复杂适应系统的运行速度,以保证系统内部的各个部分有更多的时间来调整自身的行为,以适应外部变化。第三,输入一定的"负熵",调整特色小镇复杂适应系统的目标、结构、内外部的作用方式与紧密程度。

第四节　本章小结

本章主要研究了特色小镇复杂适应系统自适应演化的三个核心机制:适应性学习机制、分岔与突变机制以及涌现机制。首先,在适应性学习机制上,分析了适应性学习的前提"新奇",剖析出"刺激—原规则—新奇—试错学习—新规则(惯例)—反应"的适应性学习过程,并指出系统的适应性学习层次涵盖了个体、主体、主体与主体之间以及宏观系统四个方面,揭示了引发特色小镇复杂适应系统适应性主体行为的动力源,即主体的动机和外在相关激励,指出特色小镇复杂适应系统主体通过自我和交互式方式进行适应性学习。其次,在分岔与突变机制上,初步分析了特色小镇自适应演化的逐级分岔与突变,利用突变理论的尖点模型,构建了系统分岔与突变的加权熵模型,并深入研究了特色小镇自适应演化中突变的类型、皱折曲面流形及条件分析,得出当内部控制参量 a、外部控制参量 b 形成 $b = \pm 2\sqrt{\left(-\dfrac{a}{3}\right)^3}$ 关系时,系统开始发生分岔与突变。最后,在涌现机制层面,分析了特色小镇复杂适应系统的结构与功能涌现,探究了特色小镇复杂适应系统涌现的产生机制、结构与层次涌现,简析了特色小镇复杂适应系统自适应演化的正效应与负效应涌现,并提出了相关建议措施。

第六章

案例研究

根据前文分析可知,特色小镇演化是一个围绕特色标识和特色主体发展的自适应演化。特色主体感知外部变化,并对外部变化进行信息过滤,进而调控系统自适应演化的"原始张力—智慧弹力—聚合力量"三个主要中观动力,引起系统在宏观上的渐进、分岔与突变以及涌现行为,促使特色小镇复杂适应系统向更高级形态自适应演变。基于此,本章采用案例研究的方法,通过两个典型的特色小镇案例研究,验证上述理论研究结果的合理性,以加深对特色小镇复杂适应系统自适应演化的理论研究和规律认识。

第一节 法国依云小镇

一 基本概况

依云小镇属于法国阿尔卑斯地区,背靠阿尔卑斯山,面临莱芒湖,依山傍水,风光绮丽,且靠近日内瓦、洛桑、里昂等重要国际城市,水陆空铁交通便利。小镇因依云水而闻名于世,拥有全球唯一的天然等渗温泉,镇上人口数量仅有7000多人。[1] 小镇凭借优质天然水源——依云水(特色标识),逐步形成天然矿泉水制造、温泉疗养、旅

---

[1] 陈炎兵、姚永玲:《特色小镇——中国城镇化的创新之路》,中国致公出版社2017年版,第209—210页。

游度假、户外运动、商务会议等多种功能叠加的综合性养生度假区。

二 演化分析

(一) 内在机制

根据复杂适应系统理论,刺激—反应规则确定了特色小镇适应性主体的行为,主体通过自身的主动适应性学习,不断调整行为适应外部变化,从而推动特色小镇不断地演变发展。这一演变过程始终贯穿于小镇各个发展阶段。这里以依云水作为多种必需微量元素的价值被发现为例进行内在机制的分析。

1. 输入

周边环境的刺激:①小镇背靠阿尔卑斯山,面临日内瓦湖,地下具有世界独一无二的冰川岩层,是依云水的天然矿物过滤网;②依云水富含镁、硅、锂等多种人体需要的微量元素;③矿泉水市场还未打开,欧洲皇室和贵族需求旺盛;④1824 年,小镇建立第一家温泉疗养院,温泉水来自依云水,pH 值几近中性,具有独特的等渗透性[①]。

2. 输出

主体的反映。结合实际情况,小镇主体做出要打开市场,推广依云水,充分挖掘"水"价值和等渗温泉的价值等相关动作。

据此,特色小镇各适应性主体以此不断调整自身行为,如建立依云矿泉水厂、政府出台政策支持确保水质品质、组建 APM 协会保护土壤以及驻地居民主动广泛参与共同打造出依云小镇,同时也改变了系统所处环境,使得依云小镇因水闻名于世,成为世界顶级疗养胜地、高端饮用水产地以及温泉养生旅游度假胜地。这一过程是不断循环往复的向上发展的动态过程,如图 6.1 所示。

(二) 自适应演化过程

依云小镇的自适应演化总体上经历了三个阶段:①萌芽产生期:这一阶段,小镇处于封闭阶段,所掌握的外部信息是有限的,系统处于混沌状态,呈现"随机性游走"的特征。典型事件:当时正值法国

---

① 陈炎兵、姚永玲:《特色小镇——中国城镇化的创新之路》,中国致公出版社 2017 年版,第 209—210 页。

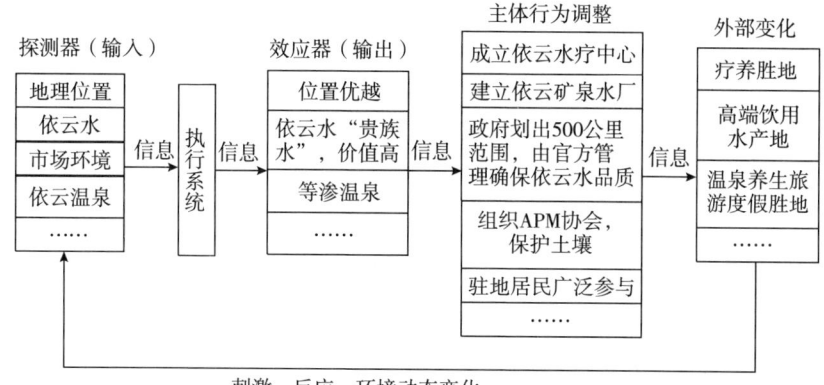

图 6.1　依云小镇主体行为规则的产生

大革命爆发，一个贵族 Marquisde Lessert 患上了肾结石，当他散步到附近的依云小镇时，他取了一些源自 Cachat 先生花园的泉水，饮用了一段时间，他惊奇地发现自己的病竟奇迹般痊愈了。这一奇闻迅速传开，专家也对此进行了分析证明了依云水的药用疗效。Cachat 先生决定开始出售依云水。依云水一经推出，便成了欧洲皇室和贵族的专用水，成了"贵族水"，拿破仑三世及其皇后对依云镇的矿泉水更是情有独钟，1864 年正式赐名"依云镇"。这一偶发性使得依云小镇实现了从混沌到有序的过渡，找到了发展的单核，即"依云水"。②成长期：小镇各适应性主体围绕着"依云水"主题，通过"融合—磨合—调整"路径，不断加强适应性学习，调整自身行为，如 1902 年，成立专门的依云水疗中心；政府特别规定，依云水源地周边 500 公里之内，不允许有任何人为污染存在，保障了水质品质；1870 年至 1913 年完成市政厅、博彩中心、大教堂等地标性建筑，保留了典型的 19 世纪温泉建筑风格等，增强系统对外部变化的适应能力。③成熟跃升期：小镇各适应性主体围绕着"依云水"特色标识，调整自身行为，不断适应环境，如不断完善建设度假设施和市政配套，举办各类赛事、会议等①，向着更高阶的综合性养生度假区方向发展，如图 6.2 所示。

---

① 刘霞：《法国依云小镇对我国特色小镇发展的启示》，《当代旅游》2019 年第 7 期。

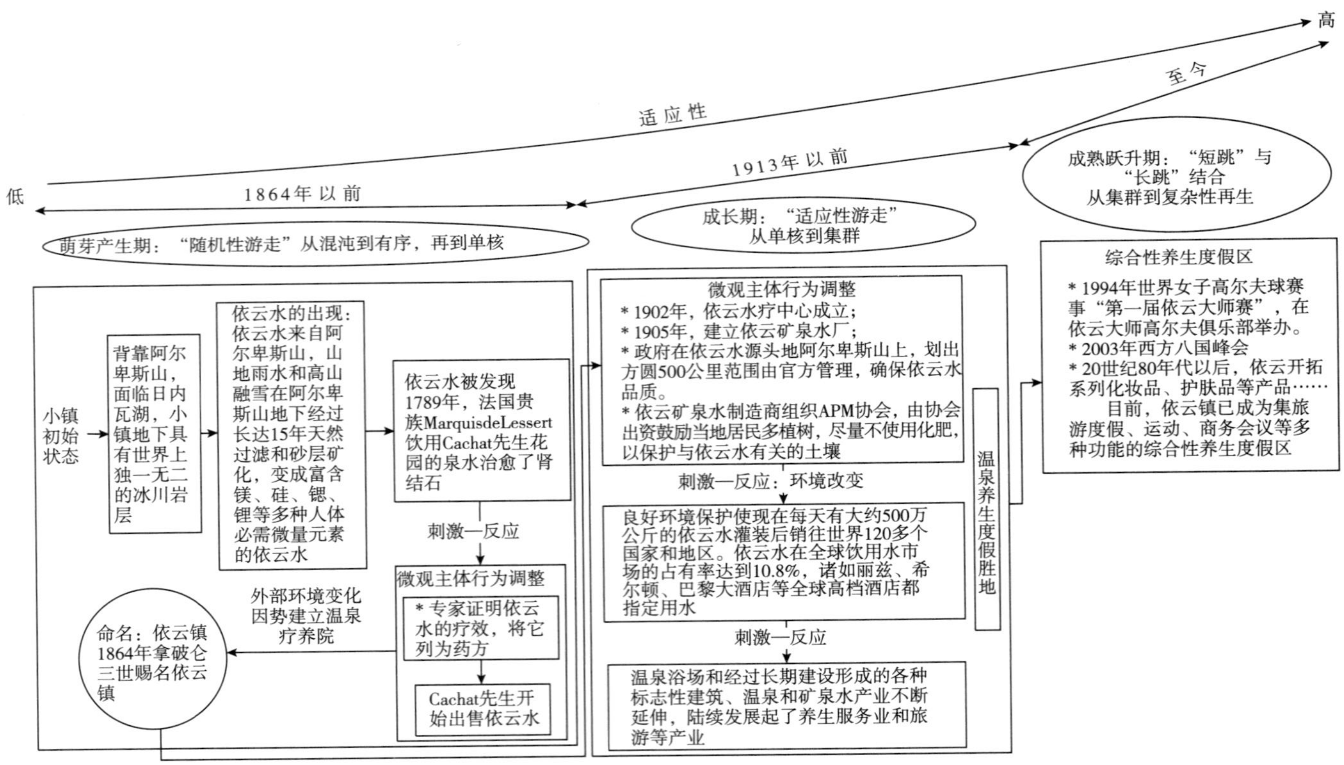

复杂适应系统视角下的特色小镇演化研究

图 6.2 依云小镇的自适应演化过程

资料来源：陈炎兵、姚永玲：《特色小镇——中国城镇化的创新之路》，中国致公出版社 2017 年版，第 209—212 页。

第六章 案例研究

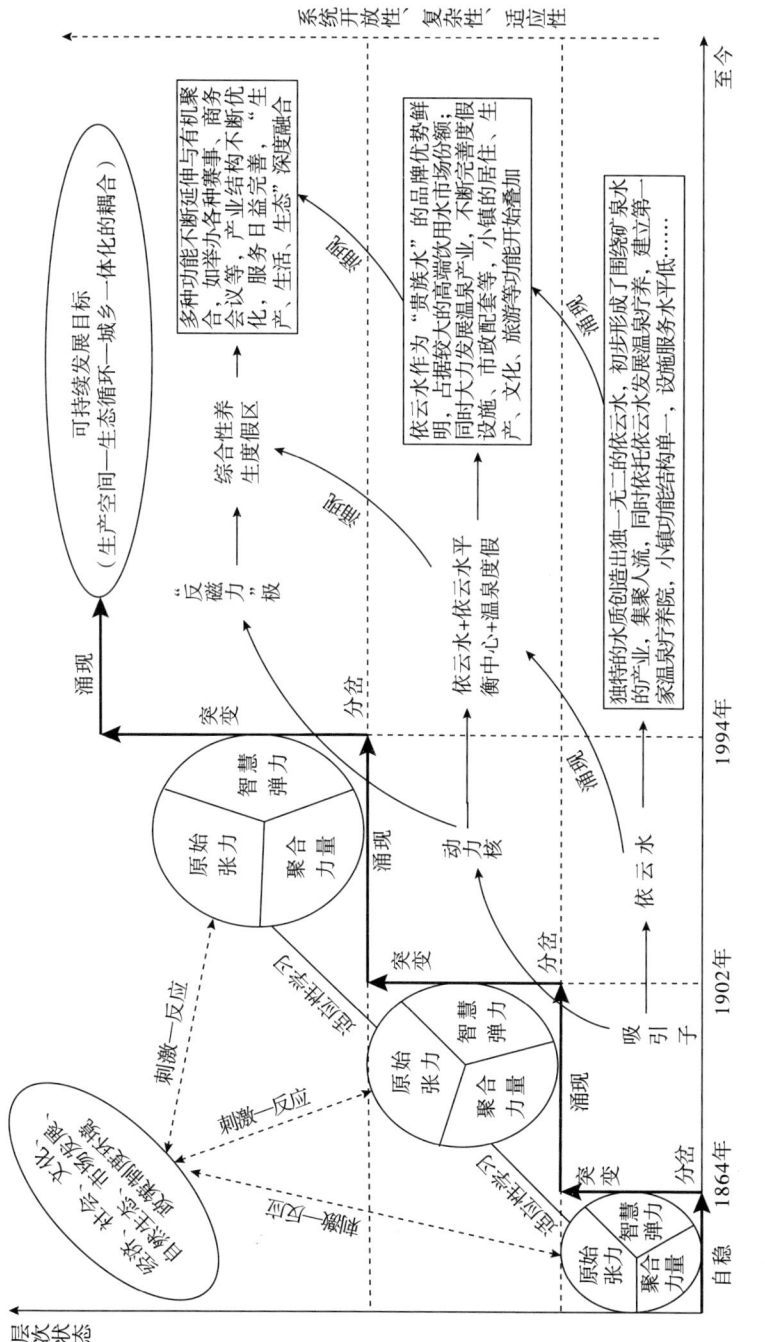

图 6.3 依云小镇系统的分岔、突变与涌现

(三) 系统的分岔、突变与涌现

分岔与突变是特色小镇复杂适应系统演化的基本形式之一。每一次的分岔与突变都会促使特色小镇形成新的系统结构与功能状态。在依云小镇的演变发展过程中，经历了三次主要的分岔与突变，也实现了三次突变式发展，涌现出新的层次和功能结构（见图6.3）。具体来看，一是依云水依赖得天独厚的地理位置条件产生了独一无二的依云水，形成了依云水生产的唯一产地，即吸引子。贵族Marquisde Lessert使用依云水使得其药用疗效被发现，Cachat先生决定开始出售依云水，1824年小镇建立了第一家温泉疗养院。这一层次，依云水成为了"贵族水"，依云小镇成为了疗养胜地，但功能单一、结构简单、市场规模小。二是围绕"依云水"主题这一特色标识，建立矿泉水厂，成立APM、出台相关政策保障水质品质。同时，拓展产业链，成立专门的依云水疗中心，并不断完善完成市政厅、博彩中心、大教堂等地标性建筑建设，促使小镇成为高端饮用水胜地和度假胜地。这一层次，温泉疗养、旅游、休闲度假等多种功能开始叠加，矿泉水产业、温泉产业、旅游业等产业集群发展。三是1994年举办第一届依云大师赛，不断延伸与有机聚合多种功能，包括文化、旅游、居住、疗养、会议等，面对新奇多变的复杂经济社会环境，满足多元化的市场需求，充分挖掘自身优势，"三生"空间深度融合，形成一个高度聚合、高度宜居、高度和谐的空间，即国际顶级综合性养生度假区。

第二节 安徽合柴1972工业记忆小镇

一 基本概况

合柴1972工业记忆小镇位于安徽省合肥市包河区，地处包河区、政务区、经开区三区交会处，交通非常便捷，总占地约430亩，老柴油机厂旧址。① 2019 年，基于原有遗存的工业结构和建筑文化（特色标识），将这一旧址创意改造为一个艺术高地——合柴 1972 工业记忆小镇，让城市老底片孕育出新名片，是城市记忆保护、利用、延续的引领示范之作，被评为安徽省 2020 年度省级特色小镇。

二 演化分析

（一）内在机制

1. 输入

周边环境的刺激。小镇适应性主体通过刺激—反应感知外部变化：①城市作为人类活动的重要区域，要建设人民满意的高质量城市；②城市历史文化遗存是前人智慧的积淀，是城市内涵、品质、特色的重要标志；③人民对美好生活的需要日益增长；④合肥，有着"家电之都"美誉，曾经诞生了中国第一台 DVD，第一台仿生搓洗式洗衣机，第一台微型计算机……⑤合肥柴油机厂遗存的工业结构与建筑文化，是城市的老底片，是时光的见证，保留着城市记忆。

2. 输出

主体的反映。结合合肥当地实际情况，做出要进行城市更新、充分挖掘历史文化资源和创意改造、唤醒城市记忆等相关动作。

据此，特色小镇各适应性主体以此不断调整自身行为，共同打造出合柴 1972 工业记忆小镇，同时也改变了系统所处环境。这一过程是不断循环往复的动态过程，如图 6.4 所示。

（二）自适应演化过程

合柴 1972 工业记忆小镇的自适应演化经历了三个阶段：①萌芽产生期：这一阶段小镇所掌握的外部信息是有限的，系统处于混沌状态，只能随机地变革系统中各构成要素的状态来适应周围的环境，呈现"随机性游走"的特征，系统的生存能力很弱，面临极大的退出风险，1964 年肥西窑厂旧址成为合肥监狱新址，1972 年合肥监狱更名为安徽省合肥柴油机厂，实现了从混沌到有序的过渡。②成长期：小

---

① 《你好，合柴·1972》，包河新闻网，http://www.baohenews.cn/dochtml/644/19/10/00326646.html.

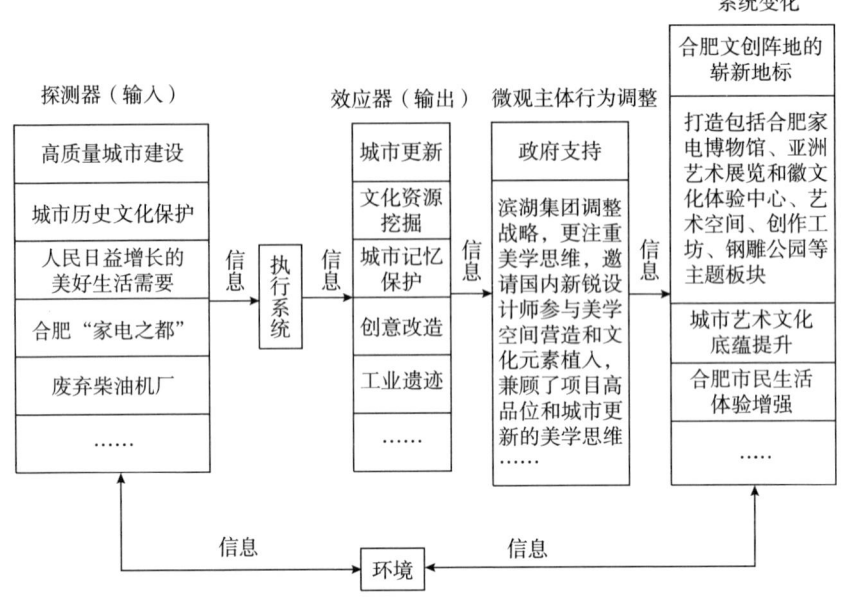

图 6.4 合柴 1972 工业记忆小镇主体行为规则的产生

资料来源：《你好，合柴·1972》，包河新闻网，http://www.baohenews.cn/dochtml/644/19/10/00326646.html。

镇系统主体通过"融合—磨合—调整"路径，不断加强适应性学习，总结经验，1987 年第一台发电机组出厂，产品销往全国以及美国、朝鲜、巴基斯坦等 20 多个国家，被安徽省人民政府授予"出口创汇先进单位"，增强系统对外部变化的适应能力。③成熟跃升期：从原合肥柴油机厂跃升为合柴 1972 工业记忆小镇。一方面，面对"新奇多变"的复杂经济环境，特别是高质量发展、城市更新、历史文化保护以及新消费经济等新时代环境，小镇处于高度敏感的临界状态，任一微小扰动极易导致系统发生突变式发展；另一方面，作为柴油机厂的历史使命已完成，城市功能升级为工业遗迹旅游、博览展示、科创办公、都市休闲、时尚生活等。合柴 1972 工业记忆小镇的自适应演化过程如图 6.5 所示。

第六章 案例研究

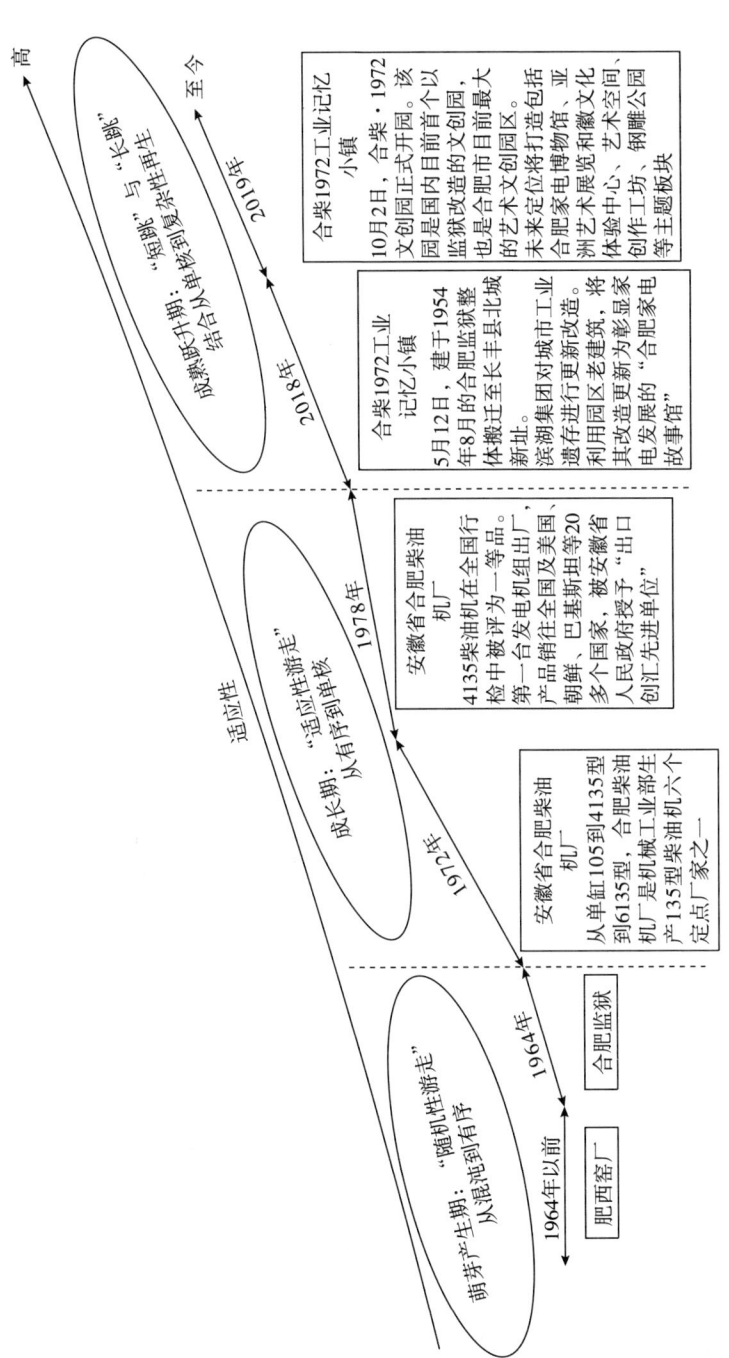

图 6.5 合柴 1972 工业记忆小镇自适应演化过程

资料来源：《你好，合柴·1972》，包河新闻网，http：//www.baohenews.cn/dochtml/644/19/10/00326646.html.

213

复杂适应系统视角下的特色小镇演化研究

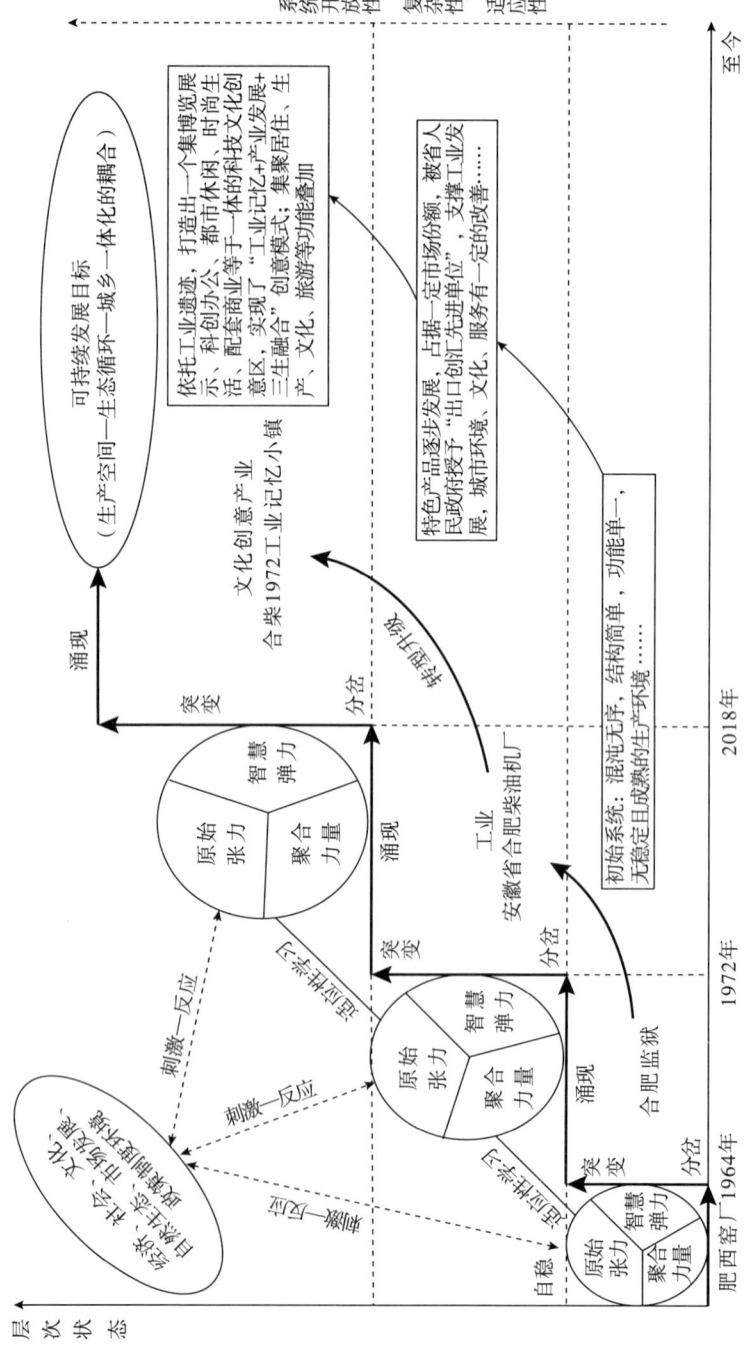

图6.6 合柴1972工业记忆小镇系统的分岔、突变与涌现

(三) 系统的分岔、突变与涌现

根据前文研究结果，合柴 1972 工业记忆小镇自适应演化经历了三次主要的分岔与突变（见图 6.6）：从肥西窑厂到合肥监狱、从合肥监狱到合肥柴油机厂、再到合柴 1972 工业记忆小镇。同时，也伴随着两个主要层次的涌现。具体来看，一是从合肥监狱到合肥柴油机厂。这一层次，生产出的产品占据了一定的市场规模，工厂逐渐升级，旧厂房被闲置废弃，成为城市独特印记，即吸引子。二是从合肥柴油机厂到合柴 1972 工业记忆小镇。围绕合肥柴油机厂作为独特的、排他性的工业遗存这一特色标识，打造发展的动力核。这一层次，文化、旅游、休闲、居住、科创等多种功能有机聚合、产业结构优化、竞争优势明显。同时，生产、生活环境优美，文化特色鲜明，社会和谐，是一个高度聚合、高度宜居、高度和谐的空间。可见，涌现产生的新质推动着小镇从单一的低层次向聚合的高层次涌现。

第三节 本章小结

特色小镇的演化是一个围绕特色标识和特色主体发展的自适应演化过程。特别是现阶段经济环境的"新奇多变"，大大增强了主体之间非线性的无序或混沌互动，产生出更多的多样性，这种多样性的持续发生会使得特色小镇处于高度敏感的临界状态，任一微小扰动都会极易导致系统在结构与功能等方面涌现出新特质，进而发生突变式发展。本章主要研究了法国依云小镇和中国安徽合肥合柴 1972 工业记忆小镇，通过历史资料梳理出其发展的特色标识，剖析了他们自适应演化的主要过程，绘制出他们自适应演化的层次涌现示意图。通过本章的研究，验证了前文研究结论的合理性。

第七章

研究结论与展望

第一节　研究结论

特色小镇是新时代的产物，是中国新型城镇化的重要组成部分，是传统小城镇发展的升级版，也是我国经济社会转型发展的重要抓手。本书在梳理相关文献综述的基础上，结合复杂系统理论、可持续发展理论、全生命周期理论、生态位理论等相关理论，主要从复杂适应系统理论视角研究特色小镇复杂适应系统的自适应演化。研究内容主要包括特色小镇系统、特色小镇复杂适应系统自适应演化过程以及核心演化机制三个主要方面。通过本书研究，旨在加深对复杂适应系统视角下的特色小镇系统的理论认知，揭示出特色小镇自适应演化的一般规律。具体结论如下。

一　复杂适应视角下的特色小镇系统研究

首先，根据复杂适应系统理论基本特征属性，判定出特色小镇是一个由大量相互联系相互作用的适应性主体所构成的复杂适应系统。特色小镇的适应性主体主要指特色主体，它既可以是人，也可以是建筑物、交通网络、基础设施、公共服务、历史文化、金融、管理、特色产业或资源环境等各种能承载人类经济活动的载体。特色小镇系统具有聚集、特色标识、非线性、流、多样性、内部模型以及积木7个重要特征。具体来看，特色主体是特色小镇复杂适应系统形成的重要基石，是适应性发展的重要产出结果，是特色小镇自适应演化研究的起点；聚集是特色小镇适应性主体形成的主要运动形式；流是主体之间相互作用的载体，是维持系统开放性和动态性的关键所在；特色标识决定了流的方向和速度，是形成特色主体的重要动力；非线性是主体之间的相互作用关系，是系统动态演化的重要基础；多样性是特色小镇主体异质性和恒新性的重要保障；积木和内部模型是特色小镇系统构成要素和各个子系统之间互动的行为规则或行为机制。特别地，适应性是特色小镇复杂适应系统复杂性和自适应演化的根源。

其次，指出特色标识和特色主体是特色小镇复杂适应系统以及其演化研究的必然起点。通过采集500余个国内外特色小镇案例资料和相关文献研究，识别出国内外特色小镇的特色标识和特色主体范畴。主要结果表明，国外特色小镇的特色主体一般表现在旅游与文化、体育产业、教育产业、康养产业、新兴信息产业、清洁能源、金融产业、高端装备制造产业、时尚产业和其他特色产业；国内特色小镇特色主体一般表现在主题文化旅游、历史经典产业、高端制造、特色生态农业、康养产业、商贸物流、特色产品、科技创新与创业、金融创新、新能源新材料与节能环保、体育与教育产业十一个类别。此外，本书还从国家政策和企业实践角度简析了国内特色小镇的特色主体。

再次，结合复杂适应系统理论和可持续发展理论，指出可持续性是特色小镇复杂适应系统自适应演化的终极目标。特色小镇复杂适应系统目标与可持续发展目标相一致，构建了"空间再生产—循环生态—城乡一体化"的特色小镇复杂适应系统可持续发展目标体系。通过深入剖析典型案例的自然演化进程，分析出特色小镇复杂适应系统由众多的微观基本主体（主要包括政府、企业、金融机构、专业服务机构及小镇居民）和智慧系统、物理支撑系统、动力系统及平衡保障系统构成。同时，进一步分析了特色小镇复杂适应系统具有载体、经济、社会一般功能和大城市功能疏解、小城镇功能升级、集聚创新以及旅居等特殊功能。

最后，再结合可持续发展理论，构建出特色小镇复杂适应系统可持续能力建设的维度以及结构，即由文化力、生态环境力、设施服务力和资源禀赋力组成的原始张力，由创新力、政策制度力、管理能力和社会力组成的智慧弹力，以及由经济力、资金力、产业力、市场力组成的聚合力量。

二 复杂适应系统视角下的特色小镇自适应演化过程研究

首先，特色小镇复杂适应系统演化是一个围绕特色标识和特色主体发展的自适应演化。该系统的自适应演化是通过刺激—反应模型和主体适应性行为规则而生成。其中，刺激—反应模型形成主体的适应性行为规则。同时，主体行为规则具有交叉和变异等特性，是特色小镇复杂适应系统自适应演化的重要机理之一。再运用数学建模，初步构建了特色小镇主体的自适应演化动态模型。

其次，从复杂适应系统理论的微观与宏观逻辑关系，指出特色小镇复杂适应系统是在微观基本主体、主体与外部环境交互作用的共同推动下发生自适应演化的。特色小镇自适应演化是一个多层级的不断递进的动态演化过程，其多层次体现在微观基本主体层、中观动力层以及宏观演化层三个方面。其中，微观基本主体层包括政府、企业、金融机构、专业服务机构以及小镇居民五大主体；中观动力层由文化力、生态环境力、设施服务力和资源禀赋力组成的原始张力，由创新力、政策制度力、管理能力和社会力组成的智慧弹力，以及由经济力、资金力、产业力、市场力组成的聚合力量三种主要作用力构成；在宏观层演化上，引入全生命周期理论，探讨出特色小镇复杂适应系统的宏观自适应演变过程，即特色小镇的萌芽期（从混沌到有序，再到单核）、成长期（从单核到集群）、成熟跃升期（从集群到复杂性再生）三个主要阶段。由于在生命周期的不同发展阶段，系统会展现出不同的生态位特征，因此引入生态位理论，探讨出特色小镇复杂适应系统生态位的本质，即特色小镇各个主体综合利用内外部资源寻求生存与可持续发展的竞争过程，并简析得出特色小镇自适应演化的生态位竞争一般包括内包、内切、相交、外切和分离五个竞争过程。

再次，引入适应度景观理论和NK模型，构建了特色小镇复杂系统自适应演化的NK景观模型，建立了特色小镇自适应演化的主体基因形态。并通过R软件编写NK模型仿真程序，进一步探究特色小镇复杂适应系统自适应演化的不同阶段所表现出的特征与规律。结果表明：在萌芽产生期，系统进行"随机性游走"，推动系统从混沌走向有序，进而形成单核；在成长期，系统进行"适应性游走"，旨在把单核培育为集群；在成熟跃升阶段，系统将"短跳"与"长跳"结合，促使特色小镇复杂适应系统从集群向复杂性再生跃升。

最后，总结出特色小镇自适应演化的主要特性，包括动态性、随机性、开放性、不可逆性和迅速均衡的趋势等主要特性，并提出三个核心演化机制。

三 研究特色小镇复杂适应系统自适应演化的核心机制

特色小镇复杂适应系统自适应演化的核心机制表现在适应性学习机制、分岔与突变机制以及涌现机制三个方面。

首先，在适应性学习机制上，指出新奇是特色小镇复杂适应系统主体适应性学习的前提；系统主体通常通过"融合—磨合—调整"路径获得学习整合能力和加快新奇产生。其适应性学习的内在过程为"刺激—原规则—新奇—试错学习—新规则—惯例—反应"。同时，指出特色小镇复杂适应系统的适应性学习是多层次的，包括个体适应学习层、系统主体的适应学习层、系统主体之间的相互适应学习和宏观系统的适应性学习四个层次。若从信息的属性看，特色小镇复杂适应系统的适应性学习是各主体对隐性信息与显性信息的持续互动、永无休止地适应学习过程。而螺旋式发展则是特色小镇复杂适应系统适应性学习过程的特点。并指出特色小镇复杂适应系统主体适应性学习行为的动力源于系统各主体的动机和外在相关激励，初步构建出系统自适应学习的基本动力模型。

其次，在分岔与突变机制上，分析出特色小镇自适应演化的分岔为逐级分岔，强调了导致特色小镇系统分岔与突变的主要因子表现在文化、生态环境、设施服务、资源禀赋、创新、政策制度、管理能力、社会力、经济、资金、产业和市场等主要方面。同时，指出系统任一因子都具有两面性，会引起系统的熵增或熵减。基于此，引入加权熵和尖点理论，构建出基于加权熵的突变尖点模型，进一步研究了特色小镇自适应演化中分岔与突变的类型、皱折曲面流形及条件，得出当总熵增 a、总熵减 b，形成 $b = \pm 2\sqrt{\left(-\dfrac{a}{3}\right)^3}$ 的关系时，特色小镇复杂适应系统会发生分岔与突变。通过上述分岔与突变的研究可知，①特色小镇复杂适应系统在一定范围内会保持一种平稳态势，单纯的线性增长机制在推动特色小镇自适应演化方面效果并不会太明显，并容易引起逆向选择问题。②当系统在特定的条件下发生了分岔，便进入高度敏感的临界状态，任一微小扰动极易导致系统发生突变。

最后，在涌现机制层面，涌现产生新质，新质推动复杂适应系统从单一的低层次向聚合的高层次涌现，指出特色小镇复杂适应系统会出现结构与功能的层次涌现。通过构材、规模、结构效应等涌现机制作用，特色小镇复杂适应系统会大致经过三个层次的涌现，即吸引子—动力核—反磁力极，演化过程往往表现出"断续平衡"的特征。

四 典型案例研究，验证结论合理性

法国依云小镇依托独特的地理环境（地下具有世界独一无二的冰川岩层）形成了闻名于世的"依云水"（特色标识）。在刺激—反应的内在机制作用下，欧洲皇室、贵族、依云矿泉水厂、APM 协会、政府、驻地居民等适应性主体围绕着"依云水"不断调整自身行为适应外部复杂环境，从而推动依云小镇逐步形成天然矿泉水制造、温泉疗养、旅游度假、户外运动、商务会议等多种功能叠加的综合性养生度假区。其自适应演化过程经历了"随机性游走"的萌芽期（从混沌→有序→单核，即依云水成为小镇特色标识）、"适应性游走"的成长期（从单核→集群，即依云水产业链拓展，市场占有率提高，小镇基础设施进一步完善）以及"跨越式"发展的成熟跃升期（从集群→复杂性再生，即产业特而强，功能聚而合，形态小而美、机制新而活，进一步推动产镇深度融合），实现了从吸引子（依云水）→动力核（以"依云水"为主题的产业集群）→反磁力极（高度聚合、高度宜居、高度和谐的国际顶级综合性养生度假区）的三次突变式发展。

安徽合柴 1972 工业记忆小镇基于原有遗存的工业结构和建筑文化（老柴油机厂旧址：特色标识）孕育出城市新名片。在刺激—反应的内在机制作用下，政府、滨湖集团、国内新锐设计师、当地居民等适应性主体围绕着"老柴油机厂旧址"，不断调整自身行为（包括推动城市更新，保护、利用、延续城市历史文化遗存，创意改造等）适应外部复杂环境变化，创意改造出一个艺术高地——合柴1972工业记忆小镇。其自适应演化过程经历了"随机性游走"的萌芽期（从混沌→有序，即肥西窑厂→合肥监狱）、"适应性游走"的成长期（从有序→单核，即从合肥监狱→合肥柴油机厂，柴油机市场占有率提高，产品远销20多个国家）以及成熟跃升期（从集群→复杂性再生，即从原合肥柴油机厂→合柴1972工业记忆小镇），实现了从吸引子（合肥柴油机厂）→动力核（独特的、排他性的工业遗存：合肥柴油机厂旧址）→反磁力极（高度聚合、高度宜居、高度和谐的艺术高地）的三次突变式发展。

综上可知，特色小镇是一个由大量相互联系相互作用的适应性主体所构成的复杂适应系统。其演化是一个围绕特色标识和特色主体发展的自适应演化，通过刺激—反应模型和主体适应性行为规则而生成。特色小镇自适应演化是一个多层级的不断递进的动态演化过程，包括萌芽期（从混沌到有序）、成长期（从单核到集群）、成熟跃升期（从集群到复杂性再生）三个主要阶段，不同阶段呈现出"随机性游走""适应性游走""短跳"与"长跳"结合的特征。其核心机制为：适应性学习机制、分岔与突变机制以及涌现机制。特色小镇适应性主体通过"刺激—原规则—新奇—试错学习—新规则—惯例—反应"进行自适应学习。特色小镇系统在发展过程中受文化、经济、生态环境、资源禀赋等因素的影响，在特定条件下系统会发生分岔进入高度敏感的临界状态，任一微小扰动极易导致系统发生突变。而每一次的突变都会使系统涌现出新质，不断优化系统层次和结构，即吸引子—动力核—反磁力极，推动着小镇向更高阶方向发展。

第二节　研究启示

通过前文特色小镇的演化分析，可知特色小镇复杂适应系统在自适应演化过程中会出现随机性游走、局部陷阱以及复杂性灾害等主要问题。基于此，可得出如下启示。

一　通过广泛搜寻，加快系统的运动速度

特色小镇复杂适应系统的自适应演化景观是动态的，要提高其自适应演化能力，就需坚持开放性原则，以寻找最高峰为目标，保持系统持续不间断的运动状态。由于特色小镇是适应性造就出的一种新模式，系统中的适应性主体面临着复杂的环境。根据前文分析结果可知，在复杂适应系统适应性演化过程中，系统所处位置往往决定了其是否能达到全局最优处。而通过广泛的搜寻，其宽度和广度增大，寻找全局最高峰的可能性变大。因此，特色小镇复杂适应系统主体应广泛搜寻，旨在找寻不可复制的资源要素，并将其内化为发展优势，提高自适应发展的能力，这是特色小镇立足的关键。

二　通过"短跳"与"长跳"，实现突变式变革

特色小镇是一个复杂适应系统，由于路径依赖或惯性力量，系统极易进入"局部最优陷阱""复杂性灾害"之中。"短跳"能通过实现一个组合状态的结构优化配置来增加其适应性。"长跳"是系统内若干组合要素或状态在一定时空演变节点上同时变革的适应性过程。通过适应性的"短跳"和"长跳"，可改变特色小镇复杂适应系统的既有结构，使系统在大部分时间内"游走"在新的层次中，这有利于打破制约特色小镇复杂适应系统自适应演化的规则或旧惯例，跳出"局部最优陷阱"，破解"复杂性灾害"等演化问题，以此探寻出在适应度景观中向上"游走"的路径。具体来看，特色小镇通过对市场的敏锐把握和适应性学习，开发出主体新的适应性能力或涉身于尚未存在而又颇具市场潜力的新行业、新业态，从而获得超常规发展。但是这种突变式变革需要综合考虑全局因素做出，滞后的变革会使系统跟不上周边环境的发展而提前被淘汰，超速的变革又会增加系统负荷而崩溃。此外，面对瞬息万变的复杂环境，特色小镇主体需要建立有效的组织结构形式，降低特色小镇复杂适应系统的结构复杂性，激发每个要素或基本单元的创造性，增强抵御外在风险的能力，避免复杂性灾难的影响，从而保持系统整体上的活力。

三 因时而为，因势而为

首先，特色小镇要结合实际发展情况，因时而为，因势而为，分类、分层次地发展。比如根据城市功能或产业布局需要，在全新的区域发展具有产业特色的小镇；根据区域独特的文化历史或独有的自然生态资源发展特色小镇。其次，在区位发展层面上，要依托优势区位实现跨越发展。如靠近大城市的特色小镇要主动承载核心城市的外溢需求，形成与大城市的上下游产业链关系。两者相互影响而发展，大城市以规模化、同质化、高层次的资源聚集支撑各类特色小镇发展，特色小镇又以快速的发展反过来推动城市资源质量和数量的提升，形成大城市和特色小镇互动机制的最合理定位。最后，利用特色资源要素，培育别具一格的小镇。这主要依托小镇独特的稀缺资源，利用好先发优势。如有的小镇农业资源丰富，就应该努力生产特色农产品；有的小镇环境优美，就应该发展特色种养业、休闲旅游农业。而科技服务类小镇要与国家经济战略和双创的国家战略意图要求一致。

此外，特色小镇在未来演化的实践中，需把握以下几点：一是坚持整体性、适度性、渐进性、引导性的发展原则。二是临界值引起分岔与突变，要注意临界值的确定。若小镇某一阶段发展水平小于临界值则将衰退，大于临界值才能生长，引发涌现，并最终影响系统的演变过程。三是规划先导，以确保特色小镇科学合理发展。四是优化特色小镇多系统主体利益协同。五是改善生态环境、基础设施水平和保护历史文化等，以提高特色小镇系统主体容量。六是创新驱动发展，提高系统的恢复度。七是增强特色小镇系统全要素的市场化程度，提高特色小镇复杂适应系统主体的资源利用效率，以增强主体适应性程度，形成经验，构建内部模型，调节应对策略。八是构建特色小镇复杂适应系统适应性主体的利益保障机制，以提高系统适应性主体的匹配程度。

第三节 研究不足与未来展望

新时代背景下，特色小镇复杂适应系统自适应演化研究是一个涉及众多学科的学术领域。尽管本书对此进行了较为深入的基础性研究，得出上述研究结论。但由于特色小镇复杂适应系统作为复杂适应系统具有的复杂性、动态性和多样性的特点，仍有很多问题有待进一步深入和拓展。

（1）特色小镇是新时代的新产物，目前还处于初步探索阶段，有很多问题需要进一步的探索与研究。诸如特色小镇的运营问题、发展模式或路径等问题。由于本书旨在从系统角度探讨特色小镇演化问题，研究时间和篇幅有限，因此没有对特色小镇系统边界进行更深入的确定。同时，特色小镇名目繁多，各个类别的发展目标、结构以及特点均不同，因此受限于目前特色小镇自身发展的局限性，对特色小镇系统边界的研究可作为后续另一项复杂课题进行进一步探究。

（2）从学术研究的方法来看，定性研究是基础，而且是必要的，定量研究必须以定性研究为基础，但没有定量的研究也是缺乏说服力的。这是本书的一个不足之处。在本书的研究中，我们阅读了有关复杂适应系统研究文献，其中不乏对复杂适应系统的数学表述。但限于本书研究对象是新时代的新生事物，尚处于初步阶段，对此问题的定性研究还是主要矛盾，且复杂适应系统理论本身也是一个发展中的理论，存在许多不完善之处，致使我们把大部分精力放在对此问题的定性研究上。因此，下一步的定量研究则是非常必要的。如进行多阶段的问卷调查研究，有助于进一步完善和剖析特色小镇系统内部各主体或要素之间的关系和进一步揭示因果关系，从而取得更理想的研究结果。

（3）根据目前特色小镇的践行情况，如何运用特色小镇系统演化机制，提出特色小镇系统发展策略，这是研究的目的所在。尽管本书从复杂适应系统的角度在理论上提出了一些演化策略，但受研究视角和研究对象范围所限，要培育特色小镇以及真正实现特色小镇系统的可持续发展目标，则分类别、有目标、有重点、有计划、有步骤的策略研究是必不可少的。因此，对各个类别的特色小镇的策略研究也是未来的一个研究方向之一。

（4）本书提出了推动特色小镇复杂适应系统自适应演化的主要作用因子，但其如何有效地调控系统的自适应演化则未做更深入探讨。这一问题首先应解决对特色小镇复杂适应系统的评价问题。其次，由于复杂适应系统理论是基于微观主体研究系统宏观演化的理论方法，目前学者一般采取系统模拟仿真方法，但由于研究对象尚处于定性研究为主阶段，本书仅利用模拟仿真的简单方法探讨了一般演化规律。而目前利用模拟仿真在该领域的研究还没有形成成熟的研究成果。所以，未来引入复杂系统科学理论的仿真模拟方法，如 Netlogo、Swarm 等，对特色小镇系统主体行为的演化研究也是一个重要研究方向。最后，随着我国城市群的进一步发展，由众多单一特色小镇筑成的区域发展网络或特色小镇群也是一项有价值的重要研究课题。

附　录

附表一　国外发达国家特色小镇的特色标识和特色主体

序号	名称	特色标识	特色主体
1	美国格林尼治对冲基金小镇	对冲基金	金融产业
2	美国老兰花海滩	老兰花海滩（夏日海滩休闲地）	海滨休闲旅游
3	美国硅谷	电子工业和计算机业等高科技	新兴信息产业
4	美国北亚当斯小镇	世界最大的当代艺术博物馆——MASS MoCA（Massachusetts Museum of Contemporary Art）	时尚产业
5	美国斯坦福大学镇	斯坦福大学	教育产业
6	美国纳帕谷	美国著名酒谷、著名的加州葡萄酒产地	葡萄酒产业
7	美国大马雷小镇	地理位置（地处苏必利尔湖北岸，是"万湖之州"边界水域泛舟区大门，是国家地理杂志上100个最值得探险小镇之一）	探险类旅游
8	美国坎布里奇镇（剑桥镇）	两所世界著名大学的所在地（哈佛大学和麻省理工学院）	教育产业
9	美国白考克牧场	有一座占地443英亩的太阳能发电站	清洁能源产业
10	美国卡梅尔小镇	得天独厚的自然景观（坐落在美国加州蒙特雷半岛的最南端，公认为理想的度假胜地）和优雅的艺术气息（早期居民90%是专业艺术家）	生态旅游+文化艺术

续表

序号	名称	特色标识	特色主体
11	美国佛罗里达	世界知名主题公园的天堂，最著名的有迪士尼乐园（Walt Disney World Resort）、环球影城（Universal Studios）、海洋世界（Sea World）等	休闲娱乐旅游
12	美国希尔斯伯勒小镇	18世纪古建筑	历史建筑文化
13	美国波特小镇	质朴的北美风情	北美风情旅游
14	美国钦科蒂格小镇	野马渡河景观；邻近美国太空总署火箭发射场；甜品控"朝圣地"	观光旅游
15	美国古柏小镇	以国家棒球名人堂博物馆著称	主题文化旅游
16	美国斯诺克米西	倚喀斯喀特山脉；大型户外休闲运动	户外运动休闲
17	美国迈尔斯堡	丰富历史自然资源；古老的贝壳工厂和自然公园的所在地；迈尔斯堡海滩	海滨旅游
18	美国休伦县	休伦湖，北美洲五大湖之一，北美五大湖中第二大湖	海滨休闲生态旅游
19	美国阿斯彭小镇	美国西部最迷人的滑雪胜地	体育主题
20	美国杰维斯港小镇	纽约市效区小镇；拥有天然海港	海滨旅游
21	美国爱荷华州艾姆斯小镇	爱荷华州立大学，一所享誉全美的公立综合性大学，名列全美"The Big Eight（八大）"大学之一	教育产业
22	美国斯蒂尔沃特小镇	风景优美（州立公园；美丽的圣克罗伊河谷）；独特建筑（历史悠久的西班牙风格土坯建筑和19世纪建筑与附庸风雅的悠闲加州风格）	文化休闲旅游
23	美国通航小镇	飞机为交通；飞行员之家	航空业
24	英国拉伊古朴小镇	海边小镇；砖造古建筑（中世纪）	海滨与历史文化旅游
25	英国康威小镇	保留着全世界数目最多的中世纪城堡（14世纪），典型代表如普拉斯梅尔和艾博康威屋	历史建筑
26	英国牛津小镇	牛津大学	教育产业
27	英国花园小镇	Exmoor国家公园；庄园文化（反映的是中世纪地主与农民的生产关系）	文化产业

续表

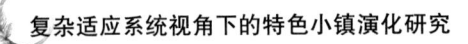

序号	名称	特色标识	特色主体
28	英国马奇温洛克小镇	现代奥林匹克的真正萌芽与诞生地	文化产业
29	英国温莎小镇	王室小镇（历来的英国王城）	历史文化产业
30	英国拜伯里	千年古居（有古代的传统排屋 Ar-lington Row；14世纪建成的阿林顿古街），多部电影和电视作为拍摄地，其中最出名的是《星尘》	历史文化产业
31	英国烘焙小镇	峰区公园；古建筑（All Saints' Parish Church 建于公元920年，被列为一级保护建筑）；Bakewell 烘焙节	历史文化建筑
32	英国安尼克小镇	安尼克古堡（建于11世纪）；《侠盗罗宾汉》及《哈利波特与混血王子》中霍格沃（Hogwarts）魔法学校的主要取景地；艺术品，如著名壁画家皮翁博·德尔·谢巴思提亚诺的《来访者》，还有提香、凡·戴克等人的作品	文化创意；旅游产业
33	英国的小瑞士	海滨城镇；独特建筑（融合了庄园式、哥特式和都铎式风格）	海滨休闲文化旅游
34	英国科姆堡	中世纪古镇（保留着12世纪创建以来的风貌）	历史文化建筑
35	英国巴斯小镇	乔治亚时期的房屋建筑风格；风光绮丽的乡村风光；列入世界文化遗产的城市	历史文化建筑+自然风貌
36	英国铁桥峡	"工业革命的发源地"；工业遗址型博物馆群	工业文化旅游
37	英国剑桥小镇	剑桥大学	教育产业
38	英国威尔士海伊小镇	世界上最大的二手书店	文化创意旅游
39	英国最小城市威尔斯	历史文化遗产建筑；古老的历史、文化和宗教传统	历史文化与宗教旅游
40	英国伦敦东部小镇	海滨度假胜地	海滨旅游
41	英国格特纳小镇	逃婚的目的地	婚庆主题旅游
42	英国圣安德鲁斯小镇	中世纪苏格兰王国的宗教首都；苏格兰最古老的大学；"高尔夫故乡"；圣安德鲁斯教堂；West Sands 沙滩	宗教文化与海滨旅游

228

附 录

续表

序号	名称	特色标识	特色主体
43	英国安布塞德小镇	独特的户外运动区位和交通条件；湖区山地户外运动的大本营	山地户外运动
44	英国凯西克小镇	湖区登山徒步的据点	户外徒步游
45	英国坎特伯雷	中世纪英国国教的圣地；坎特伯雷大教堂及其教区建筑作为文化遗产被列入《世界遗产名录》	文化遗产
46	英国吸血鬼故乡	《吸血鬼》故事策源地；库克船长故乡	文化旅游
47	英国彭赞斯小镇	英国铁路向西延伸的终点，是英国大陆和大西洋间最后一座较具规模的城镇	目的地旅游
48	英国上斯劳特	15世纪的诺曼底庄园；拥有传统英国田园风光的小村落	生态旅游
49	英国Blackpool小镇	海滨度假胜地	海滨旅游
50	英国拉文纳姆小镇	15世纪教堂和中世纪半木质结构小屋	历史文化
51	英国威尔士海滨小镇	威尔士最大的海边渡假地之一	海滨度假旅游
52	英国格拉斯米尔小镇	格拉斯米尔湖；著名浪漫派诗人威廉·华兹华斯	文化休闲旅游
53	英国莎翁小镇	莎翁故居（Shakeapeare's Birthplace）	名人遗迹游
54	英国苏格兰亚伯多尔镇	曾被题名为"最佳海滨度假胜地"；拥有几百年历史的步行街，中世纪的教堂和城堡	海滨度假+历史文化
55	英国狄更斯小镇	狄更斯的故居；荒凉山庄是狄更斯重要代表作《大卫·科波菲尔》的诞生地；《荒凉山庄》的创作灵感也在此产生	名人文化旅游
56	英国圣艾夫斯小镇	被TripAdvisor（全世界最大的旅游社区）评为欧洲十大最佳海滩之一；现代化艺术小城	海滨文化休闲旅游
57	英国童话小镇	集聚50多座意大利风格建筑	文化旅游
58	德国赫尔佐根赫若拉赫	德国赫尔佐根赫若拉赫是全球体育用品公司总部所在地；也是三家全球企业阿迪达斯、彪马、舍弗勒的总部	批发零售产业
59	德国海德堡	海德堡城堡；海德堡大学；青山绿水；历史悠久	历史文化旅游

229

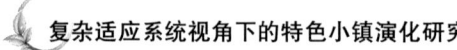

续表

序号	名称	特色标识	特色主体
60	德国雷根斯堡	德国最大的、也是保存较好的中世纪老城,被收录为世界文化遗产;雷根斯堡大学(著名的公立综合类大学)	文化与教育
61	德国蒙绍市	HIMO科技创新中心(科技创新与创业)	新兴信息产业
62	德国奥芬堡	巴洛克风格的历史中心,多种多样的户外运动和休闲娱乐	户外运动休闲旅游
63	德国施陶芬小镇	葡萄酒	休闲旅游
64	德国富森小镇	天鹅堡;独特房屋建筑	文化旅游
65	德国弗莱堡	太阳能产业和绿色产业	清洁能源
66	德国巴斯夫	全球化工巨头巴斯夫[推崇"Verbund"(联合体)概念,即一体化建设,化学产业几乎做到了零污染]	高端装备制造产业
67	德国梅尔斯堡	中世纪时期的古堡梅尔斯堡;博登湖;葡萄酒	文化旅游
68	德国沃尔夫斯堡	大众总部	高端装备制造产业
69	德国罗滕堡	"上陶伯河的红色城堡",保存中世纪古城风貌最完整的地区	文化旅游
70	德国巴登巴登	自罗马时期即为著名的温泉疗养区(温泉是食盐泉,功效广泛。小城有两个最著名的温泉浴场:卡拉卡拉浴场和弗里德里希浴场)	温泉
71	德国吕德斯海姆	葡萄酒乡	葡萄酒产业
72	德国纽伦堡	中世纪多位德意志皇帝诞生和居住的城市,有浓厚的历史气息;圣诞市场(被公认为德国历史最悠久、规模最大的圣诞市场);世界玩具交易中心之一。	文化产业
73	德国维尔茨堡	古城维尔茨堡(公元前1000年);联合国教科文组织已将其列为世界文化遗产之一	文化旅游
74	德国新天鹅堡	19世纪晚期的建筑,新天鹅城堡是德国的象征,是迪士尼城堡的原型	文化旅游
75	德国帕绍	被称为"三河城",是一个集艺术和建筑、美食餐饮以及节庆、购物、散步、放松于一身的旅游胜地;帕绍大学(1978年正式招生)	休闲旅游

续表

序号	名称	特色标识	特色主体
76	德国班贝格	班贝格老城是德国最大的一座未受战争毁坏的历史城区，1993年入选联合国教科文组织的世界文化遗产名录；著名的班贝格交响乐团以及它的教堂建筑	文化旅游
77	德国布莱姆小镇	红酒；户外活动	休闲旅游
78	德国巴德克罗钦根	矿物温泉疗养地；国际一流的医疗与康复产品及服务	温泉疗养+健康养生
79	德国布莱萨赫	历史古迹（追溯到4000多年前）；历史悠久的葡萄酒；独特的地理位置（连接德国西南部与法国东部阿尔萨斯地区的重要枢纽，架起德法文化交流之桥，积极发展物流、制造等现代经济产业）	现代经济产业
80	法国维特雷	奢侈品鞋业（20世纪60年代）；纺织业也依靠高端战略存活（19世纪）；标志汽车厂；印刷厂	制造产业
81	法国格拉斯小镇	花卉种植业；香水制造业（18世纪末起）	时尚产业
82	法国波尔多	葡萄酒和烈性酒（其经济效益可与高级珠宝工艺经济效益相媲美，比法国时装业高出三倍）；西南欧洲种子和豆类植物的生产中心	葡萄酒产业
83	法国蒙顿	四季如春；盛产的柠檬和柑橘；城市花园（栽培了欧洲和赤道以南的大量树木花卉，是英、法和欧洲的植物学家和医学家最推崇的地方，1996年评选为法国"鲜花最丰富的城市"）	特色农业
84	法国依云小镇	依云水；水主题的养生度假胜地	疗养+休闲旅游
85	法国埃兹小镇	中古世纪小镇；山顶热带植物园；坐落在可以俯瞰整个地中海距海平面427米高的悬崖之上	文化旅游
86	法国沙木尼体育旅游小镇	现代登山运动发源地，体育旅游服务与设施完善，包括登山缆车，山地救援及登山向导	体育旅游
87	法国桑赛尔	葡萄酒	葡萄酒产业
88	法国普罗旺斯小镇	薰衣草的故乡；以古罗马遗迹、中世纪、哥特式和文艺复兴风格建筑而著称	文化旅游
89	法国穆思捷·圣·玛丽	以陶器贸易闻名，尤其是faïence（上彩釉的陶器）	文化产业

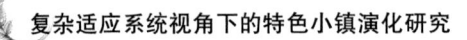

续表

序号	名称	特色标识	特色主体
90	法国贝谢雷	拥有丰富历史文化遗产;"书之城";旅游和图书贸易成为主要经济来源	文化旅游
91	法国里克威尔	传统木质建筑(16世纪以来,这座村庄的鹅卵石和多彩木质房屋仍保持原样,被称为阿尔萨斯白葡萄酒路线上最美城镇)	休闲旅游
92	法国戈尔德	大部分房屋几乎都是16世纪完整保存下来的	文化旅游
93	法国吉维尼小镇	因法国画家——克劳德·莫奈的花园而知名;美丽风光可以开始人的创作之旅;画家村	文化创意
94	法国阿讷西	安纳西城堡;安纳西湖	生态旅游
95	法国巴比松小镇	大批画家先后迁入巴比松,形成独特的法国巴比松风景画派(主张描绘具有民族特色的法国农村风景,其中的佼佼者就有诗人风景画家柯罗、科学风景画家卢梭以及农民画家米勒)	文化创意
96	法国泉水镇	有法国最大最重要的地下涌泉,全球第五大涌泉	生态旅游
97	法国普依	有两个相当独特的白葡萄酒法定产区:使用长相思酿造的干白葡萄酒,即大名鼎鼎的普依-芙美产区(Pouilly-FuméAC),世上最负盛名的长相思的故乡;而使用夏瑟拉(Chasselas)酿造的,则被冠以卢瓦尔河畔普依产区(Pouilly-sur-Loire AC)之名	葡萄酒+旅游
98	法国特鲁瓦镇	世界著名品牌"鳄鱼"的拥有者拉科斯特衬衫公司总部所在地	制造产业
99	法国科尔马	阿尔萨斯葡萄酒中心,法国干白葡萄酒主要产区;境内运河和花船造就出"小威尼斯",是科尔马最为精华的一部分	葡萄酒+旅游
100	法国查默尼克斯	地处欧洲最高山脉——勃朗峰(Mont-Blanc)(海拔4807米)的山脚,观光度假胜地(滑雪、旅行、山、度假、避暑)	体育休闲度假
101	法国鲁西永	红土城(土壤中蕴藏丰富赭矿石,造就了附近地理环境的特殊性,小镇显示红色);历史人文(古老的美丽传说);建筑(小镇建在如血的高崖之上,房屋建筑是由红岩筑就);列入法国的自然保护区	文化旅游

附 录

续表

序号	名称	特色标识	特色主体
102	法国沙西尼奥勒小镇	原生态（保有法国最大的国家公园中的海拔1000米高的村庄，生态环境优良）	生态旅游
103	意大利保格利小镇	被包围在托斯卡纳南部玛利葡萄园中的小城镇，历史可以追溯到公元8世纪	葡萄园+旅游
104	意大利波西塔诺小镇	独特的地理位置和景观（位于意大利南部阿玛尔菲海岸，从海边顺着悬崖而上的小巧白房子以及变换的海景），吸引了一批学者、名人和艺术家来此安家，包括毕加索、伊丽莎白·泰勒以及那不勒斯亲王等	休闲旅游
105	意大利卢卡小镇	古老的城墙，华美的建筑；意大利著名剧作家普契尼（Puccini）的故乡；文艺复兴时代	文化旅游
106	意大利维罗纳	古罗马帝国的一个重要驻防地；意大利和欧洲铁路、公路相联通的主要交通枢纽；葡萄酒、水果和大理石集散地；有古代罗马的圆形露天剧场和许多造型精美的教堂（从古代、中世纪一直到文艺复兴时期的经典建筑）；2000年，维罗纳入选为联合国教科文组织的世界遗产；罗密欧与朱丽叶的故乡	文化旅游
107	意大利诺尔恰小镇	意大利的肉制品之都（手工烹调的传统依然健在）	美食旅游
108	意大利波托菲诺	旅游海港小镇；古老建筑和色彩斑驳砖墙；房屋错落有致	文化休闲旅游
109	意大利斯佩罗小镇	"鲜花节"（屋子石墙上都是小镇居民栽种的鲜花，仿佛置身于花的海洋）	观光旅游
110	瑞士朗根塔尔	全球纺织品企业总部中心，聚集了多家巨头企业（如蓝拓公司、Ruckstuhl公司、安迈集团等）	批发零售产业
111	瑞士普费菲孔	拥有众多资产管理公司、私募基金、对冲基金，管理的境内外资产高达1000亿欧元	金融产业
112	瑞士威吉斯	众多17世纪的古堡；不同风格的欧式建筑构成了独特景观；度假圣地	文化旅游
113	瑞士勒森帝尔小镇	一个瑞士最傲人的钟表品牌——积家表（世界上规模最大的钟表厂之一；自1933年成立迄今，为全世界钟表产量提供了过半价值的销售量）	制造产业

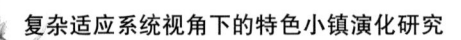

续表

序号	名称	特色标识	特色主体
114	瑞士利斯	精冲技术的全球领军企业法因图尔公司（Feintool）总部所在地	制造产业
115	瑞士达沃斯小镇	世界经济论坛的举办地；"欧洲最大的高山滑雪场"的头衔；体育盛会；著名疗养地	会议+旅游
116	瑞士韦吉斯小镇	著名的玫瑰小镇，居民习惯种植玫瑰	旅游产业
117	瑞士米伦小镇	米伦是一个历史悠久的农业小镇；冬季运动（滑雪圣地）	农业+体育旅游
118	瑞士楚格	IT与金融融合，目前已有15家金融科技公司总部坐落于此，也是瑞士区块链（Block Chain）技术重镇	新兴信息产业
119	瑞士因特拉肯小镇	独特地理位置（位于"欧洲脊梁"少女峰山脚下，介于图恩湖与布里恩茨湖之间）；出产著名的手纺精细网织品；布里恩茨的木刻；传统的手工彩陶制品	休闲旅游
120	瑞士洛伊克巴德	瑞士最大温泉疗养旅游胜地，3900万升温泉水以及130多种疗养休闲方式	温泉
121	瑞士英格堡	瑞士中部阿尔卑斯山麓的重要山区度假地；英格堡本笃会修道院（中世纪建造，有许多18世纪的壮丽装饰品和瑞士最大的由8838根管子组成的管风琴）；保留着修道院传统奶酪制造工艺；英格堡乡土博物馆（1786年农家建筑）；世界知名的度假疗养地（19世纪始）；英格堡铁力士山滑雪场（瑞士十大冬季滑雪场之一）	文化旅游
122	瑞士施皮兹	湖畔城堡，深蓝湖泊，邻近阿尔卑斯山绝美佳景	生态旅游
123	瑞士布里恩茨	木雕之乡；巴伦伯格露天博物馆（各地代表性的民宅和传统工艺）	文化产业
124	瑞士格林德瓦尔德	冬季滑雪胜地	体育
125	瑞士圣莫丽兹	高山度假胜地，壮美自然风光	生态旅游
126	瑞士施泰因	保存完好、富有古镇特色的壁画以及半木结构的房屋；众多的风景名胜，如圣格奥尔根修道院（中世纪建立的修道院中遗留下来保存最完善的修道院之一），林德乌尔姆博物馆（生动描绘并展现了19世纪的资本家和农业生活以及当时的度假区和包括Werd群岛在内的旅行目的地的状态）及建于1225年的荷恩克林根城堡	文化旅游

续表

序号	名称	特色标识	特色主体
127	瑞士温根镇	阳光充足,空气清新;没有机动车,主要交通工具是自行车	休闲度假旅游
128	日本北海道美瑛町	境内的丘陵风光与夏季时的花田美景	生态旅游
129	日本藤泽生态城	以太阳能为主要能源,自己创能、蓄能,规划持续发展100年;示范点	清洁能源
130	日本筑波	集中了数十个高级研究机构和两所大学,并以设备精良、人才众多、研究基础雄厚著称(如城南的电子技术综合研究所、筑波大学、筑波高能物理研究所等)	新兴信息产业
131	日本北海道小樽	《情书》里一见倾心的浪漫之地;小樽交通纪念馆(北海道铁路的发源地,纪念馆也是全日本交通纪念馆规模最大的一间)	文化产业
132	日本岐阜县高山小镇	原木制造的小京都;传统工艺	文化产业
133	日本京都府伊根町	梦幻的船屋世界,即伊根湾内沿着海湾有一排古老的船屋,230间船屋相互联结着环绕整个海湾	文化旅游
134	日本岐阜县白川乡	合掌造(建造于300年前的江户时期,是为了抵御严冬和豪雪而创造出的建筑形式。1995年,合掌造村落被指定为联合国教科文组织的世界文化遗产,被喻为"冬日的童话村")	文化旅游
135	日本岐阜县郡上八幡	江户风情的古风小镇	地域风情旅游
136	日本广岛县宫岛	红色建筑严岛神社,翠绿山林,在蓝色大海的包围之下,成就了独一无二的海上蓬莱	生态旅游
137	日本京都市岚山	静谧幽然的参禅境地	休闲旅游
138	日本九州大分县汤布院	自然风貌丰富多彩;温泉资源丰富	温泉
139	日本北海道鹤居村	因鹤栖居而得名	地域风情旅游
140	日本静冈县小山町	一首童谣和背后的一段传说《金太郎》	文化旅游
141	日本德岛县上胜町	枫叶,其中枫叶制品种类达320种,客户主要是日本各地的餐厅,同时还远销美、法等国;小镇的面貌(将山上的树换成五颜六色的品种,塑造一年四季的不同景致)	文化创意
142	日本柯南小镇	著名动漫作品《名侦探柯南》原作者青山刚昌老师的家乡;"柯南迷"的朝圣地	主题文化旅游

续表

序号	名称	特色标识	特色主体
143	挪威雷讷小镇	地理位置独特（位于罗弗敦群岛，背靠远古冰川的雕琢侵蚀而成的山峰，即峡湾中绝世清幽的遗世小镇）	生态旅游
144	奥地利哈尔施塔特镇	气候温暖；哈尔施塔特湖；伫立在险峻的斜坡和湖泊间，尽享湖光山色	生态旅游
145	马耳他大力水手村	得名于好莱坞1980年在这片港湾里拍摄的同名真人版电影	文化旅游
146	韩国河回民族村	山水包围，地理条件优越；完全保留李朝时期住宅的式样和村庄的形态，而且明星裴勇俊主演的电影《丑闻》就在此地拍摄	民族旅游
147	荷兰羊角村	运河湖泊交织的美景，羊角村又有"绿色威尼斯"之称	度假旅游
148	新西兰皇后镇	世界著名的"探险之都"（利用当地地势险峻美丽又富刺激性的地区，开发探险、户外运动等体育活动）	体育
149	加拿大倩美纳斯壁画小镇	壁画艺术（现代艺术与传统遗产结合）；百年老镇的伐木历史和风土人情	壁画艺术旅游观光

资料来源：根据对特色小镇网（http：//www.51towns.com/）、《特色小镇——中国城镇化创新之路》、《大国小镇：中国特色小镇顶层设计与行动路径》及《中国特色小镇白皮书（2017）》进行案例采集的资料进行整理。

附表二 国内特色小镇的特色主体和特色标识（正在实施建设的典型案例）

序号	名称	特色主体	特色标识
1	上城玉皇山南基金小镇	基金（私募金融产业为核心）	地理位置优越，背靠玉皇山，林木水系覆盖率70%，承吴越、南宋千年历史文化遗韵
2	余杭梦想小镇	互联网+创新创业	互联网创业者、创业项目、基金及投资机构聚集；市场化运作的金融服务
3	西湖云栖小镇	以云计算、大数据为科技核心	地处杭州之江国家旅游度假区核心。截至2019年9月，小镇累计引进企业1399家，涉云企业1005家

续表

序号	名称	特色主体	特色标识
4	余杭艺尚小镇	时尚产业（以服装为主）	拥有绍兴轻纺城、海宁皮革城、桐乡毛衫市场、湖州丝绸等优秀资源
5	诸暨袜艺小镇	时尚产业类（袜艺产业）	入驻企业520家左右，发明专利拥有量40项。组建"1+20"高校合作联盟，运行世界袜业设计中心，举办"大唐杯"袜艺设计大赛
6	德清地理信息小镇	地理信息产业	引进千寻位置、正元地理等各类地理信息相关企业400余家，以及中科院微波特性测量实验室等科技创新载体；2018年成功举办首届联合国世界地理信息大会
7	桐乡毛衫时尚小镇	以时尚产业为主导（毛针织产业集群）	是全国最大的羊毛衫集散中心、中国羊毛衫名镇
8	西湖龙坞茶镇	万亩茶叶（历史文化经典产业）	居西湖龙井产区之首，享有"万担茶乡"的称誉
9	西湖艺创小镇	文化产业	自然风光旖旎，人文环境独特，大师汇聚，是一个集文艺范、遗址风、网红点于一体的小镇
10	萧山信息港小镇	"互联网+""人工智能+"	坐落于国家级萧山经济技术开发区核心区块，重点引进互联网及互联网+产业、人工智能及人工智能+产业等信息经济产业
11	建德航空小镇	以航空运营和航空主题乐园等服务业为主	集聚了华奕航空科技、新联航空文旅等为代表的优质通航企业，从特色工业遗存蝶变为国家4A级旅游景区
12	江北膜幻动力小镇	光学膜及动力装备制造	培育引进宁波长阳科技公司、比利时邦奇动力等龙头企业，形成从基膜到功能膜的完整产业链和进口替代
13	鄞州四明金融小镇	金融	发展以股权投资和证券投资为主的各类私募基金、第三方支付、金融科技、供应链金融等创新类机构和平台
14	长兴新能源小镇	新能源研发创新	中国新能源研发创新先导区
15	秀洲光伏小镇	以光伏为主题的新能源产业	秀洲是光伏产业"五位一体"创新综合试点，入驻企业317家，引进世界500强企业2家、中国500强企业2家、行业隐形冠军企业1家

续表

序号	名称	特色主体	特色标识
16	嘉善巧克力甜蜜小镇	巧克力生产	长4.08米、宽2.39米、高2.02米、重10.187吨的巧克力城堡，超越美国的一座重达8.27吨的巧克力作品，是目前世界上最大的巧克力雕塑
17	海宁皮革时尚小镇	时尚产业	皮革专业市场——海宁中国皮革城
18	上虞e游小镇	游戏产业	网游产业集聚；动漫游戏、电子商务、大数据、云计算
19	新昌智能装备小镇	智能装备产业	依托新昌高新园区产业集聚优势和创新资源汇聚优势
20	开化根缘小镇	根艺文化	培育全国最大的根艺龙头企业衢州醉根艺品有限公司，连续多年举办全国根艺界最具影响力的节庆赛事活动，已落户全球首个国际木根雕文化交流基地
21	仙居神仙氧吧小镇	旅游产业	毗邻国家级风景名胜区和国家5A级景区，旅游资源丰富，山水田园、滩林溪流、古村古镇
22	莲都古堰画乡小镇	"油画""古堰""音乐"等文化	近300名创客以及108家画家企业签约入驻，全国近300家高等院校在此建立艺术教育实践基地，年接待写生创作人数15万人次以上
23	滨江物联网小镇	物联网	已引进科技企业452家，集聚各类创新创业人才8.9万余人
24	余杭梦栖小镇	高端装备制造前端的工业设计产业	邱家坞院士创新创业园建设，甲骨文创新设计中心、浙江省服务机器人重点实验室、余杭院士之家等高端资源成功落户
25	富阳硅谷小镇	数字经济产业集群（5G产业和数字新电商产业）	位于国家级富阳经济技术开发区银湖科技城，基本形成富通集团、巨峰科技、字节信息等企业的5G产业集群，已集聚企业456家
26	江北前洋E商小镇	以港航物流、B2B平台、跨境电商、互联网+、B2C零售等电商产业	国家AAA级旅游景区；大力发展以国内电商、跨境电商、智慧供应链为主导的千亿级电商经济集群

续表

序号	名称	特色主体	特色标识
27	乐清智能电气小镇	高端装备制造	电工电气产业是乐清经济社会发展的支柱性产业，依托温台地区首个千亿级产业集群和拥江发展优势，打造世界级先进智能电气产业集群
28	瑞安侨贸小镇	时尚轻工集聚	依托"侨商""侨资""侨智""侨谊"等资源，探索全产业链跨境电商新模式
29	湖州丝绸小镇	丝绸产业	4700多年历史的丝绸文化，丝绸产业、历史遗存、生态旅游
30	吴兴美妆小镇	美妆产业	国际化妆品行业领袖峰会永久会址落户小镇，全国三大化妆品集聚区之一，集聚了来自韩国、法国、德国、意大利、英国等多个国家项目
31	南浔善琏湖笔小镇	历史经典产业	中国湖笔文化和蚕文化的发祥地，拥有"湖笔制作技艺"和"含山轧蚕花"两项国家级非物质文化遗产
32	南湖基金小镇	私募股权基金	已累计设立基金及基金管理公司8000余家，是全省资本密集度最高的区域之一
33	海盐核电小镇	核电关联产业	我国第一座自行研究、设计和建造的秦山核电站；集聚企业246家
34	海宁阳光科技小镇	以光伏、光热、光电高端制造为主导	以国家制造业单项冠军示范企业——晶科能源为主，形成了"产学研检用"体系完善的全产业链
35	绍兴黄酒小镇	绍兴黄酒	绍兴黄酒被列入国宾馆国宴专用黄酒；古老的酿造技法
36	东阳木雕小镇	历史经典产业	目前已建成集木雕艺术创意设计、生产销售、展示展览、休闲旅游、行业研讨、木材交易等功能为一体的产业发展平台。国家3A级旅游景区
37	义乌绿色动力小镇	集新能源整车、动力总成、汽车零部件及周边产品研发制造	首款义乌造发动机、义乌首个超百亿元工业项目、首台中国自主知识产权世界级先进发动机、首台"中国心"年度十佳发动机……
38	磐安江南药镇	中药材历史经典产业	磐安是"中国药材之乡"，全县境内有药用植物1200余种，种类数量占全省68%，同时也是全省最大的中药材主产区

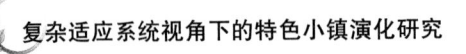

续表

序号	名称	特色主体	特色标识
39	龙游红木小镇	红木产业制造	集聚国家级产业大师3人,国家级非遗传承人1人,省级非遗传承人6人,高级工艺师和设计师300余名
40	定海远洋渔业小镇	海洋健康制造业	全国唯一的国家级远洋渔业基地——舟山国家远洋渔业基地
41	普陀沈家门渔港小镇	集聚海洋经济、文化旅游等产业	依托渔港资源建立的特色小镇,包含世界三大群众性渔港之一沈家门渔港。小镇景色怡人,环境优美,已评为AAAA级景区
42	黄岩智能模具小镇	模具产业	素有"中国模具之乡"的美誉,模具产业作为黄岩区的优势产业之一,至今已有近60年的发展历史
43	杭州医药港小镇	生物医药产业	集聚了辉瑞、默沙东、吉立亚、雅培、礼来等知名药企300多家
44	西湖蚂蚁小镇	互联网金融、金融科技基础设施和创业风险投资	自然环境优越、文化底蕴深厚、创新创业氛围浓厚,拥有西湖景区、西溪湿地"双西"环抱的独特区位优势
45	滨江互联网小镇	互联网及信息技术	聚集了阿里巴巴、网易(杭州)、华为杭州研发中心等一批具有国际竞争力的互联网及信息技术企业
46	余杭人工智能小镇	人工智能	吸引了中国信通院人工智能(杭州)研究中心等高端研发机构19个及字节跳动杭州研发中心等高端项目864个,集聚创新创业人员近8200名
47	临安云制造小镇	智能装备制造	位于杭州青山湖科技城,科技城科研院所集聚、装备产业基础良好
48	镇海新材料小镇	新材料	位于省级重大科创平台——宁波甬江科创大走廊的核心区和启动区,是宁波国家自主创新示范区的重要组成部分
49	余姚智能光电小镇	智能光电产业	依托舜宇集团智能光电产业化项目,聚焦车载镜头、手机摄像模组、3D视觉传感以及激光视觉传感四大板块
50	瓯海生命健康小镇	医药食品健康全产业链	交通便利,生态资源优越;项目内拥有浙江省属三级甲等综合医院,周边集聚了温州医科大学附属第一医院主要机构和大批创意科研机构

附 录

续表

序号	名称	特色主体	特色标识
51	乐清湾电力科技小镇	电力装备	拥有国家级科技孵化器、乐清电气产业创新服务综合体、智能装备科技加速器、电子信息科技加速器、乐清智能装备与制造研究院等科创平台
52	文成森林氧吧小镇	旅游	森林覆盖率96%,水质、环境空气均达到国家Ⅰ级标准,负氧离子浓度常年在1万/立方厘米以上,丰富的山水资源、优美的自然环境
53	德清通航智造小镇	以通航先进智造为主导	天马轴承以及浙江中航通飞研究院、国网通航、啸翔航空、法国LISA三栖飞机制造项目等17家航空企业入驻
54	嘉兴马家浜健康食品小镇	健康食品产业	传承中国七千多年稻作文化;马家浜文化
55	嘉善归谷智造小镇	人工智能和智慧医疗产业	集聚了以科比特航空、赋同科技、蓝怡医药等行业领军企业为代表的数字经济企业292家
56	金华新能源汽车小镇	新能源汽车产业	汽车制造及零配件产业优势
57	义乌丝路金融小镇	以金融、贸易为主导	围绕义乌国际贸易提供金融服务,入驻企业433家,其中世界500强企业4家、中国民营企业500强3家。入驻金融机构336家
58	武义温泉小镇	温泉	浙江省首个、也是唯一一个由自然资源部命名的"中国温泉之城"
59	玉环时尚家居小镇	时尚家居产业	楚门镇是中国阀门生产出口基地、中国阀门产业升级示范基地和新古典家具生产出口基地
60	庆元香菇小镇	历史经典类(新香菇市场)	世界最早的香菇发源地,并被誉为"世界香菇之源""中国香菇之乡"
61	福建宁德锂电新能源小镇	先进制造业(新能源产业:锂电产业)	重点加快延伸宁德新能源锂离子电池产业链,打造世界一流锂电新能源产业研发创新先导区、国家锂电新能源产业聚集示范区、福建省双创孵化基地
62	江苏镇江句容绿色新能源小镇	先进制造业(光伏产业)	依托协鑫集团,光伏制造是其传统优势板块
63	山东济南中欧装备制造小镇	先进制造业(航空产业、电子信息、智能制造主导产业)	集聚博世转向系统、大陆汽车电子、福士汽车零部件、博世马勒涡轮增压系统等德国高端制造企业项目

241

续表

序号	名称	特色主体	特色标识
64	黑龙江大庆赛车小镇	汽车产业（赛车）	围绕建设国家级赛车基地、赛手培训基地、房车宿营地，培育以赛车运动为引擎，集赛车、冰雪游乐、高端温泉、文化会展、商贸于一体的产业体系
65	广东深圳大浪时尚小镇	时尚产业类（新型纺织类）	依托大浪女装时尚品牌优势，拥有华兴、梵思诺、艺之卉、卡尔丹顿、奔霓诗、浩盛隆等11家总部企业，600多家服装鞋帽等时尚品牌企业
66	吉林长春红旗智能小镇	先进制造类（汽车产业）	依托民族汽车工业第一品牌——红旗，以汽车制造业为核心，拓展研发设计、个性化定制等高端服务
67	广东佛山禅城陶谷小镇	陶瓷产业	石湾制陶史可上溯五千年，陶谷孕育了近650家知名建陶品牌企业。石湾及南庄镇陶瓷销售总量和出口总额分别占全国的一半以上和四分之一以上
68	江苏苏州苏绣小镇	苏绣产业	苏绣发源地，具有2200多年的刺绣文化历史
69	云南曲靖麒麟职教小镇	职业教育产业	小镇以麒麟职教集团为核心区，引入中唐国盛、吴觉农茶业、沃鼎酒业等24家优质企业，以及产教融合技术研究院，形成现代职业教育发展模式
70	吉林安图红丰矿泉水小镇	长白山天然矿泉水	获得中国生态原产地品牌示范区、国家级出口食品质量安全示范区、全国知名品牌示范区、中国矿泉水之乡建设标兵单位等荣誉称号
71	江西大余丫山小镇	休闲体育类	建成了新动力汽车越野基地、全国第一个1公里环形自行车泵道等国内一流的运动竞技场地，先后举办了全国山地马拉松等国家级运动赛事
72	安徽合肥三瓜公社小镇	商贸文旅类（电商产业）	引进电商总部，打造"安徽电商第一镇"，并开辟出冷泉鱼、温泉鸡、茶、山泉花生等30多个电商产业基地，打造"互联网示范村"
73	天津西青杨柳青文旅小镇	文旅产业类（民俗文化产业）	中国四大木版年画产地之首。杨柳青木版年画具有380多年的发展史，享誉国内外

附 录

续表

序号	名称	特色主体	特色标识
74	福建厦门集美汽车小镇	大中型客车制造	建设国家级检测中心和产学研联合攻关平台,与吉林大学等高校深化技术人才合作,集聚100多家汽车零部件生产企业
75	陕西西安大唐西市小镇	盛唐文化和丝路文化旅游	依托唐长安西市原址进行再建,发展特色建筑、特色产品、特色演艺和特色餐饮,每年旅游收入达10多亿元
76	江苏南京未来网络小镇	网络通信产业	在发展网络通信产业基础上完善现代社区功能和生态功能,建设人才公寓和专家公寓,引进优质中小学、高校和医院
77	福建长乐东湖数字小镇	数字产业	在发展数字产业基础上完善商业服务功能和旅游功能,健全各类商业服务设施,建设虚拟现实等前沿科技展馆
78	重庆荣昌安陶小镇	陶瓷制造产业	在发展陶瓷制造产业基础上完善工业旅游功能,建设安陶博物馆、陶艺展示场所和研学旅行基地
79	四川绵竹玫瑰小镇	芳香产业	建成芳香科技研发转化中心、大马士革玫瑰基地和芳香产业链展示中心
80	江苏常州石墨烯小镇	石墨烯	以常州烯望建设发展公司为主要投资运营商,构建"创业苗圃—众创空间—孵化器—加速器—产业园"集成化生态链,吸引100多家企业入驻发展
81	山东日照奥林匹克水上运动小镇	体育产业	吸引20多家体育企业入驻发展,举办40多项省级以上赛事,每年承接2000多名专业运动员驻训
82	辽宁沈阳永安机床小镇	机床;智能制造	健全产业服务平台和智能制造应用示范平台,吸引700多家数控机床及零部件生产企业入驻发展
83	广东深圳坂田创投小镇	国家级科技企业孵化器	建设国家级科技企业孵化器,设立创业投资引导基金,吸引中科软科技公司等70多家创新型企业入驻
84	吉林辽源袜业小镇	袜业	培育发展1200多家袜业企业
85	河北清河羊绒小镇	集电商孵化、研发设计、质量认证于一体的多功能孵化器	建设集电商孵化、研发设计、质量认证于一体的多功能孵化器,引进2000多家企业和个体工商户,带动约1万人就业

243

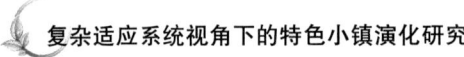

续表

序号	名称	特色主体	特色标识
86	安徽芜湖殷港艺创小镇	艺术文化产业	将旧厂房改造为文化艺术双创空间、将空心村改造为艺术家村，吸引100多家创业型企业入驻，带动约5000人就业
87	河北涞水京作家具小镇	家具产业	建设红木家具及文玩核桃集散中心，吸纳大量就业创业人员
88	河南洛阳新材料及智能装备科创小镇	以新材料、智能制造产业为主	建设检验检测认证中心、技术研发转化中心和智能标准厂房，吸引科研院所入驻建设研发中试基地，吸引多家高新企业入驻发展
89	天津津南小站稻耕文化小镇	以稻耕文化为主	完善"小镇客厅"、练兵园和稻作馆等公共文化空间，每年举办稻米节和军事嘉年华等活动近300场
90	山东泰安泰山出版小镇	以数字出版产业为主	建设博物馆、会展中心、交易中心和展示中心"一馆三中心"，以及职业技术学院、实习基地、培训基地和创业基地"一院三基地"，吸引40多家企业入驻发展
91	四川成都温江"三医"研发小镇	以医学、医疗、医药产业为主	试点医疗器械注册人制度，探索临床急需新药审评审批、外资医疗机构设立和境外医生执业，吸引62个研发项目落地，拥有在研医药和医疗器械800多种
92	湖南醴陵五彩陶瓷小镇	以陶瓷产业为主	是醴陵经开区中国陶瓷谷片区的核心区，产品包括日用瓷、电瓷、工艺瓷等5大系列4000多个品种，已形成集日用瓷、电瓷、艺术瓷、特种瓷以及陶瓷机械、色釉、窑炉等为一体的产业集群
93	吉林敦化市吉澳中医药健康小镇	中医药产业	依托长白山丰富野生药用植物资源和雄厚的产业基础
94	吉林公主岭市迎新鲜食玉米小镇	玉米	中国玉米之乡
95	长春市鹿乡梅花鹿小镇	养殖梅花鹿	鹿乡镇是闻名中外的"中国梅花鹿第一乡"
96	通化县西江稻米小镇	有机水稻种植	2.3万亩的稻田；道光年间，西江大米就成了"贡米"

续表

序号	名称	特色主体	特色标识
97	磐石市明城新型金属材料小镇	新型金属材料产业	已形成优势明显、链条完整的新型金属材料产业集群,被中国铸造协会列为"国家产业园区",并成为东北最大的钢管产业生产基地
98	白山市抚松县万良人参小镇	人参	万良是长白山乃至中国人参产业的金字招牌
99	榆树市五棵树玉米深加工小镇	玉米精深加工	地处"世界三大黄金玉米带"之一的吉林玉米带。以中粮、吉粮为龙头,全镇玉米精深加工能力达到150万吨/年,是全省第二大玉米深加工基地
100	公主岭市大岭汽车物流小镇	汽车物流	与长春西南汽车生产核心区空间仅一河之隔,距离"一汽"大众、"一汽"解放生产车间仅10公里,得天独厚的区位优势
101	长春市皓月国际农业小镇	肉牛全产业	长春皓月清真肉业股份有限公司是以肉牛屠宰及精深加工为主导产业的民营股份制企业,总部坐落在长春市绿园区,是国家级农业产业化重点龙头企业
102	磐石市经济开发区中医药小镇	医药健康产业	集聚医药健康企业40余户,包括医药健康生产企业、医药批发流通企业等
103	江苏南京紫云云创小镇	新一代信息技术	以园区现有的云计算企业为支撑,突出园区云计算产业的特色,聚焦云基础软件、云应用软件、云集成、云运维四个产业发展方向
104	江苏南京江北大厂工业文明小镇	历史经典	利用南化、南钢等工业遗存和文物等资源,结合现代工业发展,加快文旅产业融合发展,打造工业旅游精品路线
105	无锡锡东车联网小镇	新一代信息技术	依托全国首个车联网先导示范区
106	无锡旺庄智能装备小镇	高端制造	无锡先导智能股份有限公司(300450)和无锡奥特维智能装备有限公司(688516)
107	常州溧阳锂享小镇	高端制造(以新能源汽车动力电池为主导产业)	江苏中关村科技产业园
108	常州天目湖白茶小镇	白茶产业	国家地理标志产品"天目湖白茶"核心产区

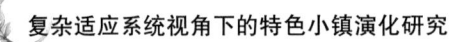

续表

序号	名称	特色主体	特色标识
109	常州直溪光采小镇	高端制造（光伏制造+能源采储）	集聚了东方日升、正信光电、斯威克等企业，全面覆盖光伏组件、电池片、焊带、封胶膜、铝边框、接线盒、支架、工程总包等产业重点环节
110	常州竹箦绿色铸造小镇	高端绿色智能制造	国家火炬绿色铸造特色产业基地；科华控股、虹翔机械等为龙头的现代铸造产业集群
111	苏州生命健康小镇	生命健康产业	集聚医疗器械和生物医药企业300多家
112	苏州昆曲小镇	文旅	昆曲发源地
113	苏州浒墅关绿色技术小镇	创意创业	集聚科技部绿色技术银行绿色技术创新平台、河海大学江苏禹治流域管理技术研究院、清华大学苏州环境创新研究院三大平台
114	南通正余机器人小镇	高端制造（机器人产业）	集聚了17家工业机器人核心零部件、整机研发制造、系统集成企业，形成机器人"研发—制造—应用"全产业链
115	淮安河下非遗小镇	历史经典（非遗众创空间）	河下至今已有2500多年历史，是淮安历史文化名城重点保护历史街区，已列入京杭大运河世界文化遗产保护区，至今留传着众多非物质文化遗产
116	镇江丁庄葡萄小镇	现代农业	丁庄葡萄大观园毗邻享有红色经典道教圣地美誉的国家AAAAA风景区——茅山风景区，为全国品种最多、标准化程度最高的葡萄种植基地
117	镇江e创小镇	互联网产业	集聚软件信息类企业217家
118	江西南昌市VR科创城小镇	VR产业	VR硬件制造，软件研发，内容应用和平台服务，全产业链集聚，实现VR技术在会展，制造，教育，医疗，旅游，文体影视智慧城市等领域应用
119	江西南昌市安义县门窗小镇	高端智能门窗生产基地	安义县是中国铝材之乡、中国门窗之乡，全国三大铝型材生产基地之一，产业和区位优势较突出
120	九江市庐山西海管委会运动休闲生态旅游特色小镇	体育旅游产业	借助庐山西海优势的山水资源，融合省体育局射击中心、游泳、跳水基地建设，结合温泉养生休闲开展多样体育运动休闲特色

续表

序号	名称	特色主体	特色标识
121	九江市德安县微电影小镇	文化旅游	德安县共有4A级旅游景区1家,3A级乡村旅游点6家,爱国主义教育基地5个
122	九江市鄱阳湖生态科技城蓝湾数字小镇	数字产业	签约落户数字产业关联项目42个,其中中国电信中部云计算大数据中心、中科院上海光机所激光技术应用转化基地等9个项目投入运营
123	九江市庐山市牯岭文旅小镇	文化旅游	庐山风景区的中心,是一座海拔1167米的公园式的美丽繁荣的独特的"云中山城",包括环绕牯牛岭的东谷和西谷
124	景德镇市高新区航空小镇	航空产业	首创设立航空产业发展局,现已集聚航空企业43家,在昌飞公司、江直公司、德利公司等龙头企业带动下,形成了年产450架直升机、无人机产能,多个机型实现批量交付
125	景德镇市陶瓷工业园区国际陶瓷文创小镇	手工制瓷文化创意	坐落在陶瓷工业园区内,背靠景德镇千年陶瓷文化,旨在打造国际陶瓷技艺高地、陶瓷文化旅游与人才"洼地"
126	萍乡市安源区海绵小镇	文旅	以深厚人文和水文化历史遗产为底蕴,集海绵科技产业、滨水旅游、田园观光、康体运动、休闲养生于一体的"产城融合"海绵休闲小镇
127	萍乡市莲花县坊楼红色培训小镇	红色文旅	红色文化
128	萍乡市芦溪县宣风凤栖小镇	花卉苗木产业	区位优势明显,自然资源丰富,森林覆盖率高达82.7%,花木种植面积逾4.5万亩,是闻名遐迩的"中国花木之乡"
129	萍乡市湘东区赣湘合作试验区研学小镇	研学教育	地处湘东区的中心地带,区域优势明显,先后已承接市区学生开展科普教育、农耕体验、果蔬采摘等研学教育10余万人次
130	新余市分宜县麻纺小镇	麻纺产业	分宜是"中国夏布之乡"。我国首个功能配套齐全的麻纺专业市场
131	鹰潭市余江县中童眼镜小镇	眼镜产业	有着200多年眼镜历史的古镇,"国家外贸转型升级专业型示范基地"——鹰潭(余江)眼镜产业园就坐落于此

续表

序号	名称	特色主体	特色标识
132	鹰潭市高新区智联小镇	移动物联网产业	位于鹰潭高新区白露科技产业园南部,是鹰潭市第一个以物联网产业为主题的园区
133	鹰潭市信江新区周塘烘焙小镇	烘焙+旅游	周塘烘焙小镇所在的周塘村素有"桃酥之乡"美誉
134	赣州市信丰县赣南脐橙小镇	以脐橙为特色的生态产业	信丰安西镇素有中国脐橙之乡的美称
135	赣州市安远县三百山小镇	康养旅游	三百山境内山高谷幽,森林覆盖率达98%,空气中负离子浓度极高
136	赣州市石城县大畬温泉小镇	温泉	温泉、奇石、花田、古村
137	赣州市龙南市虔心小镇	休闲度假	地处九连山边缘带,平均海拔600米,坐拥10万亩竹林,万亩有机茶园,负氧离子每立方米高达11万个
138	宜春市高安市巴夫洛田园风情小镇	旅游度假	巴夫洛生态谷;耕读文化和12个赣派古村落
139	宜春市高安市智慧物流小镇	智慧物流	2017年被授予"中国物流汽运之都"称号,2019年被授予"中国二手商用车流通产业基地""中国卡车后市场基地"荣誉称号
140	宜春市宜阳新区智慧经济小镇	大数据产业	吸引了华为、网易、蓝海彤翔等一批大数据企业落户。目前,该智慧小镇签约项目百余个
141	上饶市铅山县葛仙山旅游小镇	旅游	葛仙山是中国道教名山和国家4A级景区
142	上饶市高铁经济试验区数字经济小镇	大数据和高新技术为主	高铁枢纽优势;上饶市高铁经济试验区
143	上饶市德兴市花桥热敏灸小镇	热敏灸	热敏灸是传统中医艾灸的传承与发展。依托花桥镇中医馆的技术力量和中医科学院实训基地,发展集中草药种植、旅游康养于一体的大健康产业
144	吉安市安福县羊狮慕康养小镇	康养	素有"天然氧吧"美誉,境内"红、古、绿、蓝"旅游资源丰富,有国家5A级旅游景区江西武功山景区等多处优质旅游资源

续表

序号	名称	特色主体	特色标识
145	吉安县桐坪航空小镇	航空产业	占地990亩的桐坪通用机场，是我国重要的航空体育运动训练基地之一，也是江西省唯一的综合型航空运动训练基地
146	抚州市金溪县香谷小镇	香料香精产业	依托香樟森林公园里成片的原生态樟树林和沼泽地，注入香文化元素
147	抚州市南丰县龟甲生态小镇	甲鱼	2017年4月太和镇被中国渔业协会授予"中国龟鳖良种第一镇"称号
148	抚州市宜黄县曹山宝积寺农禅小镇	文旅	宜黄曹山寺是禅宗曹洞宗的祖庭，是一座拥有1200年历史的江南古寺，是全国唯一一座由女众驻锡祖庭的禅修道场
149	赣江新区共青城市南湖基金小镇	基金	坐落于江西省共青城南湖新城，起源于2011年9月创建的中国第一个私募基金产业园——共青城对冲基金产业园，2018年建成共青城基金小镇
150	安徽池州市石台县大演硒茶小镇	硒茶+乡村旅游	域内拥有牯牛降国家级自然保护区和秋浦河源国家级湿地公园，土壤富硒，是国内三大富硒地之一
151	安徽芜湖市南陵县智慧物流装备小镇	快递物流智能装备产业	截至2020年底，全国快递科技创新试验基地已签约落户快递物流装备制造及关联企业81家，其中规上工业企业26家
152	合肥市肥东县白马山康养小镇	康养+旅游	交通便捷，旅游资源丰富
153	芜湖市弋江区智能网联汽车小镇	以智能网联汽车为核心的产业旅游生态	依托芜湖高新区国家双创示范基地和芜湖新能源汽车产业集聚发展基地
154	合肥市包河区合柴1972工业记忆小镇	工业遗产旅游	肥西窑厂旧址；合肥柴油机厂旧址
155	合肥市庐阳区崔岗艺术小镇	文化创意产业	目前已集聚57位艺术家，38个艺术家工作室建成开放
156	黄山现代服务业产业园黄山文创小镇	文创+科创	位于安徽黄山现代服务业产业园核心区，是全市文化馆群聚集区，集聚有中国徽州文化博物馆、黄山城市展示馆、图书馆等诸多公共文化场馆十余座
157	芜湖市繁昌区青梅健康小镇	青梅健康	悠久的历史、独特的区位，吸引了众多健康食品企业落户，全国蜜饯行业第一和青梅行业领导品牌溜溜果园集团等一批行业龙头企业相继落户

续表

序号	名称	特色主体	特色标识
158	芜湖市湾沚区红杨镇汽车休闲运动小镇	汽车休闲运动	地处风景秀美的洋滩河畔，建设有红杨山房车露营地、越野车场地赛道、卡丁车赛道、丛林穿越等多个竞技娱乐项目及配套功能设施
159	六安市霍山县佛子岭生态酿造小镇	生态酿造	迎驾酒厂是国家大型酿酒企业。迎驾贡酒，中国国家地理标志产品
160	池州市青阳县九华黄精小镇	中药材产业	九华黄精文化源远流长，目前全县从事九华黄精相关的企业近40家，开发黄精系列产品40余种
161	安庆市太湖县膜都产业小镇	功能膜新材料产业	已获批为省级功能膜新材料重大新兴产业工程、省级功能膜新材料特色产业集群（基地）小镇。镇内功能膜及延链企业集聚80多家
162	合肥市巢湖市槐林渔网小镇	渔网产业	2012年被中国渔船渔机渔具行业协会授予"中国渔网第一镇"称号。拥有从事渔网生产、加工、销售等相关产业工商户3216户，产品远销欧洲、非洲、南美洲、东南亚等60多个国家及地区
163	淮北市烈山区七彩和村农旅小镇	农旅产业	依托宋疃镇1.1万亩红富士苹果生产基地、1200亩酥梨生产基地，开发田园观光、农耕文化体验、农旅文化创业、采摘等农事体验、农业科普教育等农业休闲体验
164	六安市金寨县大别山红色小镇	红色旅游	金寨最早爆发革命的地方，金寨县诞生的11支红军队伍，有3支就是诞生在汤家汇地区，革命遗址遗存有61处之多，其中国家级文物保护单位4处
165	宣城市绩溪县徽州味·道小镇	传统文化	伏岭村，一个有着千年历史的中国传统古村落，群山环抱，秀水淙淙，人文荟萃，处处氤氲着徽山徽水徽味
166	安庆市怀宁县马庙绿色纸塑小镇	绿色纸塑产业	素有"纸塑制品之乡"的美誉，集聚80多家纸塑制造企业集聚群，产品运销欧盟、东非及东南亚地区
167	宿州市砀山县马术小镇	马术产业	砀山是全国唯一举办过二星级、即将在10月举办三星级国际马术耐力赛的城市

续表

序号	名称	特色主体	特色标识
168	阜阳市阜南县黄岗柳艺小镇	柳编产业	素以"中国杞柳之乡""中国柳编之乡"闻名，柳编历史悠久，文化底蕴深厚。黄岗柳编技法进入"国家非物质文化遗产保护"名录
169	马鞍山市含山县运漕艺术创意小镇	艺术创意	运漕镇是一座千年古镇，历史积淀浓厚，文化底蕴深厚
170	宣城市泾县桃花潭文创小镇	文化创意	"李白乘舟将欲行，忽闻岸上踏歌声。桃花潭水深千尺，不及汪伦送我情"。诗仙李白的一首诗让桃花潭名扬天下。镇子里至今还保留着700多处古建筑，大多为明清时期建筑
171	四川成都市郫都川菜特色小镇	川菜产业	依托小镇的蜀香183街区，汇聚四川183个区（市）县特色美食，引入非遗老字号、大师私房菜、名厨名馆、地道小吃等美食资源，营造"一日吃遍四川风味"的新奇消费体验
172	四川成都市郫都菁蓉特色小镇	创新创业	坐落在四川省成都市郫县德源镇，是全国28个双创示范基地、成都市3个众创空间引领区之一
173	成都市大邑博物馆特色小镇	文旅	依托公馆老街、刘氏庄园博物馆
174	成都市邛崃种业特色小镇	现代农业产业	立足国家级杂交水稻制种基地产业优势和良好的自然资源禀赋及农业产业基础
175	成都市天府基金特色小镇	基金产业	已成功引入包括IDG资本、中金资本、渤海华美、中国风险投资、梅花创投、高榕资本、元生创投、成都发展基金、国新建信基金等相关机构650家，成为中国西部最大的基金产业园区
176	泸州市古蔺郎酒特色小镇	白酒产业	当地常年高温、潮湿，是天然酒窖，具有优良的酿酒客观自然条件；郎酒庄园
177	德阳市什邡雪茄特色小镇	烟草产业	"中国雪茄之乡"
178	绵阳市游仙电梯智造特色小镇	电梯智能制造	依托四川科莱、中科西奥等5家电梯整机制造企业，先后招引美艺包装、振华轿厢等20家电梯配套企业入驻，拥有中国驰名商标3个、省市著名商标13个

续表

序号	名称	特色主体	特色标识
179	乐山市苏稽跷脚牛肉特色小镇	跷脚牛肉美食文化产业	大约形成于隋朝，始称"桂花场"，有约1400年历史。不仅是四川美食跷脚牛肉的发源地，还有苏稽米花糖、徐凉糕、红糖锅盔等一系列美食
180	南充市嘉陵新能源汽车特色小镇	新能源汽车	以吉利新能源商用车技术研究院、吉利新能源汽车、川东北商用车交易中心等平台为载体，集新能源汽车研发、整车制造、零部件生产、汽车展销等功能为一体
181	宜宾市筠连川红特色小镇	茶叶	集中连片生态有机茶园2.2万亩，规上茶企7家，综合年产值3.6亿元，茶农人均纯收入达2.4万元
182	眉山市青神竹编特色小镇	竹编产业	四川环龙集团与芬兰国家技术研究中心（VTT）组建竹材生物质精炼工程实验室，"斑布"竹纸成功入驻山姆、麦德龙、伊藤等6家国际大型连锁商超。竹编非遗之旅跻身全省十大"非遗之旅"研学线路
183	资阳市资阳牙谷特色小镇	口腔医疗	与北京大学、中山大学口腔医学院、华西口腔医院等单位合作，加快推进"中国牙谷特色小镇"建设，全力打造"中国一流、世界知名"的中国牙谷
184	山东商河县贾庄高端精纺小镇	高端精纺产业	聚集70多家精纺企业。宏业纺织申请专利62项，其中"聚成纺""羊绒、羊毛系列"等发明专利14项，填补国内空白6项
185	山东青岛市即墨区蓝村跨境电商小镇	跨境电商、物流、新零售等产业	交通区位优势。已引入韩易通、上海千纸鹤、阿里诚信通、山东群拍网红、拉勾网、海孚实业等总部型企业
186	沂源县东里凤驿小镇	文旅	居于东夷文化（沂源猿人）的核心传播区，是传说中的凤栖之地
187	枣庄市山亭区城头豆香小镇	豆制品产业	豆制品是山东枣庄市山亭区城头镇的支柱产业，在当地有40年发展历史，城头镇获赞"中国豆制品第一镇""豆制品之乡"
188	东营市垦利区黄河口滨海旅游小镇	滨海旅游	环抱齐鲁最美海岸线，景观壮美独特，温泉资源、渔业资源、旅游资源丰富

附 录

续表

序号	名称	特色主体	特色标识
189	烟台市牟平区龙泉养生小镇	温泉养生、生态休闲	龙泉汤温泉
190	潍坊市坊子区凤凰地理信息小镇	地理信息产业	已有共达电声、中海达、苍穹数码、潍柴大数据中心等127个项目入驻
191	青州市黄楼文化艺术小镇	文化艺术（书画产业）	青州是全国有名的书画之都，书画市场年交易额超百亿规模，青州具有优质的文化产业发展基础，有765家画廊
192	安丘市新安齐鲁酒地小镇	白酒	"景芝"是酿酒的千年古镇，是"中国酒祖——舜帝酿酒发祥地"和"鲁酒之源"
193	曲阜市尼山圣地小镇	儒学研修、休闲度假	尼山镇是我国古代著名的思想家、教育家、儒家学派创始人孔子诞生地
194	新泰市羊流智能起重小镇	起重产业	中国起重机械产业集群的代表
195	五莲县潮河白鹭湾艺游小镇	旅游	三面环山，一面临水，镇内拥有大量稀缺的自然资源，吸引白鹭、天鹅、翠鸟等30多种鸟类来此栖息
196	郯城县新村银杏温泉小镇	旅游	银杏资源和地热资源丰富，有"世界第一银杏雄树"——3000岁的"老神树"，世界最大的万亩古银杏林——国家古银杏公园，鲁南苏北最大的佛教圣地——唐代108寺之一的广福寺，省级文物单位——埠村遗址
197	庆云县尚堂石斛小镇	石斛产业	已建成北方最大的铁皮石斛产业基地
198	聊城市茌平区博平颐养休闲小镇	颐养休闲	全国最大养老示范基地——千岛山庄颐养中心，位置优越，环境优美，交通便利。先后获得"全国智能化医养结合示范基地""全国爱心护理中心""中国地产金砖奖2016养老地产先锋企业"等荣誉称号
199	博兴县吕艺农创小镇	农创	与博华农业、深圳百果园等企业合作，建成有机果蔬、食用菌、现代畜禽水产四大基地，培植绿色循环产业
200	菏泽市定陶区杜堂汽车小镇	汽车服务产业	汽车品种最多，服务功能最全

253

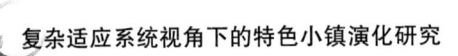

续表

序号	名称	特色主体	特色标识
201	广东广州市越秀花果山超高清视频产业特色小镇	超高清视频产业	已成立4K超高清电视技术研究中心，投资改造建设2个4K超高清演播厅，积极筹建广州城市台首个4K超高清频道，引进广州超高清视频产业促进会落户等
202	广东广州市花都狮岭皮革皮具跨境贸易小镇	皮革皮具产业	中国皮具之都。"狮岭皮具"区域品牌已在美国等23个国家通过注册申请。举办中国（狮岭）皮革皮具节、中国国际箱包设计大赛等活动
203	广州市花都新能源智能网联汽车小镇	以智能网联为主的电子信息产业	龙头企业东风日产的强势带动，已聚集包括优尼冲压、康奈可、法雷奥等世界著名企业及近200余家汽车零部件配套企业
204	广州市花都花东七溪地芳香小镇	芳香生态旅游	七溪地香文化源远流长，4个香场遗址，拥有降真香、广藿香、素馨等野生芳香植物超过300种
205	广州市花都梯面康旅小镇	康旅	"岭南艾谷"，传承千年鲍菇文化
206	广州市花都岭南盆景小镇	盆景产业	引进10位国家级、省级盆景大师入驻；引进仲恺农业工程学院共建博士工作站，加大盆景产业的研发、加工、转化力度；设立岭南盆景园艺技术培训中心等
207	广州市番禺沙湾瑰宝小镇	珠宝产业	依托广东省珠宝玉石交易中心和广州钻石交易中心，引入了APM、谢瑞麟、六福珠宝等龙头项目。全国金银珠宝首饰行业最大的加工出口基地之一
208	广州市南沙智慧港小镇	数字经济	区位交通条件优越，毗邻庆盛高铁枢纽。目标打造粤港澳大湾区首个全自动化码头
209	广州市南沙黄阁国际汽车小镇	汽车主题体验	将以广汽丰田汽车生产园区为核心，紧紧依托汽车产业和沙仔岛港口码头，建设粤港澳大湾区汽车产业及相关高端装备制造业高度集聚生产型总部基地
210	广州市从化生态设计小镇	生态产业+文旅	一个从"乡镇"变身为"世界性生态设计文化创意之都"的城市公共空间旧改项目。世界生态设计大会的永久会址所在地

续表

序号	名称	特色主体	特色标识
211	广州市从化西和万花风情小镇	花卉产业	产业园内多肉植物、小盆栽、红掌等花卉品种产量占全国60%以上,每年培植逾千万株优质花卉种苗远销国内外
212	广州市从化西塘童话小镇	旅游	泥巴乐园和麦田生态园
213	广州市从化南平静修小镇	休闲旅游	小镇被凤凰山系环绕,树木茂盛
214	广州市从化格塘南药小镇	中医药文化健康旅游	中医药历史文化浮雕景观长廊全长1028米,是目前世界上最长的中医药历史文化浮雕,荣获"最长砂岩深浮雕"吉尼斯世界纪录称号
215	广州市从化莲麻小镇	乡村旅游	有流溪河北源头、千年古官道、农家乐生活体验中心区、黄沙坑西片生态农业观光区等
216	广州市从化古驿道小镇	文化旅游	依托钱岗古村的历史人文资源和沙溪水周边生态景观
217	广州市从化罗洞工匠小镇	旅游	目前已吸引锦一村《林楠木雕》、罗洞村《蓝岭灰塑》、上罗村《菁木山舍》和《铭艺轩》等本地工匠艺人进驻开设匠人工作室,将传统工艺进行活态化展示
218	广州市增城1978数字文创小镇	文创旅游	以原增城糖纸厂遗址为基础,通过创意性整合开发微改造,是增城最大的综合性文创旅游产业聚集区
219	深圳市龙岗南湾云创小镇	文化创意产业	已形成万国城、李朗软件园、182创意产业园、百分百创意广场等创新产业园区,吸引大量新型文化创意产业项目入驻
220	深圳市龙华观澜文化艺术小镇	艺术公众空间	有鳌湖老村、俄地吓村这样的客家老村,进驻了不少艺术家,新生的艺术力量与古村共生共存
221	珠海市平沙影视文化小镇	影视文化	平沙糖厂为《甜蜜的事业》的取景地;珠海文创园已成为国内第一家实现一条龙工业化制作的影视基地

续表

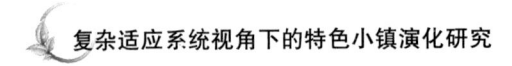

序号	名称	特色主体	特色标识
222	珠海市斗门莲洲水产小镇	水产	作为水资源保护区和基本农田保护区,拥有得天独厚的自然资源优势和生态环境优势。镇内水网密布,具有以沙田水乡为主的独特生态景观
223	汕头市金平中以科创小镇	科创	依托省实验室、广以、汕大等科研教育资源,建设科教研发和创新孵化平台
224	汕头市龙湖外砂潮织小镇	毛织产业	获得中华毛衫名镇、广东省潮式毛衫专业镇技术创新试点单位、广东省潮式毛衫产业集群升级示范区、广东省潮织小镇创建示范点、中国淘宝镇等称号
225	汕头市澄海莲华国兰康养小镇	康养	位于国家 4A 级旅游区莲华乡村旅游区内,是具有自然景观和文化多样性的景观型、生态型的乡村旅游区
226	佛山市禅城岭南文荟小镇	文化旅游	深厚的历史文化底蕴,拥有梁园、仁寿寺、黄飞鸿纪念馆、塔坡庙、塔坡艺术家村、岭南天地等旅游商业资源
227	佛山市禅城绿能装备小镇	装备制造业	张槎街道有着扎实的产业基础,聚集安德里茨、国星光电、法雷奥、丰富汽配和腾龙光学等装备制造业企业
228	佛山市南海千灯湖创投小镇	金融	位于广东金融高新区核心区,致力于发展天使投资、创业投资、股权投资、证券投资、公募基金、中介服务等新兴金融业态
229	佛山市南海平洲玉器珠宝小镇	玉器珠宝产业	平洲是中国四大玉器市场之一,享有"玉镯之乡"的美誉
230	佛山市南海仙湖氢谷小镇	氢能产业	已形成涵盖从富氢材料及制氢设备研制、加氢储氢到燃料电池、核心零部件、动力系统、整车的产业链条,成为新能源汽车领域的明星
231	佛山市南海大沥智慧安全小镇	安全产业	中国安全产业大会永久会址
232	佛山市南海西樵岭南文旅小镇	文化旅游	西樵山深厚的历史、景观、人文资源
233	佛山市三龙湾文翰湖国际科创小镇	科创	目前已落地了一批 500 强企业,虎牙、欢聚、富士康工业富联、宏旺、移远通信等一批科技头部企业

续表

序号	名称	特色主体	特色标识
234	佛山市南海现代智慧物流小镇	智慧物流	一汽大众铁路专用线工程；位于珠三角经济发展最活跃的广佛都市经济圈内，有大量生产原材料及产成品需要铁路运输
235	佛山市南海九江南国酒镇	酒	南海九江，素有南国酒镇美誉。九江酒厂，广东米酒龙头企业，出口量位居全国前列，蝉联中国米酒品牌价值第一
236	佛山市南海里水绿色健康小镇	健康产业	里水作为广佛都市圈的前沿区，有着山水田园自然生态、岭南传统中医药文化、广东大健康产业发展等良好基础
237	佛山市北滘智造小镇	智造	"中国家电制造业重镇"，家电产值占全国家电业总产值的10%
238	佛山市龙江智慧家居小镇	智慧家居	龙江"家具王国"，拥有家具企业超过2800多家，家具制造及相关行业的从业人员超过15万人
239	佛山市乐从乐商小镇	新兴产业（大家居+大健康）	乐从地处珠三角腹地和广佛都市圈核心区域，人口密集，工商业发达，是全国有名的商贸强镇，其家具、钢材、塑料三大专业市场早已闻名遐迩
240	佛山市陈村花卉小镇	花卉全产业链	陈村素有"千年花乡"和"中国花卉第一镇"的美誉
241	佛山市大良寻味顺德小镇	文旅产业	2006年，大良被中国烹饪协会认定为全国首个"中华餐饮名镇"，著名的"烹饪之乡""粤菜之源"；《寻味顺德》城市宣传片；大小餐饮店铺2600家，从业人员超2万人
242	佛山市顺德伦教珠宝时尚小镇	珠宝时尚	借助粤、港珠宝首饰及时尚工艺文创产品的研发设计和国际营销网络等优势，结合伦教珠宝及工艺装备生产、研发、设计等基础条件，拓展珠宝时尚及工艺装备产业高端环节
243	佛山市顺德容桂I创家电小镇	智能家电产业	聚集了一批以格兰仕、海信家电、万和等为龙头的家电企业，且区位优势明显，周边配套设施齐全，营商环境优越
244	佛山市顺德均安功夫小镇	文旅产业	生态环境得天独厚，文化IP优势突出，是国际武打巨星李小龙的故乡

续表

序号	名称	特色主体	特色标识
245	佛山市高明东洲鹿鸣体育特色小镇	体育产业	依托深厚的武术文化底蕴、扎实的体育产业基础、优良的山水生态环境
246	佛山市三水白坭文创小镇	岭南文旅	依托丰富的生态资源、农业资源和文旅资源
247	佛山市三水乐平广府印象小镇	文旅产业	相对完整地保留着古建筑群，是粤中地区典型的、最具独特建筑风格的清代村落，极具历史文化价值
248	佛山市三水水都小镇	以食品饮料、研发设计、品牌创意、工业旅游为主导产业	水都基地是华南地区以饮料食品及其配套为主导产业的专业园区，聚集了百威英博、红牛、可口可乐、健力宝等多家国内外行业龙头
249	韶关市乐昌誉马葡萄酒小镇	葡萄酒产业	以誉马葡萄酒庄园为龙头，全产业链推进葡萄酒、文化旅游、特色农业发展
250	韶关市南雄珠玑文化小镇	文化旅游度假	珠玑古巷是7000万广府人故里，文化溯源的圣地，全国三大寻根地之一、国家4A级景区，被誉为"广东第一巷"，巷内现存古门楼、古塔、古寺、古宗祠、古榕树等
251	韶关市仁化城口历史文化小镇	历史文化	城口镇是千年古镇，历史文化深厚，秦末，龙川令赵佗为阻绝乱兵南下，在今天的城口镇红军街筑城，俗称"古秦城"
252	韶关市始兴文笔小镇	文创	依托东湖坪制笔基地现有办公文具产业、东湖坪民俗文化村旅游景区、禅宗文化等资源，积极构建"文创+展贸+文旅"的特色产业体系
253	韶关市翁源江尾兰花小镇	兰花产业	翁源县被誉为"中国国兰之乡""中国兰花第一县"，是全国最大的国兰生产基地。兰花小镇所在地江尾镇有着20多年的兰花种植历史
254	河源市源城创意设计小镇	旅游	坐拥大桂山约3800亩的千溪悠谷自然资产，建筑面积约200万平方米的美学营地，汇聚着群山、树林、草甸、翠竹、温泉等大地艺术

续表

序号	名称	特色主体	特色标识
255	河源市和平热水绿谷康养创新小镇	康养	因境内南湖村温泉而得名，镇内茂林修竹储量丰富，森林覆盖率达84%，空气负氧离子含量达113600个/立方厘米，空气质量达国家一级标准
256	梅州市梅江东山健康小镇	健康产业	山、水生态优势、雄厚的医疗技术和科研力量
257	梅州市梅江珠宝小镇	珠宝产业	依托自身珠宝全生态产业链资源优势以及区域丰厚的历史人文底蕴、优质自然景观资源
258	梅州市梅县雁洋文化旅游小镇	文化旅游	生态优美，聚集了全市唯一一家国家5A级景区，4A级景区、3A级景区各三家
259	梅州市梅县南寿峰南药小镇	南药	由广东杉维生物医药集团有限公司投资建设，旗下有十多家企业。主要是以良好原生态为依托
260	梅州市兴宁玖崇湖温泉小镇	温泉	位于广东省兴宁市叶塘镇汤湖村，汤湖村温泉素有"粤东第一泉"美誉
261	梅州市大埔高陂青花瓷小镇	陶瓷产业	陶瓷技术创新专业镇。镇内高岭土资源丰富，已有800多年陶瓷生产历史，文化底蕴深厚，拥有发展陶瓷工业优越的自然条件
262	梅州市丰顺留隍潮客小镇	康养产业+文化旅游	依托留隍独特的人文、温泉和生态等资源禀赋，突出"潮客文化、健康养生"特色
263	梅州市丰顺国际声谷小镇	人工智能产业	区位交通条件优越，依托南部片区电声科技小镇产业发展基础，构建以智能电声终端研发为特色的人工智能产业高地
264	梅州市五华横陂足球小镇	体育产业	梅州客家足球俱乐部基地
265	惠州市惠阳智慧家居小镇	智慧家居	拥有丰富的家居企业资源，智慧家居小镇20公里辐射区内，聚集超过3000家家具企业
266	惠州市龙门竹泉小镇	竹产业	龙门县共有竹林面积30万亩，是惠州市竹资源最为丰富的县，也是广东省主要竹产区之一
267	惠州市潼湖科技小镇	"物联网+"产业	紧邻深圳东莞、地处粤港澳大湾区的潼湖生态智慧区；全球IT巨头思科等海内外知名机构

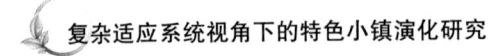

续表

序号	名称	特色主体	特色标识
268	汕尾市红海湾滨海运动小镇	海上运动	得天独厚的海洋资源和完善的海上运动条件
269	汕尾市海丰红城文旅小镇	红色文旅	海陆丰革命根据地（全国13块革命根据地之一）、中国第一个苏维埃政权诞生地、革命先驱彭湃故里、中国核潜艇之父彭士禄院士、黄旭华院士等独有的IP
270	东莞市厚街黄金小镇	黄金珠宝产业	推动龙头企业和品牌企业入驻项目设立区域总部。已成功引进一批黄金珠宝龙头企业，包括老凤祥、中国黄金、中国珠宝、金一文化、盛峰首饰、嘉言珠宝等
271	东莞市长安智能手机小镇	智能手机	OPPO研发总部、vivo研发总部、小天才研发总部等项目落户
272	东莞市寮步香市小镇	香市文化	在明清时期，久负盛名的"莞香"集散于此，经广州、香港远销东南亚、西亚等世界各地，故素有"香市"之称，被誉为广东四大名市之一
273	东莞市大岭山莞香小镇	莞香文化	莞香，是广东省东莞市特产，中国国家地理标志产品
274	东莞市凤岗人工智能小镇	人工智能	京东智谷、天安数码城
275	中山市火炬智慧健康小镇	生物医药研发、科技创新	坐落于火炬开发区内，坐拥国家级健康科技产业基地核心园区和中德（中山）生物医药产业园核心区
276	中山市华南医药健康小镇	医药健康产业	中山拥有国家健康基地、中德（中山）生物医药产业园、华南现代中医药城、火炬智慧健康小镇等优质健康产业发展平台
277	中山市小榄菊城智谷小镇	智能制造综合服务	融入科技，打造以智能制造综合服务为核心的特色产业，为珠三角地区先进装备制造产业提供智能制造共性技术和解决方案等服务
278	中山市国际棒球小镇	体育产业	中国少年棒球队（U12）训练基地
279	中山市古镇灯饰小镇	灯饰	中国灯饰之都，古镇包揽了中国超过70%、全球近50%的灯饰

附 录

续表

序号	名称	特色主体	特色标识
280	中山市板芙智造小镇	以智能数控、光电装备、新材料为主导	已高质高效推动韩国智隆 ITO 高纯度靶材、韩国 NPK 改性塑料新材料、新加坡铭板精密制造等 8 个优质项目正式投产
281	中山市大涌红木文化旅游小镇	红木+旅游	大涌是中国最大的红木家具生产基地之一,也是中国家具行业第一个获得国家级荣誉称号的专业镇,已吸引木雕大师、国画大师、陶艺大师、古琴大师等多位大师进驻
282	江门市开平赤坎华侨文化旅游小镇	文化旅游	江门市开平市,是著名的"华侨之乡、碉楼之乡"。世界文化遗产"开平碉楼与村落"、赤坎古镇等文化资源
283	江门市鹤山桃源伞篷产业小镇	伞篷产业	桃源镇"中国制伞名镇"和"中国伞篷出口基地"
284	江门市恩平泉林户外体育小镇	体育产业	区位条件优越——地处广东中心地带,深茂高铁中心段,珠三角的便捷生活圈;原始森林环绕拥抱的自然环境;赛事 IP
285	湛江市麻章南海之芯小镇	海洋商务服务	紧邻高铁西客站,是西部新城区重要组成部分。南海之芯小镇将发展成为中国海洋科技创新示范点,培育南海地区域性陆海商贸物流中枢
286	湛江市坡头官渡森林康养小镇	森林旅游产业	笔架岭森林公园
287	湛江市廉江音乐小镇	音乐文化产业	聚焦音视频专业技术的龙健集团,具有深耕音视频产业 30 年的悠久历史
288	湛江市吴川吉兆湾养老小镇	养老、健康疗养	吉兆湾有著名的大型基岩海岸,岸线曲折,礁石奇美
289	湛江市遂溪中医药小镇	中医药	遂溪县是广东省的中医药大县。全县包括县中医院在内的各级各类中医诊疗机构 50 多家,南药种植 13 个品种 6 万多亩,基础条件优越
290	湛江市徐闻现代服务业小镇	现代物流业	借力港口建设大力发展现代物流业
291	茂名市电白沉香小镇	"沉香+"产业	电白是我国天然沉香的中心分布区之一,种植、加工、使用沉香已有 1000 多年的历史,是著名"中国沉香之乡",目前沉香种植面积达 10 万多亩

261

续表

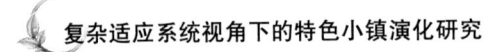

序号	名称	特色主体	特色标识
292	茂名市高州马贵高山草甸运动小镇	高山运动	独特宜人的山地气候和保育良好的高山草甸
293	茂名市高州冼夫人文化小镇	文化	高州深厚的文化积淀，冼夫人文化、高州文化等为代表的人文历史
294	茂名市化州化橘红小镇	化橘红	化橘红是中国"四大南药""十大广药"之一，享有"南方人参"之盛誉。目前全市化橘红种植面积已达10万多亩
295	肇庆市高要金利五金智造小镇	五金智造	已招商引入33家创新型、环保型、科技型的五金领军企业
296	肇庆市四会玉器文化小镇	玉器产业	"中国玉器之乡"。目前四会已发展成为全球最大的翡翠玉器批发市场和玉器加工销售集散地
297	清远市清城国际音乐小镇	音乐全产业链	大交通优势，自然景观资源非常丰富
298	清远市英德锦潭小镇	农业+生态旅游观光	山水资源优势、农业产业"三产"融合发展优势
299	清远市英德东华红茶小镇	红茶	由省级重点农业龙头企业——英德八百秀才茶业有限公司负责建设
300	清远市英德浈阳峡文旅小镇	文旅	依托英德连江口镇本土厚重的文化底蕴及资源禀赋，深度挖掘浈阳峡海上丝绸之路文化、英石文化等，是广东省海上丝绸之路十大文化地理坐标
301	清远市英德英红科创小镇	英德红茶全产业链	黄埔区广州开发区产业基础优势
302	清远市连州摄影小镇	摄影产业	连州国际摄影年展
303	潮州市潮安太安堂医养小镇	中医药	500年老字号中医药世家太安堂，拥有国家非物质文化遗产保护名录项目3个
304	潮州市潮安凤凰茶旅小镇	茶旅	"中国乌龙茶之乡"。得天独厚的气候条件和自然环境培育出驰名中外的凤凰单丛茶
305	潮州市饶平钱东潮商文化小镇	潮商文化	潮商之乡，地理区位优越
306	揭阳市望天湖生态康养小镇	生态康养	广东望天湖现代农业科技有限公司

续表

序号	名称	特色主体	特色标识
307	揭阳市揭东玉湖历史文化小镇	历史文化	新寮古村依山而建，历史文化底蕴深厚，民俗典故也多。其中，蓝田书院是潮汕地区最早创办的书院，迄今已有800多年的历史
308	揭阳市揭东电商小镇	电子商务	返乡创业淘宝店集聚。2013年，军埔村成功入选首批"中国淘宝村"
309	揭阳市普宁泛时尚小镇	时尚	纺织服装是普宁传统支柱产业之一，也是揭阳首个千亿产业集群。柏堡龙作为位于国内唯一一家以时尚设计为主的上市公司，深耕服装产业多年
310	揭阳市普宁康美健康小镇	大健康产业	康美药业是揭阳医药健康产业的龙头企业
311	揭阳市揭西万梅谷文化小镇	青梅产业+旅游	丰富的生态旅游资源和优美的生态景观，有1000多户农户青梅种植面积已达1万多亩
312	云浮市云城氢能小镇	氢能源产业	引进了国鸿氢能公司和佛山飞驰汽车等企业，建成氢能产业与新材料发展研究院、氢燃料电池生产基地、氢能源汽车整车生产基地
313	云浮市新兴六祖小镇	禅文化	六祖惠能的诞生、成长、开悟和圆寂地，以及禅宗代表性著作《六祖坛经》的创作圣地
314	云浮市新兴温氏农科小镇	禽畜养殖产业	已建温氏集团总部、温氏研究院、温氏大华农生物科技公司等农业创新研发机构
315	云浮市新兴金水台生态康养小镇	"文旅"+"康养"	地下温泉水水温高达70℃，温泉中的硫化氢、偏硅酸、氡三种元素均达到国家的命名标准，为国内罕见"三料"温泉
316	云浮市云浮新区云联小镇	云计算大数据产业	已建设产业创业孵化基地，随着华为公司、龙芯中科、清软海芯等知名企业的落地，带动一批云计算相关企业和人才集聚
317	湖南株洲市芦淞区航空小镇	以航空研发、制造和通航服务为主导特色产业	2020年，中小航空发动机、轻型运动飞机国内市场占有率分别达90%、70%，形成了以中小航空发动机研发制造为主的特色产业集群

续表

序号	名称	特色主体	特色标识
318	湖南永州市蓝山县皮具箱包小镇	皮具产业	承接广东皮具产业转移的重点区域。2020年，拥有皮具箱包企业78家，从业人数近9000人，形成了较为成熟的皮具加工产业链
319	长沙市长沙县机械制造小镇	机械制造产业	素有"汽配之乡"美誉，主要为三一、中联、东风等企业进行配套。2020年，拥有各类机械制造企业50余家，规上企业17家
320	郴州市汝城县沙洲文旅小镇	文旅	国家4A级旅游景区，"半条被子"故事发生地。2020年，接待游客108万人次，旅游总收入4.2亿元
321	益阳市安化县东坪文旅小镇	茶旅	被誉为"黑茶之都、最美小城"。2020年，接待游客200万人次，"茶香花海"广受青睐
322	衡阳市南岳区南岳文旅小镇	文旅	拥有国家5A景区南岳衡山，依托五岳封禅、南岳庙会等特色文化，打造康养"寿文化"、特色演艺等文旅融合新业态
323	湘西土家族苗族自治州保靖县黄金茶小镇	茶产业	"保靖黄金茶"为国家农产品地理标志，小镇所在吕洞山镇、马颈坳镇为"中国名茶之乡"
324	长沙市长沙县种业小镇	种业	全省主要水稻、蔬菜制种基地，拥有国家杂交水稻综合实验基地1个、省级龙头企业3家、示范社2家。2020年，全产业链产值9.5亿元，从业人员1.6万人
325	益阳市桃江县竹业小镇	竹业	"桃江竹笋"为国家农产品地理标志
326	岳阳市湘阴县樟树港辣椒小镇	辣椒	"樟树港辣椒"为国家农产品地理标志
327	上海安亭汽车城	高端制造（汽车产业）	上海国际汽车城已成为国内产业规模最大、产业链最完整的汽车产业基地
328	无锡田园东方	生态高效农业	乡村空间产业整合，保护与修缮
329	绿城乌镇雅园康养小镇	康养	近代中国历史文化名镇——乌镇；颐乐学院（中国规模最大的"老年大学"；全周期颐养健康服务）和雅达国际康复医院

附 录

续表

序号	名称	特色主体	特色标识
330	松花湖冰雪小镇	体育产业	引入冰雪特色主题赛事（冰雪马拉松、高山滑雪冠军赛等）；冰雪特色；国内唯一兼具大型目的地滑雪度假区和城市滑雪场
331	上海迪士尼小镇	娱乐	毗邻迪士尼主题乐园；迪士尼传统元素；经典中式设计；海派文化元素
332	海南兴隆咖啡风情小镇	地域风情旅游	地处中国顶级度假胜地的东县旅游度假带上，对外交通便利；拥有优质的咖啡、温泉、森林、湿地、原生态的黎族、苗族村落，资源种类丰富
333	吐鲁番葡萄风情小镇	地域风情旅游	古丝绸之路重镇；近葡萄沟景区，是一座闻名遐迩的葡萄城；民俗文化与葡萄主题
334	三亚亚龙湾玫瑰谷小镇	主题生态旅游	亚龙湾国家旅游度假区；玫瑰谷景区；玫瑰主题文化
335	杭州萧山机器人小镇	机器人产业	交通区位便利；区域经济发达；产业生态良好；科研力量丰富；应用市场先行
336	浙江宁海智能汽车小镇	新能源汽车产业	智能化
337	云南黑井小镇	文化旅游	素有"明清社会活化石"之称，保留着较为完整的传统城镇格局和大量文物古迹；因盐而兴，盐文化深重
338	海南博鳌镇	会展+旅游	中国海南博鳌为亚洲论坛总部的永久地所在地；优美的自然环境、宜人的气候条件、原生态的植被群落、优美的海岸沙滩
339	浙江台州市椒江区绿色药都小镇	医药产业	位于台州省级高新技术产业园区，拥有众多高层次医药研发平台
340	浙江绍兴市柯桥区蓝印时尚小镇	时尚	绿色印染
341	宁波市慈溪市息壤小镇	小家电产业互联网化	共有创新创业基地8个，引进投资类基金公司8家，吸引59个创业团队入驻，拥有专利258个
342	绍兴市上虞区伞艺小镇	伞业	"中国伞城"，伞具产销量占全球1/3，已集聚多家龙头企业，拥有省级以上品牌12个，起草国家、行业标准12项

续表

序号	名称	特色主体	特色标识
343	江苏苏州市昆山市智谷小镇	创意创业	依托昆山杜克大学以及工业技术研究院、浙大、南大等产学研平台
344	苏州市太湖体育运动休闲小镇	体育运动休闲	多项赛事集训基地
345	江苏泰州市泰兴市凤栖小镇	科创	入驻创新创业主体600多家，成功举办和承办首届江苏特色小镇创新创业大赛、专题科技项目路演等创新创业活动上百场
346	江苏宿迁市保险小镇	保险产业	全国首家保险产业特色小镇，保险、大数据类企业总数达到300家
347	江苏无锡市江阴市新桥时裳小镇	毛纺服装产业	新桥镇是全球最大的毛纺服装产业基地之一
348	苏州市昆山市周庄水乡风情小镇	文旅	周庄5A级古镇景区；"中国第一水乡"
349	安徽黄山市屯溪区黎阳休闲小镇	文旅	黎阳老街距今已有1800多年历史，文化底蕴深厚，古民居古建筑多
350	安徽黄山市黟县西递遗产小镇	文旅	生态优势、深厚的文化底蕴和丰富的遗产资源
351	安徽蚌埠市怀远县上谷农贸小镇	农产品流通	立足怀远县农业大县，以农产品流通全产业链为主导，聚集230家特色产业主体
352	安徽亳州市谯城区古井白酒小镇	白酒产业	以古井集团为龙头的白酒产业集群，共有白酒企业104家，拥有古井贡、古井、店小二、金坛子4个全国驰名商标
353	安徽芜湖市湾沚区航空小镇	航空产业	吸引通用整机、无人机等60余个核心及关联企业入驻
354	吉林市蛟河市天岗花岗岩小镇	花岗岩	花岗岩储量丰富，占东北石材市场份额60%以上
355	吉林白山市江源区松花石小镇	松花石	松花石资源丰富，"中国松花石之乡""中国松花砚之都""中国松花石文化产业基地"
356	河北沧州市沧县明珠服饰小镇	服装	引入国家毛衫纱线资源共享平台、FDC面料图书馆、主导服装智能生产线的研发和建设

续表

序号	名称	特色主体	特色标识
357	河北衡水市武强县周窝音乐小镇	音乐产业	依托乐器产业优势，打造乐器全产业链
358	河北邢台市清河县羊绒小镇	羊绒产业	河北清河是中国羊绒之都、中国羊绒纺织名城。全国最大的羊绒加工集散地、全国最大羊绒纺纱基地和全国重要的羊绒制品产销基地
359	河北石家庄鹿泉区君乐宝奶业小镇	奶业	君乐宝乳业集团是河北省最大的乳制品加工企业，是农业产业化国家重点龙头企业、国家乳品研发技术分中心
360	河北廊坊市永清县云裳小镇	时尚产业	国家纺织服装创意设计试点园区
361	湖南湘西州永顺县芙蓉镇	旅游	国家历史文化名镇
362	湖南娄底市双峰县永丰农机小镇	农机装备	"中国农业机械之乡""中国碾米机械之乡""湖南省农机产业基地"
363	湖南长沙市浏阳市大瑶花炮小镇	花炮产业	素有"花炮之源"的美誉，先后获得"国家地理标志保护产品""中国驰名商标""国家非物质文化遗产"
364	湖南益阳市安化县黑茶小镇	黑茶	"安华黑茶"国家地理标志保护产品和中国驰名商标
365	湖南邵阳市邵东市仙槎桥五金小镇	五金产业	全国闻名的五金之乡；五金工具研发、智能制造
366	云南大理州剑川县沙溪古镇	休闲旅游	入选101个世界濒危建筑保护名录；中国历史文化名镇
367	云南普洱市那柯里茶马古道小镇	文旅	茶文化、古道文化、民族文化资源
368	云南文山州丘北县普者黑水乡	旅游	位于普者黑旅游度假区内，拥有省级非物质文化遗产（彝族弦子舞）和世界吉尼斯纪录（普者黑"花脸节"）
369	内蒙古乌兰察布市商都县巨弘马铃薯小镇	马铃薯	利用商都县马铃薯产业优势条件，依托七台镇优质地理环境，发展马铃薯文化旅游和特色农业观光旅游
370	内蒙古通辽市开发区哲里木湛露温泉康养小镇	温泉产业	以小分子温泉产业为主，打造专业的医疗养生平台，并开发温泉系列产品

续表

序号	名称	特色主体	特色标识
371	江西赣州市南康区家居小镇	家居产业	"南康家具"作为全国首个以县级以上行政区域命名的集体商标,品牌价值突破100亿元,高居全国家具行业之首、江西省制造业第一

资料来源:1—60 为 2017 年到 2021 年浙江省人民政府命名的五批省级特色小镇,61—92 为国家发改委推广的两轮全国典型特色小镇,93—326 为国家发改委公布的两轮全国特色小镇典型经验覆盖的相关省份(浙江、吉林、辽宁、江苏、江西、安徽、福建、陕西、重庆、四川、山东、广东、河北、河南、天津、湖南)公布的 2020 年以来的特色小镇创建名单或考核评估结果为优秀的小镇(其中,剔除了资料信息不全的 43 个特色小镇和已经在国家发改委公布的两轮全国特色小镇典型经验中的精品特色小镇 13 个),327—330 根据易居企业集团·克尔瑞《中国特色小镇白皮书(2017)》整理,331—336 根据《大国小镇:中国特色小镇顶层设计与行动路径》整理,337—338 根据《特色小镇——中国城镇化创新之路》整理,339—371 根据《中国特色小镇 2021 年发展指数报告》整理。

参考文献

一 中文专著

曹琦：《复杂自适应系统联合仿真建模理论及应用》，重庆大学出版社 2012 年版。

陈光义：《大国小镇：中国特色小镇顶层设计与行动路径》，中国财富出版社 2017 年版。

陈炎兵、姚永玲：《特色小镇——中国城镇化的创新之路》，中国致公出版社 2017 年版。

傅崇兰：《小城镇论》，山西经济出版社 2003 年版。

蒋剑辉、张晓欢：《中国特色小镇 2021 年发展指数报告》，人民出版社 2021 年版。

克尔瑞咨询中心：《中国特色小镇白皮书（2017）》，易居企业集团·克尔瑞出版社 2018 年版。

刘洪涛等：《国家创新系统（NIS）理论与中国的实践》，西安交通大学出版社 1999 年版。

苗东升：《复杂性科学研究》，中国书籍出版社 2013 年版。

王涛：《复杂适应系统视角下中国产业集群演化研究》，经济科学出版社 2011 年版。

袁中金：《中国小城镇发展战略》，东南大学出版社 2007 年版。

二 中文译著

［美］理查德·R. 纳尔逊、悉尼·G. 温特：《经济变迁的演化理论》，商务印书馆 1997 年版。

［美］刘易斯·芒福德：《城市发展史：起源、演变和前景》，宋俊玲、倪文彦译，中国建筑工业出版社 2005 年版。

［美］梅拉妮·米歇尔：《复杂》，唐璐译，湖南科学技术出版社2018年版。

［美］约翰·H.霍兰：《隐秩序：适应性造就复杂性》，周晓枚、韩晖译，上海科技教育出版社2011年版。

三 中文期刊

《坚持稳字当头、稳中求进，推动高质量发展取得新进展》，国务院新闻办，http：//www.gov.cn/xinwen/2022-03/09/content_ 5678124.htm.

《你好，合柴·1972》，包河新闻网，http：//www.baohenews.cn/dochtml/644/19/10/00326646.html.

白小虎、魏强：《特色小镇、外部性效应与劳动生产率——来自浙江的实证研究》，《浙江社会科学》2020年第2期。

白小虎等：《特色小镇与生产力空间布局》，《中共浙江省委党校学报》2016年第5期。

包彦明：《从复杂适应系统理论的角度探讨高新技术园区生命周期的演化》，《科学决策》2006年第4期。

北京日报报业集团：《国家发改委：坚决清理虚假虚拟的"特色小镇"》，北京日报客户端，https：//baijiahao.baidu.com/s?id=17141065780022713312&wfr=spider&for=pc.

蔡翼飞等：《特色小镇的定位与功能再认识——城乡融合发展的重要载体》，《北京师范大学学报》（社会科学版）2020年第1期。

曹璐等：《我国村镇未来发展的若干趋势判断》，《中国工程科学》2019年第2期。

曹爽、罗娟：《我国特色小镇建设的研究现状与展望》，《改革与开放》2017年第11期。

曹硕洋、李天柱：《创新集群视角下的特色小镇动力机制研究：一个多案例分析》，《科技与经济》2020年第4期。

陈伯超等：《用地域文化纺织小城镇的建设特色》，建筑与地域文化国际研讨会暨中国建筑学会2001年学术年会，中国北京，2001年12月1日。

陈桂秋等：《特色小镇特在哪》，《城市规划》2017年第2期。

陈科宇：《社会资本参与特色小镇建设的困境与出路》，《农业经济》2020年第11期。

陈良汉、周桃霞：《浙江省特色小镇规划建设统计监测指标体系和工作机制设计》，《统计科学与实践》2015年第11期。

陈明曼等：《复杂适应系统视角下特色小镇的演化》，《工程管理学报》2020年第5期。

陈水映等：《传统村落向旅游特色小镇转型的驱动因素研究——以陕西袁家村为例》，《旅游学刊》2020年第7期。

陈彦光、刘继生：《城市系统的内部—外部复杂性及其演化的Stommel图》，《经济地理》2007年第1期。

陈彦光：《自组织与自组织城市》，《城市规划》2003年第10期。

陈禹：《复杂适应系统（CAS）理论及其应用——由来、内容与启示》，《系统科学学报》2001年第4期。

陈喆等：《基于复杂适应系统理论（CAS）的中国传统村落演化适应发展策略研究》，《建筑学报》2014年第S1期。

成海燕：《特色小镇发展机制探讨——基于中国国情的理论与实践分析》，《学术论坛》2018年第1期。

成霄霞：《基于FAHP的特色小镇建设发展水平综合评价研究》，《财贸研究》2019年第7期。

程华：《以特色寻求发展经济的突破口——访东莞市虎门镇钟淦泉书记》，《广东经济》2002年第12期。

程开明：《城市自组织理论与模型研究新进展》，《经济地理》2009年第4期。

池春阳：《创新集群理论视角下长三角众创空间优化策略研究》，《科技管理研究》2018年第12期。

仇保兴：《特色小镇的"特色"要有广度与深度》，《现代城市》2017年第1期。

崔莹等：《国内外特色小镇浅析》，《农业经济》2020年第9期。

笪可宁等：《基于压力—状态—响应概念框架的小城镇可持续发展指标体系研究》，《生态经济》2004年第12期。

丁堃：《基于复杂适应系统理论的绿色创新系统研究》，博士学位论文，大连理工大学，2005 年。

范玉刚：《特色小镇可持续发展的文化密码》，《学术交流》2020 年第 1 期。

方行明等：《可持续发展理论的反思与重构》，《经济学家》2017 年第 3 期。

冯雪艳：《改革开放 40 年中国可持续发展理论的演进》，《现代管理科学》2018 年第 6 期。

付广敏：《特色小镇发展中的财务困境及管理模式研究》，《农业经济》2020 年第 12 期。

傅超：《特色小镇发展的国际经验比较与借鉴》，《中国经贸导刊》2016 年第 31 期。

高见等：《系统性城市更新与实施路径研究——基于复杂适应系统理论》，《城市发展研究》2020 年第 2 期。

赓金洲等：《特色小镇产业集聚与都市圈区域集聚的耦合机制研究——以浙江省为例》，《软科学》2021 年第 4 期。

龚小庆：《经济系统涌现和演化——复杂性科学的观点》，《财经论丛》（浙江财经大学学报）2004 年第 5 期。

关成贺：《美国小城镇的城市中心》，《小城镇建设》2017 年第 7 期。

广东经济学会课题组：《小镇扮演大角色——虎门发展特色经济的初步探索》，《经济学动态》1998 年第 11 期。

郭晓勋、李响：《文旅融合背景下黑龙江旅游特色小镇建设路径》，《学术交流》2020 年第 11 期。

郭修金等：《运动休闲特色小镇"三生空间"的格局重构及优化路径》，《体育学研究》2021 年第 2 期。

杭敏、周缘：《创新集群视角下的特色文化产业发展研究》，《传媒》2018 年第 24 期。

洪志生、洪丽明：《特色小镇众创平台运营创新研究》，《福建农林大学学报》（哲学社会科学版）2016 年第 5 期。

侯汉坡等：《城市系统理论：基于复杂适应系统的认识》，《管理世界》2013年第5期。

侯合银：《复杂适应系统的特征及其可持续发展问题研究》，《系统科学学报》2008年第4期。

胡俊成等：《基于复杂系统理论的城市集群研究》，《现代城市研究》2006年第7期。

胡亚昆等：《浙江特色小镇建设典型经验及启示》，《宏观经济管理》2020年第9期。

黄春萍：《基于CAS理论的企业系统演化机制研究》，博士学位论文，河北工业大学，2007年。

黄春萍等：《不确定环境下品牌联盟组织间协作模式选择的计算实验研究》，《中国管理科学》2021年第6期。

黄伟等：《基于物元可拓模型的特色小镇能源系统综合评价》，《现代电力》2020年第5期。

黄卫剑等：《创建制——供给侧改革在浙江省特色小镇建设中的实践》，《小城镇建设》2016年第3期。

贾晓辉：《基于复杂适应系统理论的产业集群创新主体行为研究》，博士学位论文，哈尔滨工业大学，2016年。

克里斯蒂安·施密特、杨舢：《迈向三维辩证法——列斐伏尔的空间生产理论》，《国际城市规划》2021年第3期。

李柏文等：《特色小城镇的形成动因及其发展规律》，《北京联合大学学报》（人文社会科学版）2017年第2期。

李伯华等：《新型城镇化背景下特色旅游小镇建设的双轮驱动机制研究》，《地理科学进展》2021年第1期。

李崇明、丁烈云：《小城镇资源环境与社会经济协调发展评价模型及应用研究》，《系统工程理论与实践》2004年第11期。

李道勇等：《全产业链导向下农业特色小镇现代化发展研究——以北方国际种苗小镇为例》，《农业现代化研究》2021年第1期。

李刚、张林：《运动休闲特色小镇建设动力、模式与路径》，《体育文化导刊》2020年第9期。

李冠元、陈柏辉：《传统村落集聚型的小城镇发展研究——以杭州市大慈岩镇为例》，《城市建筑》2021年第2期。

李国英：《构建都市圈时代"核心城市+特色小镇"的发展新格局》，《区域经济评论》2019年第6期。

李君轶、李振亭：《集中到弥散：网络化下的特色小镇建设》，《旅游学刊》2018年第6期。

李娜、仇保兴：《特色小镇产业发展与空间优化研究——基于复杂适应系统理论（CAS）》，《城市发展研究》2019年第1期。

李天星：《国内外可持续发展指标体系研究进展》，《生态环境学报》2013年第6期。

梁冰瑜：《空间先行到产业先行的规划思路转向——以浙江省台州市无人机特色小镇为例》，2016年中国城市规划年会，中国辽宁沈阳，2016年9月24日。

林赛男等：《农业特色小镇竞争力评价与提升对策研究——基于四川省30个镇的实证》，《四川农业大学学报》2020年第6期。

林岩：《"灵活应变"与"渐进修正"：威尔士小城镇公共微空间的自下而上形态特征与建构机制研究》，《国际城市规划》2021年第12期。

刘安国、杨开忠：《克鲁格曼的多中心城市空间自组织模型评析》，《地理科学》2001年第4期。

刘春成：《城市隐秩序：复杂适应系统理论的城市应用》，《经济学动态》2017年第4期。

刘凯宁等：《基于NK模型的商业模式创新路径选择》，《管理学报》2017年第11期。

刘旷、李晓楠：《文化引领型小城镇空间发展模式与规划探索——以曲阳县灵山镇为例》，《小城镇建设》2021年第4期。

刘磊：《习近平新时代生态文明建设思想研究》，《上海经济研究》2018年第3期。

刘霞：《法国依云小镇对我国特色小镇发展的启示》，《当代旅游》2019年第7期。

芦楚屹等:《特色小镇信息服务平台构建研究》,《科技管理研究》2019年第6期。

陆佩等:《中国特色小镇的类型划分与空间分布特征》,《经济地理》2020年第3期。

马斌:《特色小镇:浙江经济转型升级的大战略》,《浙江社会科学》2016年第3期。

孟娜、赵凤卿:《文旅IP在特色小镇IP文化运营中的应用研究》,《农业经济问题》2020年第6期。

苗东升:《论系统思维(六):重在把握系统的整体涌现性》,《系统科学学报》2006年第1期。

牛文元:《可持续发展理论的内涵认知——纪念联合国里约环发大会20周年》,《中国人口·资源与环境》2012年第5期。

牛文元:《中国可持续发展的理论与实践》,《中国科学院院刊》2012年第3期。

彭飞、王忻:《金融视角下高端制造业集群创新能力影响因素的实证研究》,《科技管理研究》2019年第8期。

齐晔、蔡琴:《可持续发展理论三项进展》,《中国人口·资源与环境》2010年第4期。

钱学森等:《一个科学新领域——开放的复杂巨系统及其方法论》,《自然杂志》1990年第1期。

乔晶、耿虹:《小城镇从"分化"到"再分化"的价值内涵辨释》,《城市规划》2021年第5期。

秦光荣:《突出特色 创新思路 积极推进旅游小镇开发建设——云南省委副书记、常务副省长秦光荣在全国旅游小城镇发展工作会议上的发言》,《小城镇建设》2006年第7期。

沈济黄、王歆:《小镇千家抱水园——从南浔小莲庄看江南水乡小镇的园林特色》,《新建筑》2004年第6期。

盛世豪、张伟明:《特色小镇:一种产业空间组织形式》,《浙江社会科学》2016年第3期。

施从美、江亚洲:《基于K-均值聚类统计的特色小镇评价》,《统计与决策》2018 年第 21 期。

舒卫英、徐春红：《高质量发展视域下的特色小镇综合效益评价》，《西南师范大学学报》（自然科学版）2021 年第 3 期。

宋刚、唐蔷：《现代城市及其管理——一类开放的复杂巨系统》，《城市发展研究》2007 年第 2 期。

宋维尔等：《浙江特色小镇规划的编制思路与方法初探》，《小城镇建设》2016 年第 3 期。

孙梦水等：《基于复杂适应系统视角的"城中村"管理分析》，《中国科技论坛》2013 年第 3 期。

汤囡囡、李胜：《基于品牌形象设计的体育特色小镇规划》，《建筑经济》2021 年第 5 期。

唐晓灵、张青：《基于交通网络的特色小镇建设路径研究》，《数学的实践与认识》2019 年第 5 期。

田颖等：《国家创新型产业集群建立是否促进区域创新?》，《科学学研究》2019 年第 5 期。

汪亮、王珺：《基于协同框架构建的特色小镇规划设计——以广西钦州陆屋机电小镇为例》，《现代城市研究》2019 年第 5 期。

王大为、李媛：《特色小镇发展的典型问题与可持续推进策略》，《经济纵横》2019 年第 8 期。

王宏等：《基于序关系分析法的特色小镇成熟度评价指标体系的构建研究》，《城市发展研究》2021 年第 9 期。

王建廷、申慧娟：《京津冀协同发展中心区域特色小镇建设路径研究》，《城市发展研究》2018 年第 5 期。

王凯等：《中国城镇化率 60% 后的趋势与规划选择》，《城市规划》2020 年第 12 期。

王林、曾坚：《形神兼备思路下的特色小镇规划研究——以滕州董村花汇小镇为例》，《现代城市研究》2021 年第 1 期。

王沈玉、张海滨：《历史经典产业特色小镇规划策略——以杭州笕桥丝尚小镇为例》，《规划师》2018 年第 6 期。

王天宇：《论乡村振兴战略背景下特色小镇的培育发展——基于

特色小镇、中小企业与乡村振兴三者契合互动分析》,《河南社会科学》2020 年第 7 期。

王卫华、赵冬梅:《小城镇发展的自组织机理分析》,《中国农业大学学报》(社会科学版) 2000 年第 4 期。

王小章:《特色小镇的"特色"与"一般"》,《浙江社会科学》2016 年第 3 期。

王雪芹等:《中国小城镇空间分布特征及其相关因素》,《地理研究》2020 年第 2 期。

王长松、贾世奇:《中国特色小镇的特色指标体系与评价》,《南京社会科学》2019 年第 2 期。

王兆峰、刘庆芳:《中国国家级特色小镇空间分布及影响因素》,《地理科学》2020 年第 3 期。

魏众:《特色小镇经济分析的开拓与创新——评〈特色小镇的经济学分析——以浙江湖州的特色小镇为例〉》,《生态经济》2021 年第 5 期。

温燕、金平斌:《特色小镇核心竞争力及其评估模型构建》,《生态经济》2017 年第 6 期。

文海滴、夏惟怡:《广西国家级特色小镇建设模式——基于 VIKOR 的研究》,《社会科学家》2021 年第 6 期。

吴一洲等:《特色小镇发展水平指标体系与评估方法》,《规划师》2016 年第 7 期。

武前波、徐伟:《新时期传统小城镇向特色小镇转型的理论逻辑》,《经济地理》2018 年第 2 期。

武前波等:《创新驱动下特色小镇的空间分布与类型划分研究——以杭州为例》,《城市发展研究》2021 年第 5 期。

向福明:《湖北秭归县归州镇 延续古城文脉 建设特色小镇》,《城乡建设》2006 年第 11 期。

项国鹏等:《核心企业网络能力、创新网络与科创型特色小镇发展——以杭州云栖小镇为例》,《科技进步与对策》2021 年第 3 期。

熊正贤:《乡村振兴背景下特色小镇的空间重构与镇村联动——

以贵州朱砂古镇和千户苗寨为例》,《中南民族大学学报》(人文社会科学版)2019年第2期。

熊正贤等:《生物多样性理论逻辑下特色小镇差异化发展路径研究——以云贵川地区为例》,《云南师范大学学报》(哲学社会科学版)2019年第6期。

徐剑锋:《特色小镇要聚集"创新"功能》,《浙江社会科学》2016年第3期。

许爱萍:《创新型城市发展模式及路径研究》,博士学位论文,河北工业大学,2013年。

薛领、杨开忠:《城市演化的多主体(multi—agent)模型研究》,《系统工程理论与实践》2003年第12期。

阎西康、马旭东:《基于特色小镇与新型城镇化耦合关系研究》,《农业经济》2021年第5期。

杨朝睿:《特色小镇COD模式与旅游特色小镇孵化》,《旅游学刊》2018年第5期。

杨多贵等:《系统学开创可持续发展理论与实践研究的新方向》,《系统科学学报》2001年第1期。

杨贵庆:《大城市周边地区小城镇人居环境的可持续发展》,《城市规划学刊》1997年第2期。

杨俊宴、郑屹:《城市:可计算的复杂有机系统——评〈创造未来城市〉》,《国际城市规划》2021年第1期。

杨柳勇:《特色小镇既面向未来又承载历史》,《今日浙江》2015年第13期。

杨水根、王露:《湖南省武陵山片区小城镇流通产业发展的时空演化特征及影响因素》,《经济地理》2021年第12期。

杨新华、陈小丽:《城镇生长的自组织微观动力分析——基于行为自主体自适应的视角》,《人文地理》2012年第4期。

杨秀、迟行:《100个国外经典小镇告诉你,成功的特色小镇应该这样做》,http://www.planning.org.cn/news/view?id=7228.

杨雪锋、蔡诚:《国外新城运动经验及启示》,《中国名城》2016

年第 8 期。

杨中兵等：《乡村振兴战略背景下贵州省运动休闲特色小镇可持续发展探析》，《贵州民族研究》2020 年第 9 期。

叶欠等：《特色小镇发展现状与政策选择》，《宏观经济管理》2020 年第 9 期。

叶文虎、仝川：《联合国可持续发展指标体系述评》，《中国人口·资源与环境》1997 年第 3 期。

易纲：《经济发展规律决定我国经济增长速度换挡》，财经综合报道，https://business.sohu.com/20141103/n405715473.shtml。

易开刚、厉飞芹：《特色小镇的功能聚合与战略选择——基于浙江的考察》，《经济理论与经济管理》，2019 年第 8 期。

袁远刚等：《因山就势：探索贵州特色小镇发展路径》，《城乡规划》2017 年第 6 期。

詹绍文、宋昕：《陕西省特色小镇发展模式及空间分布特征研究》，《中国农业资源与区划》2021 年第 3 期。

张超等：《基于"三生功能"视角的河北小城镇发展模式识别及评价》，《河北工业大学学报》（社会科学版）2021 年第 2 期。

张鸿雁：《论特色小镇建设的理论与实践创新》，《中国名城》2017 年第 4 期。

张环宙等：《特色小镇：旅游业的浙江经验及其启示》，《武汉大学学报》（哲学社会科学版）2018 年第 4 期。

张吉福：《特色小镇建设路径与模式——以山西省大同市为例》，《中国农业资源与区划》2017 年第 1 期。

张佳瑜等：《宁夏小城镇空间分布特征及其影响因素分析》，《干旱区资源与环境》2021 年第 7 期。

张京祥、何鹤鸣：《超越增长：应对创新型经济的空间规划创新》，《城市规划》2019 年第 8 期。

张丽萍、徐清源：《我国特色小镇发展进程分析?》，《调研世界》2019 年第 4 期。

张琳等：《场景视域下特色小镇创生发展的文化介入路径研

究——基于川渝 33 个样本的模糊集定性比较分析》,《福建论坛》（人文社会科学版）2020 年第 10 期。

张牧:《特色小镇建设中的文化品牌价值与实践向路》,《长白学刊》2021 年第 5 期。

张品:《空间生产理论研究述评》,《社科纵横》2012 年第 8 期。

张如林等:《基于高质量发展的浙江特色小镇实践探索》,《城市规划》2020 年第 S1 期。

张雅:《营造特色空间，彰显地域文化——马龙五尺驿栈休闲小镇（爨文化展示区）规划设计》,《中外建筑》2006 年第 5 期。

张亚明等:《特色小镇 IFIC 核心竞争力提升路径研究——基于河北实践的思考》,《商业经济研究》2019 年第 1 期。

张延禄等:《企业技术创新系统的自组织演化机制研究》,《科学学与科学技术管理》2013 年第 6 期。

浙江省人民政府:《浙江省人民政府关于加快特色小镇规划建设的指导意见》, http://www.zj.gov.cn/art/2015/4/27/art_1229017138_64068.html.

郑流水:《中山市南头镇：以家电特色经济带动地方经济发展》,《广东科技》2004 年第 1 期。

郑胜华等:《基于核心企业合作能力的科创型特色小镇发展研究》,《科研管理》2020 年第 11 期。

钟书华:《创新集群：概念、特征及理论意义》,《科学学研究》2008 年第 1 期。

周灿等:《中国电子信息产业创新的集群网络模式与演化路径》,《地理研究》2019 年第 9 期。

周干峙:《城市及其区域——一个开放的特殊复杂的巨系统》,《城市规划》1997 年第 2 期。

周凯、韩冰:《基于综合效益评价的特色小镇产业遴选与体系构建方法研究——以江苏省南通市海门三星镇为例》,《学术论坛》2018 年第 1 期。

朱俊晨等:《城市创新功能单元视角下的特色小镇建设管理路径

优化——基于深圳创新型特色小镇的实证分析》,《现代城市研究》2020年第9期。

朱罗敬等:《"1.0代体育小镇"阶段性实践经验、实践困境与优化路径——以城市近郊邻水镇体育小镇为例》,《体育与科学》2021年第1期。

朱姗姗等:《基于技术位的企业技术搜索策略研究》,《科研管理》2020年第4期。

朱伟芳等:《跨境电商助推绍兴特色小镇产业转型升级路径探讨》,《对外经贸实务》2021年第2期。

邹辉:《特色小镇高质量发展策略研究》,《农业经济》2020年第11期。

左龄:《城市中的自适应性空间》,《规划师》2007年第12期。

四 外文专著

Batty M., *Cities as Complex Systems: Scaling, Interaction, Networks, Dynamics and Urban Morphologies*, New York: Springer, 2009.

Bossomaier T., Green D., *Patterns in the Sand: Computers, Complexity, and Everyday Life*, Helix Books, 1998.

Dearden J., Wilson A., "The Relationship of Dynamic Entropy Maximising and Agent-Based Approaches in Urban Modelling", In: Heppenstall A., Crooks A., See L., Batty M. (eds) *Agent-Based Models of Geographical Systems*, Dordrecht: Springer, 2012.

Haken H., *Advanced Synergetics: Instability Hierarchies of Self-Organizing Systems and Devices*, Springer-Verlag, 1983.

Johnson S., *Emergence-The Connected Lives of Ants, Brains, Cities and Software*, New York: Simon & Schuster, 2001.

Mainzer K., *Philosophical Foundations of Nonlinear Complex Systems*, Berlin u. a.: Springer, 1993.

Portugali J., "Self-Organization and the City", In: Meyers R. (eds) *Encyclopedia of Complexity and Systems Science*, New York: Springer, 2009.

Solé R. V., et al., *Emergent Behavior in Insect Societies*, *Global Oscillations, Chaos and Computation*, Springer-Verlag Berlin Heidelberg, 1993.

Wiener N., *Cybernetics: Or Control and Communication in Animal and the Machine*, MIT Press, 1961.

Wuthnow R., *Small-Town America: Finding Community, Shaping the Future*, New Jersey?: Princeton University Press, 2013.

五 外文期刊

Allen P. M., Sanglier M., "Urban Evolution, Self-Organization, and Decision Making", *Environment & Planning A*, Vol. 13, No. 2, 1981.

Batabyal A. A., "Fragile Dominion: Complexity and the Commons By Simon Levin", *Ecological Economics*, Vol. 18, No. 2, 2001.

Benenson I., "Multi-agent Simulations of Residential Dynamics in the City", *Computers Environment & Urban System*, Vol. 22, No. 1, 1998.

Bertalanffy L. V., "General System Theory: Foundations, Development, Applications", *Leonardo*, Vol. 10, No. 3, 1976.

Chen Mingman., et al., "Application of Regional Cultural Elements in Urban Complex-Illustrated by Guizhou, China", *Open House International*, Vol. 41, No. 3, 2016.

Choi T. Y., et al., "Supply Networks and Complex Adaptive Systems: Control Versus Emergence", *Journal of Operations Management*, Vol. 19, No. 3, 2001.

Dooley K. J., Van D. V. A. H., "Explaining Complex Organizational Dynamics", *Organization Science*, Vol. 10, No. 3, 1999.

Elton J., A. Gómez-Lobo., "Baumol's Cost Disease and Urban Transport Services in Latin America", *Transportation Research Part A Policy and Practice*, Vol. 149, No. 1, 2021.

Gould S. J., "The Origins of Order: Self-Organization and Selection in Evolution", *Journal of Evolutionary Biology*, Vol. 13, No. 1, 1992.

Gerrits L., Marks P. K., "How Fitness Landscapes Help Further the

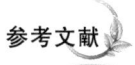

Social and Behavioral Sciences", *Emergence Complexity & Organization*, Vol. 16, No. 33, 2014.

Holland J. H., "Hidden Order: How Adaptation Builds Complexity", *Leonardo*, Vol. 29, No. 3, 1995.

Isserman A. M., et al., "Why Some Rural Places Prosper and Others Do Not", *International Regional Science Review*, Vol. 32, No. 3, 2009.

Johnson K. M., Ameri R. R., "Demographic Trends in Rural and Small Town America", *Demographic Trends in Rural & Small Town America*, Vol. 1, No. 1, 2006.

Kauffman S., Macready W., "Technological Evolution and Adapative Organizations", *Complexity*, Vol. 1, No. 1, 1995.

Kuznetsova A. Y., et al., "Catastrophe Theoretic Classification Of Nonlinear Oscillators", *International Journal of Bifurcation & Chaos*, Vol. 14, No. 4, 2004.

Levinthal D. A., Warglien M., "Landscape Design: Designing for Local Action in Complex Worlds", *Organization Science*, Vol. 10, No. 3, 1999.

Meit M., Knudson A., "Why is Rural Public Health Important? A Look to the Future", *Journal of Public Health Management & Practice*, Vol. 15, No. 3, 2009.

Nicolis G., et al., "Exploring Complexity: An Introduction", *Physics Today*, Vol. 43, No. 10, 1990.

Nonaka I., "A Dynamic Theory of Organizational Knowledge Creation", *Organization Science*, Vol. 5, No. 1, 1994.

Stokes C. S., et al., "Rural and Small Town America, Russell Sage Foundation", *American Journal of Agricultural Economics*, Vol. 73, No. 1, 1991.

Visvaldis V., et al., "Selecting Indicators for Sustainable Development of Small Towns: The Case of Valmiera Municipality", *Procedia Computer Science*, Vol. 26, No. 1, 2013.

White R., Engelen G., "Cellular Automata and Fractal Urban form: A Cellular Modelling Approach to the Evolution of Urban Land-use Patterns", *Environment & Planning A*, Vol. 25, No. 8, 2008.

Wilson A., "Urban and Regional Dynamics from the Global to the Local: Hierarchies, 'DNA', and Genetic Planning", *Environment & Planning B Planning & Design*, Vol. 37, No. 5, 2010.

Wilson Alan., "Entropy in Urban and Regional Modelling: Retrospect and Prospect", *Geographical Analysis*, Vol. 42, No. 4, 2010.

后 记

特色小镇是深入推进新型城镇化、经济结构转型升级、供给侧结构性改革、乡村振兴、城乡融合以及创新创业的重要突破口。"特色小镇"概念自提出以来,受到了社会各界人士的广泛关注,经历"十二五""十三五"两个五年规划,中国特色小镇建设走过了摸索、试错、培育、创建阶段,进入"十四五",在国家政策的引导下,特色小镇已进入健康、规范和高质量发展阶段。

其实,特色小镇这个名字本身并不重要,理解它作为一种高度聚合的独立发展有机载体的本质属性才是重要的。当下,看待特色小镇,需要把它放到中国特色社会主义新时代的大背景下,要体现新时代发展理念和特征。本书紧紧围绕中国发展的实际情况,引入复杂适应系统理论,构建复杂适应系统视角下特色小镇系统的特色标识、特色主体、结构功能、发展目标以及可持续发展的认知框架,建立起在复杂适应系统视角下研究特色小镇系统演化的理论框架和学术语境,深入分析特色小镇复杂适应系统演化的生成机理、演化层次,探讨特色小镇自适应演化的主要过程和特点,研究特色小镇复杂适应系统演化的核心机制,进一步揭示特色小镇自适应演化的内在规律,弥补了现阶段对特色小镇理论研究层面薄弱的不足,提出了特色小镇建设热潮下的冷静思考与建议,加深社会各界对特色小镇的认识,为政府与企业建设特色小镇提供决策参考。

从初稿到最终修改完成的近些年里,特色小镇作为新时代的新生事物,不管是在政府、企业的实践建设中,还是在学者们的理论研究中,均一直处于不断摸索阶段,直至《国务院办公厅转发国家发展改革委关于促进特色小镇规范健康发展意见的通知》(国办发〔2020〕

33号）、国家发改委等十部委《关于印发全国特色小镇规范健康发展导则的通知》（发改规划〔2021〕1383号）、国家市场监督管理总局和国家标准化管理委员会《特色小镇发展水平评价指标体系》国家标准（GB/T 41410—2022）等文件的印发，我国开始逐步规范并建立特色小镇文件体系和建设评价标准。因此，本书在前期研究的基础上，及时追踪政策轨迹，并扩大范围采集了500余个国内外特色小镇案例资料，深挖特色小镇机理机制，为促进特色小镇规范健康发展，加快我国经济社会高质量发展步伐提供初步理论探索。

  本书由陈明曼策划和统稿，由陈明曼、蔡伟光和张应青共同撰写完成。全书共七章，其中第一章、第三章、第四章、第五章、第七章由陈明曼撰写；第六章由蔡伟光撰写；第二章由张应青撰写。

  本书的出版受到了"十三五"国家重点研发计划课题"绿色宜居村镇建设模式与发展战略研究"（2018YFD1100201）的资助，以及中国社会科学出版社所给予的大力支持，尤其是责任编辑刘晓红的热情支持和帮助，在此表示感谢。在本书撰写过程中，特别衷心感谢重庆大学任宏教授、贵州省城镇化发展中心主任袁远刚、贵州大学郭峰教授，他们前瞻的战略眼光，深刻的科学见解，灵活的思辨能力为本书提供了宝贵的理论洞见，感谢他们的悉心指导和鼓励，使我们的研究思路更加开阔，在此致以最衷心的感谢与最崇高的敬意。同时，还要感谢贵州省城镇化发展中心工作人员闵承鹏、曾杰钰、姚大鹏、王志飞、黄海、姜娇月、秦洁，港中旅（中国）投资有限公司商管中心陈伟，以及在江苏、南京等地提供调研帮助的李声琳、吴艳等为本书撰写及研究的大力支持。

  由于作者专业和认识水平有限，书中难免出现不妥与疏漏之处，恳请读者批评指正。

陈明曼 蔡伟光 张应青
2022年4月